河北省社科基金课题"创新驿站为载体的高校思政课实践育人模式创新研究"(编号：HB21JY012)

新时代大学生
就业观研究

XINSHIDAI DAXUESHENG
JIUYEGUAN YANJIU

李　颖／著

人民出版社

目　录

绪　论

就业在大学生人生发展中占据重要地位，就业观作为大学生价值观在就业问题上的具体体现，对就业行为有着重要的影响作用。我国作为人口大国和教育大国，解决大学生就业问题有两个关键点，一是就业市场岗位充足确保"有业可就"，二是就业个体理性认知实现"乐于就业"；前者是客观条件保障，后者是主观意识态度。对于绝大多数大学生而言，就业行为中所体现出的认知、态度和观念比前者更为关键。马克思在《青年在选择职业时的考虑》中强调指出，职业选择是"人比其他创造物远为优越的地方，但同时也是可能毁灭人的一生、破坏他的一切计划并使他陷于不幸的行为"①。解决好大学生就业问题已经成为社会面临的重大问题，也是深化高等教育领域综合改革必须处理好的问题，因此，新时代大学生就业观研究不仅关系大学生个人事业发展和价值实现，而且影响社会的和谐稳定及千万家庭的幸福，关乎未来国家的发展大计，更是国家发展和社会进步共同关注的重要内容。

一、问题的提出

凡是脱离现实问题的教育注定都是空洞无力的，马克思指出："问题就是公开的、无畏的、左右一切个人的时代声音。问题就是时代的口号，是它表现自己精神状态的最实际的呼声"②。中国特色社会主义进入新时代，人民对美好

---

① 《马克思恩格斯全集》第1卷，人民出版社2012年版，第455页。
② 《马克思恩格斯全集》第40卷，人民出版社1982年版，第289—290页。

生活的向往更加强烈、需要日益广泛，这不仅包括物质生活需要，也包括精神生活需要，对以高品质、个性化为特点的精神文化生活更加看重。可以看到，社会发展的多元化在扩展了价值选择空间与选择自由度的同时，也引发了价值冲突、价值矛盾等现象，进而使人们在社会生活中产生了价值迷惘与困惑。其中，最令人关注、最引人担忧的就是大学生群体。大学生作为推动国家发展的重要力量，是国家宝贵的人力资源，更是民族的希望、祖国的未来，因此，大学生就业观直接影响高等教育人才培养，事关社会稳定和国家大局，已成为党和政府就业工作中的重要问题。"我们时代的精神状况包含着巨大的危险，也包含着巨大的可能性"①，新时代就业形势、就业方式、就业结构等已发生深刻变化，大学生受到各种各样力量和思潮的影响，其思维方式、生活方式必然受到冲击与挑战，亟待正确的理论指导，以转识成智、转危为机。

（一）基于百年未有之大变局的发展需要

"当今世界正经历百年未有之大变局，我国正处于实现中华民族伟大复兴关键时期"②。同时，我国还处于转变经济发展方式、优化经济结构、转换增长动力的攻关期，为大学生的思维方式、价值取向、就业观念等带来诸多影响，也给思想政治教育带来严峻挑战。人们的观念、观点和概念，也就是人们的意识，随着人们的生活条件、人们的社会关系、人们的社会存在的改变而改变。③观念是人的头脑对客观世界的能动反映，大学生就业观作为社会观念的一部分，随着这一变局下的新格局、新模式、新工业革命和新全球问题，正在发生相应的深刻变化。社会发展形势成为影响大学生就业观的重要因素，百年未有之大变局是对国际格局巨大变迁的精准判断，渗透到社会生活的方方面面，深刻影响着高等教育的全方位转型升级。环顾现实，新冠疫情全球肆虐引发"多米诺骨牌效应"，对我国就业波及范围更广、影响程度更深、负面影响

---

① ［德］卡尔·雅斯贝尔：《时代精神的状况》，上海译文出版社 2003 年版，第 22 页。

② 《习近平谈治国理政》第三卷，外文出版社 2020 年版，第 1044 页。

③ 参见《马克思恩格斯文集》第 2 卷，人民出版社 2009 年版，第 50—51 页。

更大，大学生就业发展的不确定性显著增强。立足国内，我国经济进入高质量发展阶段，经济发展方式发生根本转变，经济增长速度调整换挡，全社会所吸纳的就业岗位稳中有降，甚至出现"供大于求"的现象；产业结构转型升级，逐步转向整体演进和可持续发展模式，适应市场需求的高素质人才趋势上升，就业市场呈现"结构性就业困难"；经济增长动能转换，创新创业紧密结合，并引致出新的就业需求。危机和机遇总是同生并存的，克服了"危"即是"机"，作为党、国家和民族当下的重要力量和未来的决定力量，大学生要积极转变就业观念，在危机中抓住发展新机遇，于变局中开创就业新局面。

（二）基于解决大学生就业难的问题所需

就业观对个人就业选择和成长成才有着重要影响，特别是在社会经济发展变化的转型期，科学理性的就业观能够有效缓解当前较为突出的就业结构性矛盾。大学生就业难是内外因共同作用而形成的，国际格局变迁、经济增速变化、产业结构调整等都属于就业的外因，个人的观念转变和能力提升则是内因，"我们承认总的历史发展中是物质的东西决定精神的东西，是社会的存在决定社会的意识；但是同时又承认而且必须承认精神的东西的反作用，社会意识对于社会存在的反作用，上层建筑对于经济基础的反作用"[①]。思想作为行动的先导，就业观是大学生择业行为和就业实践中所体现出的认知、态度和观念，其就像一只"看不见的手"，不断影响着大学生的就业前景与人生发展。毫无疑问，新旧观念之间的冲突，特别是产业转型升级产生的"去产能化""去杠杆化"给大学生求职也带来一定影响，使其价值取向与社会需求间存在不对称现象，造成"观念性就业困难"。分析大学生"就业难"现象，一方面是用人单位挖空心思"招不到人"，另一方面是大学生"有业不就"，这一现象反映出部分大学生未能正确认知第一份工作的意义，就业观教育势在必行。当前，部分大学生就业期望值过高，非大、中城市不留，非事业单位、国有企业不

---

① 《毛泽东选集》第一卷，人民出版社 1991 年版，第 326 页。

进，反之，赴偏远地区或中小型民营企业工作，则鲜有问津；公务员报考数千人争抢一个岗位，反之，企业用工荒，传统行业招人难，甚至部分冷门专业给出高薪却依然无人问津。由于缺乏有效的正向引导和清晰的自我认知，大学生往往理性而盲目、独立而从众，就业中事与愿违、南辕北辙的情况经常发生，严重扰乱和脱离了合理的就业秩序，对经济社会发展和大学生身心健康产生了不良影响。美国学者 L.J. 宾客莱在《理想的冲突》一书中提出，"一个人除非对供他选择的种种生活方向有所了解，否则，他不能理智地委身于一种生活方式"①。据此，本研究瞄准就业观这一影响和制约大学生就业行为的理念先导和思想保证，认真做好新时代大学生就业观的调研和分析，解答新时代下大学生就业难问题，提出切实可行的对策建议。

（三）基于大学生就业观本身的独特价值

就业观作为大学生世界观、人生观和价值观在就业上的具体反映，既是个人就业选择的理想意图与思想动机，也是就业行动的理想力量与意志根源，集中地体现了个人就业时所持有的价值期待、价值认同和价值取向。就业观对就业行为具有导向、激励和调控作用，新时代大学生在就业过程中虽然追求个性独立，但其就业行为可以通过就业观教育加以引导。从这个意义来看，为更好引导、服务大学生高质量就业，最为重要和关键的就是教育引导大学生树立科学理性的就业观。当前，各高校主要依托大学生就业指导中心开展就业指导教育和就业服务管理工作，其开设的就业指导课程已取得了一定成效。但是，部分高校以提供就业信息服务、协助学生落实就业单位等就业行政工作替代了就业观教育，部分高校将全程化的就业教育演化成了毕业前的应急指导和支招指导，部分高校将就业指导与教育人和培养人人为地割裂开来，育人价值未能得到充分发挥，就业观教育工作开展处于"说起来重要，忙起来不要"的尴尬处境。当前，大学生就业问题虽已引起各方面的高度重视，但

---

① ［美］L.J. 宾客莱：《理想的冲突》，商务印书馆 1996 年版，第 6 页。

对大学生就业观的认识还不到位，就业指导服务工作缺乏思想政治教育引领，科学理性就业观的培育亟须理论支撑。正如毛泽东在《改造我们的学习》中所强调的，"我们要从国内外、省内外、县内外、区内外的实际情况出发，从其中引出其固有的而不是臆造的规律性，即找出周围事变的内在联系，作为我们行动的向导"①。据此而言，新时代大学生就业观研究着重挖掘其科学性内涵，促进每个大学生形成与时代发展、国家需要、社会需求相统一的科学理性就业观，为高校有效加大大学生就业观教育的力度、广度和深度提供理论支撑。

二、研究的意义

就业是最大的民生工程、民心工程、根基工程。2017年，党的十九大报告明确提出，"促进高校毕业生等青年群体、农民工多渠道就业创业。破除妨碍劳动力、人才社会性流动的体制机制弊端，使人人都有通过辛勤劳动实现自身发展的机会"②。2022年，党的二十大报告作出强调，"强化就业优先政策，健全就业促进机制，促进高质量充分就业。健全就业公共服务体系，完善重点群体就业支持体系，加强困难群体就业兜底帮扶。统筹城乡就业政策体系，破除妨碍劳动力、人才流动的体制和政策弊端，消除影响平等就业的不合理限制和就业歧视，使人人都有通过勤奋劳动实现自身发展的机会"③。可以看出，党中央对就业工作的重视，也展现了党中央推进落实高质量和充分就业的力度和决心。据此而言，就业不仅是大学生个人的事，大学生充分就业是社会稳定及家庭幸福的重要因素，也是实现高等教育可持续发展的重要标志，关乎未来国家的发展大计，重要性不言而喻。

---

① 《毛泽东选集》第三卷，人民出版社1991年版，第801页。
② 《习近平谈治国理政》第三卷，外文出版社2020年版，第36页。
③ 《高举中国特色社会主义伟大旗帜　为全面建设社会主义现代化国家而团结奋斗——在中国共产党第二十次全国代表大会上的报告》，人民出版社2022年版，第47页。

（一）理论意义

第一，深化大学生就业观的理论研究。

理论创新源于问题，理论研究坚持问题导向。大学生就业观是一个复杂的观念系统，是个人世界观、人生观、价值观在就业问题上的具体表现，具有一定的稳定性，其决定了大学生在就业过程中的行为、看法、心态等。大学生就业观的过程性研究和发展性研究既是一个复杂的理论问题，更是一个重要的现实问题，关系学生个体的精神品质和风貌，关系到国家社会的长久持续发展问题。党的十九大报告指出，新时代我国社会主要矛盾是人民日益增长的美好生活需要和不平衡不充分的发展之间的矛盾，这其中自然包括更高质量就业。当前，新职业、新业态已经成为吸纳就业的"风向标"，就业市场呈现新局面、新趋势、新问题，大学生就业观正在面临巨大挑战和考验。习近平总书记始终心系就业这个最大的民生，围绕就业工作提出一系列新思想新论断，系统阐释了就业工作的丰富内涵，深刻分析了就业工作是什么、为什么、怎么干，科学回答了做好就业工作的一系列理论和实践问题，为实现更高质量和更充分就业指明了方向。就这个意义而言，对新时代大学生就业观进行研究不仅是着眼于推动马克思主义就业观理论发展的研究自觉，更是深化阐释习近平新时代中国特色社会主义思想指导实践的必然要求。

第二，丰富大学生就业观的时代内涵。

2014 年 5 月，习近平总书记在考察北大时明确指出，"每个时代都有每个时代的精神，每个时代都有每个时代的价值观念"①。大学生就业观印刻着鲜明的时代特征，反映着大学生自我价值与社会价值的统一、理性发展与社会现实的结合。可以说，就业观是大学生积极主动和实事求是地对接社会价值理想、价值规范和价值导向的体现，就业观教育是高校人才培养"最后一公里"的关键环节，最为重要的就是培育和引导大学生形成科学理性的就业期待、价值认同和价值取向。每个时代的就业观问题都不可能脱离其所依存的时代和社会状

———————————

① 《习近平谈治国理政》第一卷，外文出版社 2018 年版，第 168 页。

况，都要与国家需要解决的时代问题相适应。新时代大学生就业观反映了社会的价值理想、价值规范和价值导向与个人的价值期待、价值认同和价值取向间的矛盾，是激励其选择正确的人生道路和实现人生价值的精神动力和应然的精神状态。树立彰显新时代内涵的科学理性就业观，对青年学生尤为重要，正如习近平总书记所强调，"青年一代有理想、有本领、有担当，国家就有前途，民族就有希望"①。

第三，拓展大学生就业观的研究视野。

跨学科研究注重各类研究方法的相互借鉴与渗透，是科学研究发展的必然趋势。大学生就业观内涵丰富，涉及就业教育、就业服务、就业认知、就业环境、就业伦理、就业者素质等方方面面，这不仅是属于马克思主义理论学科视域下的研究命题，也是一个跨学科的课题，关涉哲学、教育学、社会学、经济学、政治学、伦理学、法学和管理学等不同学科领域，呈现出鲜明的学科交叉性。综合把握和利用各相关学科的研究方法，不仅有利于揭示新时代大学生就业观的形成规律、影响因子及其教育引导，实现不同学科间的整合，推动大学生就业观研究的跨学科发展，而且能够更好地实现不同领域、不同话语体系之间的理论渗透与知识创新。

（二）现实意义

1. 促进大学生充分就业与更高质量就业

社会意识反作用于社会存在，就业观是就业行动的先导，对就业行为具有导向、激励和调控作用，大学生能否实现充分就业、高质量就业，在一定程度上取决于其能否根据形势变化和自身情况树立科学理性的就业观。根据我国新时代的阶段性特征与就业格局的新特点和新趋势，党的二十大报告提出实施就业优先战略、促进高质量充分就业，这需要以最为"有理"、最为"讲理"、最为"彻底"、最为"说服人"的理论引导大学生正确面对就业现实和理性思考

---

① 《习近平谈治国理政》第三卷，外文出版社 2020 年版，第 54 页。

就业现实，进而构建科学理性的就业观。系统研究新时代大学生就业观，有利于大学生明确认清当前的就业现状、把握市场要求，正确认知就业观与就业行为、就业结果之间的关系，准确清晰自身定位，确立合理的就业预期，及时就业、顺利就业、满意就业，在就业过程中实现对个人梦想的追求，将自然而然的人生变成"有意义"的人生。

2. 凸显大学生就业教育工作的价值导向

教育应该培养的是"达则兼济天下"的"利公主义者"，而不是邀功请赏和唯利是图的"利己主义者"，要实现个人价值导向从"功利"向"公利"的转化。大学生就业观教育作为高校人才培养"最后一公里"的关键环节，是一项集思想性、科学性和时代性为一体的特殊的教育实践活动，其不能一味囿于校园"象牙塔"，更不是单纯以促进学生就业率提升为目的。实质上，大学生就业教育工作担负着"培养什么人、怎样培养人、为谁培养人"的功能，要注重在"道"的层面上引领和塑造学生，将重视个体的"训技能"和注重培养品质情怀的"重精神"结合起来，培养维护公众利益、促进行业良性发展、推动社会稳步前进、为中华民族的伟大复兴乃至人类命运共同体而砥砺前行的真正人才。就现实而言，国家需要"先天下之忧而忧，后天下之乐而乐"的政治家，社会需要"穷则独善其身，富则兼济天下"的企业家，人民需要"艰苦奋起鼓角催，追赶潮流风雨酣"的岗位创业者，大学生只有成为将个人梦想与社会理想、个人价值与社会价值实现高度统一的奋斗者，才是人民所期待的天之骄子，才是民族兴旺发达的中流砥柱，才是国家繁荣富强的栋梁之材。

3. 引导大学生践行社会主义核心价值观

高校是党的意识形态工作的前沿阵地，大学生作为推动实现中华民族伟大复兴的主力军，自然成为各种意识形态争夺的主要对象，他们如何践行社会主义核心价值观直接关系国家未来。经济社会转型时期，各类思想观念交流交融交锋中，意识形态领域斗争更是激烈，大学生思想极度活跃，在就业观上呈现出独立性、多元化、差异性等特点，就业行为中暴露出诸多思想和价值偏差。个别学生受市场经济逐利性以及社会思潮多样性的影响，将就业创业视为个人谋生的"出路"、谋利的"选择"、谋名的"机会"，工具性、功利性倾向突出，偏离了教育的初心与本真。因此，本研究从个人与社会的关系出发，搞清楚就业观问题的主要矛盾：一方面，社会的价值理想、价值规范、价值导向是什么；另一方面，学生个体对于就业的价值期待、价值认同、价值取向是什么。在个人就业观与社会就业观这对主要矛盾中，不断激发与引导大学生在社会需要和自我价值之间找到最佳结合点，主动践行社会主义核心价值观，确保大学生就业选择、就业行为都能受到正确引领。

三、国内研究综述

改革开放以前，我国长期对大学生就业实行"统包统配"的就业政策，大学生从招生、培养到毕业后的工作去向都严格按照计划服从国家分配，国内学术界对就业、就业观问题的研究相对滞后。20 世纪 80 年代以来，随着改革开放和市场经济的引入，政府逐步给高校一定的自主分配的权力，实现大学生与用人单位一定范围内的"双向选择"，国内学术界对就业及就业观相关问题有一定研究，但研究范围和研究深度还比较局限。直到 20 世纪末，高校大规模扩招，高等教育由过去的"精英教育"转向"大众教育"，市场经济加速发展，政府开始把大学生就业完全推向市场，实行用人单位与大学生"双向选择、自主择业"，高校将大学生就业和就业指导工作列为重点，大学生就业观逐渐成为国内学术界关注点。大学生就业观是一个涉及多领域、多学科的问题，因而学者们从不同的视角、不同维度对大学生就业观开展研究，主要方向包括大学生就业观的概念界定、影响因子、现状特点与就业观教育，具体论述如下：

（一）大学生就业观的概念厘定

就业观，即就业观念，是劳动者在选择职业时主观上所持有的观念、态度、心态和认识。当前学术界对就业观的概念定义比较一致，比较有代表性的观点如下。

胡维芳认为，"作为人们在选择职业和从事特定职业劳动过程中所形成或持有的价值取向的就业观，是人们对于某一职业的一种观念、态度、认知及心态，是个人对就业的一种反应性倾向，由认知、情感和行为倾向三个因素组成"[①]。游敏惠认为，"就业观念就是人们对于各种不同职业的评价、意向以及对就业所持有的态度"[②]。迟成勇认为，"就业观是世界观、人生观和价值观在职业上的体现，是人们在选择职业和从事职业实践过程中所形成或持有的根本观点或价值取向"[③]。彭薇认为，"就业观是人们对与就业有关的重要问题的基本看法和根本观点"[④]。常春圃认为，"就业观不仅仅是一个人对职业的认知和态度，也应该是个人对职业目标的追求"[⑤]。

（二）大学生就业观的现状及特点

现状与特点是大学生就业观研究的热点问题，研究成果数量颇丰，结论相对集中、一致，总体认为：高等教育由精英教育转向大众教育，就业制度由"计划包分配"转向"市场决定、双向选择"，大学生就业观在多元化演变中越来越要求自我价值的实现。现有研究主要基于三种思路，一是将大学生就业观视为整体开展现状特点的描述性研究，二是将大学生按性别、专业等细分开展就业观的特定群体研究，三是针对时间、空间等维度开展大学生就业观的比较研究。

1. 大学生就业观的描述性研究

大学生就业观涉及多领域、多学科，学者们重点对涉及大学生就业选择的价值倾向、地域行业偏好、薪资期待等非理性就业观进行了论述。目前，非理性就业观主要体现为以下几种，如"不是大城市不去""不是好单位不进""不

---

① 胡维芳：《后危机下"90后"大学生就业观的特点、成因与对策研究》，《青海社会科学》2010年第6期。

② 游敏惠、袁晓凤：《"微文化"传播对当代大学生价值观的影响及对策》，《青年探索》2013年第4期。

③ 迟成勇：《论当代大学生就业观之构建》，《中国石油大学学报》2012年第2期。

④ 彭薇：《"大就业观"：自主多元的成才观》，《中国青年研究》2005年第1期。

⑤ 常春圃：《当代大学生就业价值观的变化探析》，《中国教育技术装备》2016年第18期。

是好工作不干"的理想化精英就业观念，"怕吃苦，不愿到基层就业""不是铁饭碗不端"的眼高手低就业观念，挑剔、频繁跳槽、随大流、跟风等盲目就业观念，"听天由命""等靠要就业""依靠社会关系"等被动就业观念，"有业不就、有业不签"等自卑消极就业观念，等等。

从大学生就业选择的价值倾向来看，就业选择偏重以个人发展与物质待遇为主导，忽视国家和社会需求。从"个人—社会"和"功利—理想"两个维度分析，大学生职业价值观尽管存在性别、年级、学科和家庭所在地的差异，但整体上倾向于个人取向和理想取向。① 理想的择业单位最重要因素是什么？大学生首选个人发展空间大、发展前景好、工资高福利好（三项合计75.1%），而社会需要与社会贡献大、社会地位高（两项仅4%）并不受重视。② 影响大学生职业决策的因素依次为工资福利、自我价值的实现、专业及个人兴趣、工作环境、社会需要、工作稳定性、生活环境等。③ 影响大学生就业意向的前4个主要因素分别为个人发展前景、经济收入、爱好兴趣、自己是否适合该工作。④ 当就业选择与国家需要发生冲突时，以追求自我价值的实现为首选的占59%，认为选择职业要考虑国家和社会需要的占3.8%，认为要尽量符合国家和社会需要的仅占12%。⑤

从大学生就业选择的地域行业来看，功利化倾向导致大学生偏好经济发达地区、一线或沿海大城市，偏重体制内、国有部门以及前景明显的优势行业。由于区域、行业、体制内外差距等二元经济制度环境影响，毕业生就业意愿高度重叠，普遍偏好选择东部地区、城市尤其是大城市和体制内优势部口就

① 参见吴烘富：《大学生职业价值取向的调查研究》，《教育研究与实验》2013年第5期。

② 参见李佳敏：《社会转型期择业价值取向的现状、归因——基于对高校大学生的实证调查》，《江南大学学报（人文社会科学版）》2010年第6期。

③ 参见王沛、康廷巧：《大学生择业价值取向调查问卷的编制及初步研究》，《应用心理学》2005年第2期。

④ 参见文新华、李锐利、张洪华：《关于大学生就业心态的调查》，《教育发展研究》2004年第9期。

⑤ 参见魏世梅：《培养大学生科学的就业观》，《北京理工大学学报（社会科学版）》2006年第6期。

业。① 普遍存在内隐职业偏见和性别刻板印象，对从事专业技术工作人员的评价更积极，而对从事服务行业人员的评价更消极，更倾向于把专业技术职业与男性联系起来，把服务业与女性联系起来。② 普遍存在明显的职业刻板印象，比较喜欢也乐于从事的职业仅局限于一个很小范围，尤其在地域刻板印象上对沿海地区、发达城市抱有非常积极的态度，如果在这些地区就业，即使从事自己很不喜欢的工作也能接受，对县城等则态度消极，在此类地区的体面工作也不能引起兴趣。③

从大学生就业选择的薪资期待来看，薪资期望普遍偏高，个人的实际薪资与预期收入匹配度不高、差距大，理想化精英就业倾向导致部分大学生"自愿性失业"。2003 年北京地区高校本科毕业生收入预期底线的均值为 2344.89 元，而 2002 年北京市高校毕业生实际入职薪酬水平为 1568 元，高出 776.89 元；④ 以 2004 年全国大学生求职的工资底线均值为 2390.38 元，与 2001 年的 2244.6 元相比，依然偏高。⑤2010 年上海市高校毕业生平均期望月薪为 3330.7 元，⑥ 而全国 2010 届高校毕业生毕业半年后的平均月收入为 2479 元，相差 851.7 元。⑦

2. 大学生就业观的特定群体研究

特定群体研究主要是针对某一特殊群体的就业观展开讨论，分析特征并提

---

① 参见周驳宇、李元平：《二元经济背景下毕业生择业意愿的实证分析》，《高教探索》2010 年第 4 期。

② 参见于泳红：《大学生内隐职业偏见和内隐职业性别刻板印象研究》，《心理科学》2003 年第 4 期。

③ 参见胡志海、梁宁建、徐维东：《职业刻板印象及其影响因素研究》，《心理科学》2004 年第 3 期。

④ 参见丁大建、高庆波：《毕业了你将去哪里——2003 年北京地区高校本科毕业生就业意愿调查报告》，《中国人力资源开发》2004 年第 4 期。

⑤ 参见本刊编辑部：《2004 大学生就业首选企业调查——社会环境影响下的个人择业观》，《中国大学生就业》2005 年第 7 期。

⑥ 参见刘海玲：《就业意愿对就业的影响分析与对策研究——从大学生就业的视角》，《劳动保障世界》2010 年第 8 期。

⑦ 参见麦可思研究院：《2013 年中国大学生就业报告》，社会科学文献出版社 2013 年版，第 95 页。

出针对性解决方法，细化研究大大增强了大学生就业观教育的针对性，为本研究带来启示。目前，国内学术界采取不同维度，将大学生划分为不同特征群体开展研究，如以性别视角划分为男生和女生，以学历视角划分为博士、硕士、本科生、专科生、高职高专学生，以学科视角划分为农科、医科、工科、文科、理科、商科等，以专业类别视角划分为社会工作、体育教育、艺术等，以地域视角划分为新疆、广东、北京、上海、贵州和东部、西部、城镇、农村等，以学校视角划分为本科院校、地方院校、独立学院、农业院校等，以年龄视角划分为"70后""80后""90后""95后""00后"等，以民族视角划分为汉族、蒙古族、藏族、其他少数民族等，以学生身份特征视角划分为贫困生、学生党员、学生干部、普通学生等讨论大学生就业观问题。

3. 大学生就业观的比较研究

大学生就业观的比较研究主要是基于空间、时间、群体等三个基本维度来展开的。空间维度比较，主要是对我国不同地域之间比较研究较多，如《地方高校城镇与农村工科学生择业观比较研究》（丁连生，2007），《东西部地区两所地方师范院校大学生择业观比较研究》（刘虹，2013），《比较视阈下我国藏族大学生的就业观及其调适——基于天津和青海两地的调查》（杜海蓉，2018）。相比空间维度比较，时间维度比较的研究成果数量较少，且多以一些重要的时间节点为限来进行流变研究，如《青年职业价值观的横断与纵向研究》（辛增友，2006），《改革开放以来大学生择业观的嬗变》（黄波，2008），《改革开放30年与青年就业观念的变迁》（刘成斌，2008），《改革开放以来中国青年择业观变迁——基于研究文献回顾的一种探讨》（刘妮妮，2019）。不同群体的比较研究主要是以性别、学历、民族、专业等进行划分，如《不同民族大学生职业价值观比较及教育建议》（林琼芳，2002），《西部医学院校医学生农村地区执业意愿及其影响因素——基于城乡户籍比较视角》（刘锦林、毛瑛，2016），《高职院校与普通高校大学生的职业探索及相关模型的比较分析》（周婉婷，2016），《工、农、医大学生就业价值观调查研究》（庞竞杰，2018），《比较视阈下我国藏族大学生的就业观及其调适——基于天津和青海两地的调查》

(杜海蓉,2018),《大学生择业倾向调查:性别与学历的比较》(张秀梅、刘海涛,2019)。

(三)大学生就业观的影响因子

大学生就业观的影响因素多种多样,不同研究者分法不同,涉及面也存在差异,根据因素的易见性,现有研究可以划分为外在因素(客观因素)与内在因素(主观因素),外在因素主要涉及人力资本与社会资本、社会制度与社会环境、经济发展,内在因素主要涉及传统观念。

1. 人力资本与社会资本对大学生就业观的影响

随着市场经济的蓬勃发展,就业市场竞争激烈、就业信息不对称不断加剧,人力资本、社会资本对大学生就业满意度、就业观有重要影响。实证研究表明,毕业生社会资本水平越高,求职信心以及推迟就业的可能性越大,期望的月薪起点越高,也越愿意选择企业就业,他们能以较少的求职努力换来较高的单位落实概率。[1] 人力资本对大学生就业中的自我能力认知有显著性影响,学习成绩越好,其就业自我能力认知程度越高;学习成绩越差,其感觉到的就业形势压力越大;低收入家庭的大学生比高收入家庭的大学生感受到的就业压力会更大;不同人力资本存量、不同家庭资本存量的大学生对于就业困难认知存在一定差异;绝大部分大学生在就业单位选择时对经济收入与福利待遇、就业单位性质、职业稳定性及自身兴趣和爱好等非常重视,而对工作与自己所学专业是否对口则不太重视。[2]

2. 社会制度与社会环境对大学生就业观的影响

人的思想是社会环境的产物,大学生作为社会中思想最为积极、活跃、敏感的群体,其就业观受到社会客观环境、社会心理环境、社会发展环境等诸多

---

① 参见郑洁:《家庭社会经济地位与大学生就业——一个社会资本的视角》,《北京师范大学学报(社会科学版)》2004年第3期。

② 参见高耀、刘志民:《人力资本、家庭资本与大学生就业认知——基于江苏省20所高校的经验研究》,《中国人民大学教育学刊》2012年第2期。

影响。大学生就业是个体实现社会化的重要过程，个体社会化过程中的环境因素影响大学生就业观。[①] 社会环境对于大学生就业观影响深远，一方面，严峻的就业形势迫使大学毕业生要开始提前谋划未来，兼职实习、自主创业、学习考证成为提升毕业求职成功率的重要筹码；另一方面，社会舆论也对大学生就业观塑造发挥着潜移默化的作用。[②] "互联网＋"时代的到来，催生了更多的创业风口，而阿里、腾讯、百度、小米等互联网科技巨头公司对于青年群体具有强大的号召力和影响力，使得越来越多的大学毕业生摆脱了传统的求稳心理，而投身于创业大潮中。[③] 社会制度体现了一定时期社会发展的需要，具有一定的导向性、调控性和约束性，对大学生择业取向具有一定影响。经济体制转变、教育收费制度与就业制度改革、精英教育向大众教育转型、民办教育大发展以及家庭背景，也是当代大学生择业观嬗变的主要原因。[④] 当前我国大学生择业取向表现出很高的一致性，劳动力市场的制度性分割是大学生择业取向形成和大学毕业生就业难现象产生的主要原因，在次要市场找到较高工资率单位的可能性小，流动成本高，社会保障存在巨大差异，作为理性求职者，毕业生宁愿在主要市场暂时失业，也不愿去次要市场就业。[⑤] 教育的高成本、教育体制的城市指向、市场经济与不良社会思潮的负面影响、就业机制的不完善，都是造成大学生就业期望值偏高的社会原因。[⑥]

3. 经济发展对大学生就业观的影响

思想观念是人的头脑对客观世界的能动反映，经济转轨必然对大学生就业观产生或积极或消极的影响，改革开放以来，我国经济体制发生变化，国内学者将其作为影响大学生就业观发展变化的一个重要研究点。经济增长方式的转

① 参见邢立娜、白映释：《影响大学生就业观的环境分析》，《辽宁行政学院学报》2009 年第 10 期。
② 参见冀洋：《大学生就业影响因素分析》，《东北财经大学学报》2017 年第 1 期。
③ 参见莫晓霏：《浅谈校园大学生创业大赛的不足与建议》，《时代教育》2014 年第 6 期。
④ 参见王柏远：《当代大学生择业嬗变的原因与特点及应对策略探析——基于教育经济学的分析视角》，《继续教育研究》2006 年第 3 期。
⑤ 参见赖德胜、吉利：《大学生择业取向的制度分析》，《宏观经济研究》2003 年第 7 期。
⑥ 参见余国宇：《浅析大学生就业期望值高的社会原因》，《学校党建与思想教育》2006 年第 5 期。

变使毕业生加剧了增强实力的紧迫感，经济结构的调整使毕业生树立了多元化的就业观念，人才市场的生成使毕业生树立了"自主择业"的观念；所有制结构与分配制度的改变，改革开放的深入，导致职业价值观念的多元化、就业领域中腐朽思想的入侵以及攀比享乐主义的滋生。①吴蔚借用大数据的思维方式，以上海某高校为例，收集了其近几年的就业数据，进行长达6年的跟踪对比，得出结论：大学生受全球的经济环境影响转变了就业观念，就业取向趋于多元化。②国内学者李付俊、孙长缨、傅进军、童小琴、周驭宇等分别从产业结构变动、经济发展战略、要素投入结构等维度入手，深入分析了经济发展对大学生就业观产生较大冲击，导致就业信心不足、就业意向多元化。我国经济进入经济新常态后，"大众创业、万众创新"成为国家创新驱动发展战略，大学生就业观进入"破旧立新"的转折期，国内学者基于此开展探索。张立瑶、孙墨曈等基于经济新常态的演进脉络、内涵和特征，分析了大学生就业面临矛盾和新的机遇，有针对性地提出了引导大学生就业观念的对策。吕淑萍、马英、娄一平、花慧等分别对重庆市高校大学生、医学生、"90后"大学生就业观进行考察、描述和初步判断，发现自我意识的加强导致就业的稳定性发生急剧变化，提出从大学生自身、家庭、高校和社会这4个方面有针对性地提出了引导大学生就业观念的对策。胡涛、芦雅琪通过对新经济常态下大学生就业观的特点分析，发现大学生就业观因受到个人心理建设、家庭就业观念、社会舆论导向和传统思想的影响呈现出"我高兴"的理想化择业取向、"间隔年""慢就业"方式等特点，提出就业观的引导应结合树立终身发展观念、合理舆论导向运用等方面来开展教育，为教师开展学生就业观引导与教育工作提供参考。③

---

① 参见李爱国：《试论社会转型对高校毕业生择业观念与行为的影响》，《玉溪师范学院学报》2006年第9期。
② 参见吴蔚：《大数据背景下大学生就业价值取向探究》，《思想理论教育（上半月综合版）》2014年第2期。
③ 参见胡涛、芦雅琪：《经济新常态下大学生就业观的引导与教育》，《湖北函授大学学报》2018年第17期。

4.传统观念对大学生就业观的影响

我国传统文化具有鲜明的民族特色、极强的生命力，影响着一代代人生活的方方面面，但因其精华与糟粕也是对立统一的矛盾存在，对大学生就业观的形成和塑造产生了积极与消极两方面影响。我国传统等级思想、官本位思想、重男轻女思想等的存留影响大学生就业观念。① 传统文化中忧国忧民的社会精神、刚健进取的自强精神、内圣外王的人格品质对大学生就业观具有积极影响，而关系本位、官本位、等级观念等思想具有消极影响，应努力发挥传统文化优秀品质，抵制消极影响。② 家庭文化、成员职业价值、个人思想道德以及价值倾向都会对大学生就业观产生重要影响，来自传统家庭的束缚、家庭成员职业偏见会导致大学生就业观期望值过高、功利主义突出、只重视自我价值实现而淡化社会价值等问题。在新旧观念交织、中西思想交错的当今社会，社会价值观、家庭价值观、个人价值观都对大学生择业观具有重要影响。③ 家长就业观存在误区，普遍希望儿女得到高薪水、高层次的工作，到沿海大中城市、国有单位就业，进而影响毕业生形成相应的就业观。④ 面对现实就业困境，传统的重男轻女观念、女大学生自我认知模糊与急功近利等，都易误导女大学生就业观。⑤

（四）大学生就业观教育与引导

大学生就业观的形成与转化受到主客观各方面因素的影响，国内学界主要有"主体说""客体说""主体—客体说"三种分析范式。"主体说"是从就业观教育的主体，即教育者实施就业观教育的角度来讨论。其中比较有代表性的

① 参见刘结实：《论我国传统文化对大学生就业观念的影响》，《太原大学教育学院学报》2007年第 S1 期。
② 参见俞鹏：《浅析中国传统文化与大学生就业观》，《商业文化（学术版）》2009 年第 6 期。
③ 参见徐平：《大学生择业观相关因素分析》，《黑龙江高教研究》2006 年第 2 期。
④ 参见张良红：《家庭对大学生就业观的影响分析》，《教育教学论坛》2010 年第 33 期。
⑤ 参见韩新路：《女大学生就业观研究》，《中华女子学院学报》2011 年第 3 期。

观点，孙永建提出高校毕业生就业是一项系统工程，既要通过思想政治教育培育毕业生树立求真务实就业观，一切从实际出发，积极主动促进就业，也要全国人民共同努力，协同推动，包括政府、学校、媒体、用人单位、家庭和社会关心支持毕业生就业，形成思想政治教育合力，多管齐下，齐抓共管。①"客体说"是从就业观教育的客体，即大学生本身来分析，受教育者思想状况的改变是衡量就业观教育效果的重要指标。杜峰、薛利锋、陈玉君、涂平荣等人通过研究马克思《青年在选择职业时的考虑》及其当代价值，提出用"人类的幸福和我们自身的完美""社会价值与个人价值相统一""主观条件与客观条件相符合"等理念，引导大学生客观评价自我、正确认识个人与社会关系，将自身需要与社会发展相统一，进而树立科学就业观。用社会主义核心价值观引导青年树立正确的就业观，调整就业期望，保持良好的择业心态，促进青年既关注自我，又关注社会，在两者之间寻找到平衡点。②"主体—客体说"是联合就业观教育的主体与客体即教师与学生两个方面来进行问题分析。比如，吕世军分别从教育主体和教育客体的角度对我国当前大学生择业观教育的问题进行了分析，他认为教育主体存在的问题主要有认识程度存在差异、教育内容不全面、目标设置不清晰、手段方法不科学等；教育客体存在的问题主要有教育对象的复杂性，社会多种观念并存给大学生择业观教育带来巨大挑战，社会环境的日渐复杂也给大学生择业观教育带来不利影响等。③

　　综上所述，国内学界高度关注大学生就业观问题，尤其在社会转型、就业难等现实困境下，学者基于不同研究视角、运用不同研究方法广泛而深入地探讨就业观培育的对策措施，在理论和实践上已经取得丰硕成果，为新时代就业

---

① 参见孙永建：《高校毕业生非理性就业观研究》，中共中央党校博士学位论文，2014年，第141页。

② 参见刘义：《社会主义核心价值观对当代青年就业观的影响》，《人民论坛》2013年第11期下。

③ 参见吕世军：《当前我国大学生择业观教育问题研究》，东北师范大学硕士学位论文，2006年，第13—14页。

观研究奠定了坚实的基础。但是，有关大学生就业观的研究侧重于特征概况、现状描述、因子分析，存在理论性与经验性的失调，研究要么只是局限于个别角度开展分析，缺乏系统研究和整体观念；要么只是经验性地概括总结，缺乏深度的理论分析；要么只是数据调研的梳理分析，研究的实证性支撑不足，缺乏有效的说服力，专门系统而有理论深度的考察分析仍需进一步探讨。基于此，研究立足客观就业实际，对新时代大学生就业观相关理论和指导思想进行总结阐述，对大学生就业观社会实践进行考察，结合新时代大学生就业观的现实挑战与时代诉求，开展大学生就业观现状深入剖析，着重挖掘就业观的价值与功效，以理论回应就业观现实问题，促进理论和实践的交互印证。

四、研究方法与创新之处

（一）研究方法

1. 文献研究法

文献研究法是根据研究目的，通过搜集、阅读、分析、整理、归纳有关研究文献资料，进而全面地了解掌握所要研究问题的一种最为基础的科学研究方法，力求基础理论材料更为翔实。随着"双向选择、自主择业"就业政策的确立，大学生就业观逐渐成为国内理论界关注的焦点，众多专家学者对此进行了广泛而深入的调查和研究。研究对国内外就业观、大学生就业观相关书籍、文献等研究成果进行整理、分析、归纳，对大学生就业观的演进进行历史考察，在此基础上选择研究开展的切入角度。

2. 逻辑与历史相统一的研究方法

大学生就业观的形成和发展是一个复杂的动态过程，因此，本研究遵循逻辑与历史相统一的研究方法。研究坚持科学的历史主义方法，沿着历史发展脉络纵向考察分析新中国成立以来大学生就业观的演进发展，为新时代大学生就业观研究提供逻辑起点。同时，大学生就业观的发展变化是有规律可循的，研究要对事物内部的影响因素及其逻辑关系进行深刻剖析，通过对大学生就业观进行历史考察，从"不变"与"变化"辩证地归纳大学生就业观演进特征，并使之系统化和理论化。

3. 定量研究与质性研究相结合的方法

大学生就业观是人的内在思想意识和价值认知，无法直接测量、触摸和掌握，故采用定量研究与质性研究相结合的方法对新时代大学生就业观基本图景进行描述呈现。定量研究"是一种对事物可量化的部分进行测量和分析，以检验研究者自己关于该事物的某些理论假设的研究方法"[1]，其适用于需要探讨不同变量关系、宏观层面客观把握的场合，研究结论是对整体现状和评价情况的图景描绘。质性研究则是"通过研究者和被研究者之间的互动对事物进行深入、细致、长期的体验"[2]，透过被研究者视角"可以使我们从当事人的角度了解个人意见及主观感受，注意他们的心理状态和意义建构"[3]。研究采用定量研究与质性研究相结合的方法对新时代大学生就业观进行深入细致的实证调研，具体而言，主要是采用定量研究的问卷调查、质性研究中的典型抽样访谈等方法，将注重经验实证与注重解释建构相结合，全面深入地呈现了新时代大学生就业观的现状图景以及大学生就业观的主要形成和影响因素。

(二) 创新之处

1. 新时代大学生就业观研究视角具有创新性

大学生就业观的形成变化与时代紧密相连，这就决定了不同时代大学生就业观都有鲜明的特点。对于新时代大学生而言，他们是出生在 21 世纪、成长于我国发展的黄金岁月、欣逢新时代开启难得发展机遇的"00 后"，经济全球化、政治民主化、文化多样化、价值多元化、社会信息化、生活科技化、交往虚拟化的时代背景和成长环境决定了新时代大学生就业观较之以往的大学生就业观，既有一脉相承的共性，也有其特有的时代印记。关注和研究新时代大学生就

---

① 参见陈向明：《质的研究方法与社会科学研究》，教育科学出版社 2000 年版，第 10 页。

② 参见陈向明：《质的研究方法与社会科学研究》，教育科学出版社 2000 年版，第 10 页。

③ 参见陈向明：《质的研究方法与社会科学研究》，教育科学出版社 2000 年版，第 10 页。

业观，将"00 后"大学生如何看待就业问题纳入思想政治教育学科，全面呈现和深入分析"00 后"大学生就业观现状及差异，这成为研究视角的创新之处。

2. 新时代大学生就业观研究方法具有创新性

研究考察了新时代大学生就业观的现状，采用了问卷调研与个人访谈相互结合的方法，力求问题分析更为深入，弥补以往研究问题指向不强、缺乏有效数据支撑的问题。在对大量文献材料阅读、分析、整理、总结基础上，认真设计新时代大学生就业观调查问卷，对全国 37 所不同层次的高校进行调查，共收集有效问卷 6171 份。调研数据采用统计软件 SPSS 25.0 进行结果分析，获取了新时代大学生就业观现状的客观数据，通过差异分析得出新时代大学生就业观存在学历差异、性别差异、年级差异、政治面貌差异、家庭结构差异、家庭地理位置差异、院校类型差异及专业差异等。个人访谈法能够从被研究者视角出发，通过面对面交流获取宝贵的一手资料，选取 30 名典型大学生进行个人访谈，深度了解其就业思想动态。

3. 新时代大学生就业观研究成果具有创新性

构建"大思政"格局为努力破解思想政治教育和就业观教育"两张皮"提供了政策支撑。事实上，就业观归根到底是价值观的体现和反映，就业观教育既是思想政治教育的基本内容，也是解决思想问题和解决实际问题相结合的关键领域，离开科学系统的思想政治教育，就业观研究及实践将必然会丧失基本的立场和方向、丧失思想政治教育应有的价值。"大思政"格局下大学生就业观教育具有鲜明的时代特征，基于此，本研究提出新时代大学生就业观培育既要通过思想政治教育引导学生运用"三因"①理念形成与时代发展、国家需要、社会主要矛盾的解决相一致的就业理念和个性品质，也要充分发挥政府、学校、家庭和社会各自的就业教育功能，共同关心、紧密配合、协同推进，形成"四位一体"的育人场域，服务于大学生就业观教育工作。

---

① 即习近平总书记在 2016 年全国高校思想政治工作会议上提出"因事而化、因时而进、因势而新"的"三因"理念。

五、相关概念界定

科学理解和准确把握研究对象是研究得以顺利开展并能够取得成功的基础，就业观、大学生就业观的概念内涵是新时代大学生就业观研究的基本起点，需要精准确定、细致辨析。

（一）就业观

就业观是对于就业问题所形成的较为稳定的根本观点，它决定人们就业活动的目标、就业道路的选择和对待就业的价值取向。就业观作为观念的一种，本质上属于人的思想意识层面的内容，是一种主观的存在。正因为如此，就业观不是人天生就有、亘古不变的，而是人们在不断实践的过程中慢慢形成的，并随着社会政治、经济、文化等因素变化而发生改变，是一定社会历史条件的产物。身处于复杂多变的社会经济环境中，人们在就业时必然结合各种主客观条件进行思考和筛选，就业是个体在职业世界的自我对象化，求职过程就是寻找另一个自我，就业观是这一对象化过程的观念先导，在职业世界中塑造另一个自我。人们在就业过程中必然会因为就业认知、期望、标准、评价、态度、心理倾向等不同而作出选择，而这些因素本质上也是个人世界观、人生观、价值观在就业过程中的深层次的、综合性的体现。现有研究一般把就业观界定为关于就业的基本认知、根本看法和总体态度。如，就业观是对就业目的、意义、方式、空间等方面的根本看法和态度[1]；是对所选单位或企业的性质、所在地、社会知名度、经济状况及自身工资福利待遇、发展前景等方面的认识和综合评价[2]，是对各种不同职业的评价、意向以及对就业所持有的态度。[3]综合前人研究成果，就业观的概念可以理解为，它是人们关于为什么就业、就什么业、怎么就业的根本看法和总

---

[1] 参见丁永刚：《现今大学生就业观存在的误区及引导政策》，《青海社会科学》2008 年第 5 期。

[2] 参见刘成斌：《改革开放 30 年与青年就业观念的变迁》，《中国青年研究》2008 年第 1 期。

[3] 参见游敏慧：《青年大学生就业观探析》，《重庆邮电学院学报（社会科学版）》2000 年第 4 期。

体认知，包括就业形势政策认知、就业目标规划、就业价值取向、就业道德规范等。

与就业观相关联的还有职业观、择业观，在一般情况下，人们未对三者进行严格区分，甚至还会混用。但是细究起来，就业观与职业观、择业观是存在差异的，这一区别对于开展就业观研究具有价值和意义。职业观指一个人关于职业方面问题的根本看法，是人生目标和人生态度在职业方面的具体表现。职业观是一种具有明确的目的性、自觉性和坚定性的职业选择的态度和行为，对个人职业目标和择业动机起着决定性的作用，"人各有志""三百六十行，行行出状元"都体现了差异化的职业观。择业观是个体选择职业的期望或选择职业的标准，是关于职业发展可能性、职业报酬、职业声望和求职代价的比较稳定的根本观点与看法①；是对选择某种社会职业所持的比较稳定的认识、评价、态度、方法、价值倾向和指导思想②；是关于择业理想、择业动机、择业标准、择业意义的比较稳定的根本看法和态度的体现③；是个体结合自身职业理想与现实就业情况，从社会各种职业中挑选适合自身能力且切合自身发展需要的职业的过程。基于整个就业过程来看，职业观更多体现的是对职业的基本认知，职业观会影响就业观，但不等于就业观，就业观更为丰富、更具动态性，就业观包含了职业观。择业观特指在就业活动中的择业环节，个人对职业的初步认知和权衡选择，是一种阶段性的认知，就业观则涵盖整个就业过程，认知也要更为全面、完整，是对择业观的延伸。总体而言，职业观、择业观都是就业观的基础，就业观是对职业观、择业观的延伸和发展，职业观、择业观的正确与否直接影响着就业动机和就业目的，职业观、择业观的变化与发展必将促使就业观随之变化，三者之间相辅相成、互为影响。

① 参见陈成文、胡桂英：《择业观念对大学毕业生就业的影响——基于 2007 届大学毕业生的实证研究》，《高等教育研究》2008 年第 1 期。
② 李荣华：《大学生择业观理论探讨》，《中国青年研究》2005 年第 6 期。
③ 谷国锋：《试论当代大学生择业观与就业观的形成及作用》，《吉林教育科学》2000 年第 5 期。

（二）大学生就业观

大学生就业观是大学生对就业相关问题的总看法、总态度、总目标，包括就业定位、动机、目标、选择、方式等多个方面，对就业行为具有导向和动力作用。大学生就业观是大学生选择职业的理想意图与思想动机，也是其采取就业行动的理想力量与意志根源，是影响大学生就业关键的影响因素。

1. 大学生就业观的基本内涵

大学生就业观体现了其对就业的期待、向往和憧憬，既源于就业现实，又源于个体对就业的理解，进而构成了每个人的就业理想。大学生就业观是大学生对"为什么就业""就什么业""怎么就业"等有关就业认知、就业价值、就业实践诸方面的根本看法和态度，是大学生世界观、人生观和价值观在就业问题上的具体呈现和集中体现，决定了大学生就业实践的目标、就业道路的方向和对待就业的态度。

（1）大学生就业观的认知内涵

基于认知层面的就业感性认知和理性认知，回答"关于就业我已经了解什么"的问题。认知是实践的起点，既包括对事物表象、构成、外部联系的感性所"认"，又包括对事物本质、内部联系、规律的理性所"知"，是人脑接受外界输入的信息，进行去粗取精、由此及彼、由表及里的加工处理和转换、进而支配人的行为的过程。就业认知是对就业及在这一过程中对就业现实、就业政策、自身条件等相关事物的认知，包括"生动的直观"和"抽象的思维"，是人进行知识获取、信息加工、知识应用的心理过程。就业认知直接影响就业行为，认知的不同自然会产生不同的行为选择和价值判断。大学生就业认知作为就业观的重要内容，是就业观形成的基础，也是开展就业实践的起点。

（2）大学生就业观的价值内涵

基于价值层面的就业动机和价值取向，回答"对于就业我有什么样的期待"的问题。就业实际上是一种劳动力资源的使用和配置活动，是人实现生产的途径和手段，其目的就是通过从事有意义的活动实现自身价值。大学生就业观是其在学习、生活和社会实践过程中慢慢形成的，其中既有理性人的共性，也有不同主体特有的个性，每一个体所持有的就业动机和价值选择自然各具特点。社会主义市场经济在迸发前所未有的活力、促进社会全方位发展的同时，也深刻影响着大学生的思想观念、价值取向和行为选择，若不及时教育引导，就易形成急功近利的功利主义就业观念，例如：有人视就业为单纯的谋生"出路"，一味追求好的物质待遇和福利保障；有人视就业为个人的谋利"机会"，希望借此谋求钱财荣誉；有人视就业为人生的谋名"平台"，渴求在大城市、国有企事业单位获得职位权力。总而言之，大学生就业动机和价值选择是就业观的核心内容，对就业观起决定作用，动机不同，就会有大相径庭的就业目标，从而产生不同的认知，追求不同的价值标准，从而选择不同的就业途径。

（3）大学生就业观的实践内涵

基于实践层面的价值规范和就业道德，回答"面对就业我应该如何行动"的问题。时下，人们不仅仅生活在日新月异的现实生活当中，而且生活在信息化、网络化的虚拟世界当中，在社会交往中出现了社会责任、诚信意识、职业道德等一系列问题。如何应对就业道德问题必然成为就业观的题中应有之义，亚当·斯密曾指出："自爱、自律、劳动习惯、诚实、公平、正义感、勇气、谦逊、公共精神以及公共道德规范等，所有这些都是人们在前往市场之前就必须拥有的。"[①] 亚里士多德强调"每种德性都既使得它是其德性的那事物的状态好，又使得那事物的活动完成得好"，"人的德性就是既使得一个人好又使得他出色地完成他的活动的品质"[②]。据此而言，就业观作为主体的内在思想意识，既要主体适度作为、行为得体合度，又要主体适度把握、选择合理匹配，让就业成为一种出于自身意愿的、体现个人价值的、匹配个人能力的、追求个人愿景的、确定的选择行为。

2. 大学生就业观与世界观、人生观、价值观

世界观、人生观、价值观统称为"三观"，它是人们对生活于其中的整个

---

① ［英］亚当·斯密：《道德情操论》，山西经济出版社 2010 年版，第 6 页。

② ［古希腊］亚里士多德：《尼各马可伦理学》，商务印书馆 2010 年版，第 45—47 页。

世界及人生价值的根本观点、总的看法，影响着人们的道德品质和道德行为，决定着人们一生的价值目标和生活道路。就业观是人们对社会职业、职业选择、职业心态的根本看法、根本观点，是人们就业行为发生的认识论根源。对于两者的关系，现有研究文献一般认为，就业观与个体切身利益和价值实现息息相关，是世界观、人生观、价值观的有机组成部分和有力支撑①；是人生目标和人生态度在职业选择方面的具体表现，对就业目标的实现具有导向作用，对就业实践具有动力作用②；是个体人生观、价值观在就业选择上的综合反映③；是"三观"在就业方面的具体应用和集中表现，为就业提供指导思想(钟秋明，2015)。首先，就业观与"三观"呈现出部分与整体的关系，"三观"是人们对整个世界、人生意义和价值判断的总的看法和根本观点，其中必然涉及和涵盖就业问题。就业观是一个人的"三观"在就业问题上的综合反映和直观表达，成为"三观"的重要组成部分和具体体现。其次，就业观不等同于"三观"，二者虽有交叉，但各有侧重、各具内涵，不能相互替代。一般而言，大学生就业观作为"三观"的组成部分，必然受到"三观"深刻影响，不能脱离"三观"而独立存在。大学生就业观是在"三观"指导和影响下逐步形成的有关就业问题的观点、方法、态度，每一个体以什么样的方式观察世界、社会和人生，也就会以相应的方式来观察就业。当然，就业观与"三观"并不是完全一一对应的，趋同的就业观可能源于截然不同的"三观"，而"三观"高度一致的个体也可能拥有大相径庭的就业观。最后，就业观直接影响"三观"的形成和发展，二者交互生成、互为影响。大学生就业观是社会就业观念的折射与现实态度的反映，个体正是通过就业现实这一实际问题开始了对世界、人生、价值的认知，在对人与自然、人与人、人与社会的不断探索中，个体就业观深刻影响了"三观"的形成和发展。

---

① 参见韩新路：《女大学生就业观研究》，《中华女子学院学报》2011 年第 3 期。

② 参见胡维芳：《后危机下"90 后"大学生就业观的特点、成因与对策研究》，《青海社会科学》2010 年第 11 期。

③ 骆剑琴：《高等教育大众化下的大学生就业观教育》，《理论与当代》2005 年第 3 期。

第一章　新时代大学生就业观培育的理论依据与指导思想

理论来源于实践，科学的理论又对实践发展具有重要的指导作用。本书从马克思、恩格斯和中国共产党历代领导人关于就业观的重要论述入手，挖掘了大学生就业观培育的理论依据。就业是民生之本，是青年发展之基。党的十八大以来，以习近平同志为核心的党中央高度重视青年特别是大学生就业工作，实施就业优先战略和积极就业政策，始终将大学生就业摆在突出位置。围绕促进大学生就业问题，习近平总书记发表了一系列重要论述，提出了明确要求，重点强调"高校毕业生要转变择业就业观念，只要有志向就会有事业，只要有本事就会有舞台。

第一节　新时代大学生就业观培育的理论依据

以马克思主义为理论依据进行新时代大学生就业观培育，是确保教育方向性及科学性的基础和前提。在马克思和恩格斯的理论中，虽然并没有关于就业观培育系统而完整的论述，但马克思以"人类解放"为终身的职业选择和奋斗事业，淋漓尽致诠释了其就业认知、价值取向、价值规范诸方面的根本看法和态度。马克思的生平与事业，和他创建的马克思主义，是密不可分、融为一体的，了解马克思的生平和事业，梳理马克思关于就业观的学说和思想，有助于大学生在就业实践中将"自然而然"的人生变成有意义的人生，为新时代大学生就业观培育提供理论依据。

一、劳动是人的本质的体现

人是自然和社会的双重存在物，具有自然和社会的双重属性。大学生作为社会意义上的人，其生存和发展离不开物质生产劳动、离不开就业实践、离不开人在特定领域中从事体力或者脑力工作。劳动存在于人生存与发展的所有环节，自由自觉的劳动体现着人的类本质。马克思分别在《1844年经济学哲学手稿》《关于费尔巴哈的提纲》《德意志意识形态》中对人的本质问题进行了深入研究和全面论述，从劳动是人的本质、人的本质是一切社会关系的总和以及人的需要即人的本质三个维度进行了界定，对新时代大学生就业观培育发挥着根本性的指导作用。

（一）基于劳动是人的本质维度来看

从人与动物的区别来看，劳动是人的本质，有关"直接的物质的生活资料的生产"的就业实践体现着人的本质。劳动创造人，创造了人类社会，劳动是人所特有的本质，马克思在《1844年经济学哲学手稿》中提出，"劳动这种生命活动、这种生产生活本身对人来说不过是满足一种需要即维持肉体生存的需要的一种手段。而生产生活就是类生活。这是产生生命的生活。一个种的整体特性、种的类特性就在于生命活动的性质，而自由的有意识的活动恰恰就是人的类特性。生活本身仅仅表现为生活的手段"[①]。人是从自然界分化出来的，自然界是人生存的首要条件，人在改造自然的活动中获得自身生存的方式，也推动着社会进步和人类发展。马克思从人与动物获取物质生活资料方式的区别说

---

① 《马克思恩格斯文集》第1卷，人民出版社2009年版，第162页。

明劳动是人的本质。物质资料生产是人们进行各种社会活动的首要前提，人的生存和发展依赖于一定的生产生活资料。在劳动中人和自然界之间进行物质交换，进而产生了人类生存和发展所需要的劳动产品。正如马克思所说，"人们为了能够'创造历史'，必须能够生活。但是为了生活，首先就需要吃喝住穿以及其他一些东西。因此第一个历史活动就是生产满足这些需要的资料，即生产物质生活本身"①。人与动物都一样依赖自然界，人与动物的区别不在于是否依赖自然，而是依赖方式的差异。马克思指出，"一当人开始生产自己的生活资料，即迈出由他们的肉体组织所决定的这一步的时候，人本身就开始把自己和动物区别开来"②。动物是单纯地依存、消极地适应自然界，人能制造并使用生产工具从自然界中获取人的生存所必需的物质资料。

（二）基于人的本质是一切社会关系的总和维度来看

人不仅是自然的存在物，更重要还是社会的存在物。人与社会之间进行着广泛且深刻的社会联系，随着社会的飞速发展，人们与外界乃至整个世界的联系范围愈来愈广、交融程度愈来愈深。正是基于社会联系在人的生活中发挥着不容忽视的重要作用，马克思才说，"人的本质是人的真正的社会联系，所以人在积极实现自己本质的过程中创造、生产人的社会联系、社会本质"③。每一个体价值的实现程度都和社会所处的历史阶段特征息息相关，人必须在社会发展过程中不断实现自身发展，这是引导大学生在就业过程中实现个体发展和自我价值的哲学依据。大学生是社会意义上的独立的人，处于各种社会关系网络的交织之中，其就业活动自然不可避免地受到社会发展水平的制约。人与社会既是历史与现实相统一，也是认识与实践相统一，人与社会的辩证关系为新时代大学生就业观培育提供了科学指导。人是社会的存在物，不能脱离特定的社会阶段去考察人，正是在社会生产力发展水平不断积累的

---

① 《马克思恩格斯文集》第1卷，人民出版社2009年版，第531页。

② 《马克思恩格斯文集》第1卷，人民出版社2009年版，第519页。

③ 《马克思恩格斯全集》第42卷，人民出版社1979年版，第24页。

过程中，人与社会的联系更加密切。新时代大学生在就业行为的选择上，要充分注重社会所提供的各种机遇，把自我融入社会之中，才能真正在社会之中实现自我的价值。

（三）基于人的需要即人的本质维度来看

人的需要及其满足是人生命活动的存在方式，是劳动实践活动的内在依据。人的生命活动总是从需要开始，马克思把需要称为将个人和社会连接起来的纽带，认为需要是人的一种"天然必然性"；又把需要称为人实现自己的本质的表现，认为需要是人的一种"内在的必然性"。人的生命活动总是从需要开始。马克思和恩格斯认为，"全部人类历史的第一个前提无疑是有生命的个人的存在。因此，第一个需要确认的事实就是这些个人的肉体组织以及由此产生的个人对其他自然的关系"[①]。人作为有生命的存在物，对物质资料的需要是人的生命活动的客观要求。当前，就业是个体获得生存和发展的主要手段，就业需要的存在表明了人发展自身的需要，就业需要的多样化表明了人的生命活动的丰富性。同时，任何事物的产生、存在和发展都有其内在依据，人进行劳动实践活动的根本目的是满足人发展的需要。人的劳动实践活动已成为人的需要的手段，离开人的需要的劳动实践活动也就失去了其价值和意义。就业以必要条件的形式存在于个人社会中生存和发展的所有环节，衣食住行是人的需要，自我价值实现也是人的需要，就业不仅满足着人生存的基本需要，也展示出人的生命活动的意义。

二、就业促进人的全面发展

就业不仅是自我生存的需要，更是通过人与自然的关系、人与人的关系、人与社会的关系实现个人自由全面发展的需要，就业在人生的各个发展阶段都

---

① 《马克思恩格斯选集》第 1 卷，人民出版社 2012 年版，第 146 页。

是个人实现自我的重要手段。在青年时期，马克思就选择了"最能为人类而工作的职业"，把整个身心都献给了人类进步和无产阶级的解放事业。马克思的学说就是关于人类解放的学说，也就是关于实现人的全面自由发展的学说，其从分析现实的人和现实的生产关系入手，针对人的全面自由发展的价值理想、实现过程和价值标准进行了全面阐述，将社会发展与人的发展相统一，彰显了其对就业观问题的深邃洞察力。

（一）自由全面发展是大学生就业的终极价值追求

马克思是自觉地"为全人类而工作"的人，是自觉地为"人类解放"而献身的人，他把人类奋斗的最高理想定位为人类自身的解放，这意味着马克思对真正的"以人为本"的价值理想的承诺，也就是把人从一切"非人"的或"异化"的境遇中"解放"出来，以为之奋斗一生的"无产阶级的解放"事业彰显了其个人价值、实现了其对有限人生的超越。

马克思的人的自由全面发展的价值追求，直接针对的是人的"非人"的或"异化"的现实状态，而用以反观这种存在状态的价值理想则是奠基于马克思对"人"的理解。人的生命活动奠定了人的自由全面发展的基础，人与动物不同，动物追求适应性地生存，而人追求有诗意和有意义的生活。马克思对人与动物的生命活动进行了明确区分，"有意识的生命活动把人同动物的生命活动直接区别开来"①。这表明，人不仅依据"物"的尺度，而且依据"人"的尺度，也就是根据自己的意志和意识而进行自己的生命活动，合目的性是人的现实活动的起点。马克思和恩格斯关于人的自由全面发展学说，有助于更深切地理解人的时代使命，绝不仅仅是使人的独立性奠基于"对物的依赖性"，而且必须使人从"对物的依赖性"中解放出来，实现人自身的自由全面发展。基于此，大学生要深刻理解人能够把理想变成现实，在就业乃至整个人生都以实现人的自由全面发展为终极价值理想。一方面，就业要考虑物质条件和社会关系的客

---

① 《马克思恩格斯选集》第 1 卷，人民出版社 2012 年版，第 56 页。

观制约，大学生就业要满足自身谋生的生存需要，完成从对父母的依赖走向个人的独立转变，实现经济上的"自给自足"；另一方面，就业要考虑个体兴趣、爱好、优势、特长等主观因素，大学生要树立关注个人内在需要、发展需要等一切合理需要的理性就业观，选择能够实现自身发展的职业、选择能够在贡献社会中体现自我价值的职业为理想追求。新时代，随着人们对美好生活的日益向往和追求，实现人的自由全面发展这一因素在就业中的价值认识愈为突出，大学生不要仅把就业当作谋生手段，更要把其视为终身奋斗的事业，充分全面自由地实现个人发展与社会发展相结合、个人价值与社会价值相统一。

（二）就业是大学生实现自由全面发展的重要手段

马克思指出，"全部社会生活在本质上是实践的。凡是把理论引向神秘主义的神秘东西，都能在人的实践中以及对这种实践的理解中得到合理的解决"[①]。马克思关于人的自由全面发展的价值理想奠基于马克思对人的生命活动的理解，但是，马克思所理解的人的生活活动并不是某种抽象的、不变的"人性"，而是这种生活活动具有"目的性"和"理想性"。可见，就业作为重要的现实生活实践活动，要求个人素质的全面提高和个人价值的充分实现，其已成为新时代大学生实现人的自由全面发展需要的重要手段和源泉。

作为重要的社会生产实践活动，就业不仅是劳动者为谋取生活资料而与生产资料相结合的过程，也是个人与社会需要相满足的过程，更是为获得社会认同而不断发展成长的过程。就业作为重要的实践活动，是人凭借现实条件和现实力量去改变自身的"生活世界"，把发展自己的理想变成实现自身发展的现实。人的全面发展就是"人以一种全面的方式，就是说，作为一个完整的人，占有自己的全面的本质"[②]，主要蕴含人的需要、人的能力、人的个性以及人的社会关系等方面。就业是个体需求不断得到满足的过程，有助于个人生存

---

① 《马克思恩格斯选集》第1卷，人民出版社2012年版，第135—136页。
② 《马克思恩格斯文集》第1卷，人民出版社2009年版，第189页。

需要、享受需要、发展需要等合理性需要的激发，"通过社会化生产，不仅可能保证一切社会成员有富足的和一天比一天充裕的物质生活，而且还可能保证他们的体力和智力获得充分的自由的发展和运用"①。就业是对个体能力素质考验的过程，间接地激发了个人的潜在能力，不仅为个体个性发展提供平台，而且有助于促进个人由自发性索求向自觉性追求变化。就业为个体社会关系的发展提供了平台，人的发展离不开其所处的社会环境和社会关系的影响，"个人的全面性不是想象的或设想的全面性，而是他的现实联系和观念联系的全面性"②。总之，大学生要实现人的自由全面发展离不开就业，在就业过程中实现个人发展和自我价值，就必须将个体发展完全置于社会发展的大环境中，实现个人发展与社会发展相结合、个人价值和社会价值相统一。

（三）大学生自由择业体现着人的不断解放

"任何解放都是使人的世界即各种关系回归于人自身"③，以"每个人的自由发展"为条件的"一切人的自由发展"并不是一个"解放的神话"，而是衡量"解放"的人的尺度。马克思描绘了共产主义社会真正民主、自由的个人发展环境，强调只有在共产主义社会才可能实现劳动者的自由全面发展。毫无疑问，马克思关于人的自由全面发展的价值理想引导着大学生的就业理想、就业取向和就业认同，从而自觉地在全面建设社会主义现代化国家、实现中华民族伟大复兴的过程中实现人的全面发展。

《共产党宣言》将共产主义社会描绘为人类社会发展的最高形态，人与人之间剥削与被剥削的关系将被一种团结和互助的劳动关系取而代之，"代替那存在着阶级和阶级对立的资产阶级旧社会的，将是这样一个联合体，在那里，每个人的自由发展是一切人的自由发展的条件"④。在这样的社会形态中，不合

---

① 《马克思恩格斯选集》第3卷，人民出版社2012年版，第814页。
② 《马克思恩格斯文集》第8卷，人民出版社2009年版，第36页。
③ 《马克思恩格斯文集》第1卷，人民出版社2009年版，第46页。
④ 《马克思恩格斯选集》第1卷，人民出版社2012年版，第22页。

理的社会分工已被取消，生产力高度发达且劳动者享受自由劳动，劳动者完全可以根据个人的能力、兴趣、爱好、环境等来判断自己劳动的对象和观念，自身将得到全面发展，从而为社会进步作出贡献。正如《德意志意识形态》中所描绘的，"在共产主义社会里，任何人都没有特殊的活动范围，而是都可以在任何部门内发展，社会调节着整个生产，因而使我有可能随自己的兴趣今天干这事，明天干那事，上午打猎，下午捕鱼，傍晚从事畜牧，晚饭后从事批判，这样就不会使我老是一个猎人、渔夫、牧人或批判者"①。根据自身价值判断选择一份既能实现自己发展又能服务于社会的工作是人们的理想追求，但实际上，社会分工的不同导致不同的人有不同的就业选择，个人以各自的标准选择实现价值的不同平台。然而，在每个人现实的价值选择中，个人的就业理想总是具有社会内容，个人的就业认同总是"认同"某种社会性的价值规范，个体的就业取向总是"取向"社会的价值导向。

三、就业要以正确的意识为指导

生活要有诗与远方的理想，人生总会面对不同的选择，而理想和选择必须有正确思想的指引和有力理论的支撑。马克思和恩格斯指出，"推动人去从事活动的一切，都要通过人的头脑……外部世界对人的影响表现在人的头脑中，反映在人的头脑中，成为感觉、思想、动机、意志，总之，成为'理想的意图'，并且以这种形态变成'理想的力量'"②。新时代，我国正在发生广泛而深刻的社会转型与变革，经济社会转型、高等教育人才培养范式改革和就业创业政策导向纵深推进等，作为社会意识的大学生就业观正在发生相应深刻变化，但与变革中的社会存在仍存在较大差距，就业观培育亟待加强。正是在这种复杂多变的社会现实中，新时代更要用正确的社会意识指导社会实践水平的发展。

---

① 《马克思恩格斯选集》第1卷，人民出版社2012年版，第165页。
② 《马克思恩格斯选集》第4卷，人民出版社2012年版，第238页。

（一）大学生就业观的变化体现了时代的变迁

马克思和恩格斯在《资本论》中指出，"观念的东西不外是移入人的头脑并在人的头脑中改造过的物质的东西而已"①。社会存在具有第一性，社会意识是社会存在的反映，社会存在的性质和变化决定着社会意识的性质和变化。马克思主义认识论强调社会存在决定社会意识，这是引导大学生在就业过程中直面时代问题、承担时代使命的哲学依据。大学生就业观体现了个体对就业的期待、向往和憧憬，是人在自身生活实践基础上逐渐形成的对就业及其相关问题较为稳定的看法。正是从"第一个历史活动"出发，马克思和恩格斯把这种研究结果归结为"不是意识决定生活，而是生活决定意识"②，"不是从观念出发来解释实践，而是从物质实践出发来解释各种观念形态"③。首先，大学生的生活成长受到社会条件、社会关系等客观因素的影响，就业过程自然不能摒弃社会现状而独立存在，当然"我们并不总是能够选择我们自认为适合的职业"④。理想源于现实，理想实现受现实生活条件所制约，大学生必须认清当前就业的社会现实，在国家社会更为广阔的发展舞台上规划个人未来图景，主动勇敢选择，才不至于"听天由命"。其次，大学生就业观是一个社会的、历史的范畴，其既不是先天固有而来的，更不会是一成不变的，而是随着社会、经济、政治、文化等因素的变化而不断变化。正如马克思和恩格斯在《共产党宣言》中所说，"人们的观念、观点和概念，一句话，人们的意识，随着人们的生活条件、人们的社会关系、人们的社会存在的改变而改变"⑤。社会存在主要是指具体的环境条件、政治阶级、经济水平、民族文化、社会思潮等在不同时期呈现不同特征，这些都会决定并影响大学生就业观的变化。时代变迁、形势环境以及教育引导等都是作为社会存在对社会意识的就业观起决定

---

① 《马克思恩格斯选集》第 2 卷，人民出版社 2012 年版，第 93 页。

② 《马克思恩格斯选集》第 1 卷，人民出版社 2012 年版，第 152 页。

③ 《马克思恩格斯选集》第 1 卷，人民出版社 2012 年版，第 172 页。

④ 《马克思恩格斯全集》第 1 卷，人民出版社 1995 年版，第 457 页。

⑤ 《马克思恩格斯选集》第 1 卷，人民出版社 2012 年版，第 419—420 页。

作用，也就是说，一定的就业观也只能在相应时代、环境和教育共同作用下才能产生，新时代大学生就业观是对时代特征、环境特点以及教育特色等社会存在的反映。

（二）理性就业观对大学生就业发挥着积极作用

社会意识的能动作用是通过指导人们的实践活动来实现的。马克思强调正确的社会意识对社会存在的发展起积极的促进作用，这是引导大学生在就业过程中树立科学理性就业观的哲学依据。一个人有什么样的就业观就趋向于什么样的就业行为，科学理性就业观会对个体产生积极影响，反之，非理性就业观会影响个体就业、创业与职业转换能力的发挥。马克思特别重视就业观对就业的重要意义，强调一个人在就业选择时应有的态度，因为"这种选择是人比其他创造物远为优越的地方，但同时也是可能毁灭人的一生、破坏他的一切计划并使他陷于不幸的行为"[①]。

科学理性就业观是大学生就业的内在动力，马克思认为，就业行为应建立在正确思想的基础之上，大学生要深刻认知"如何理性看待就业"的问题，建立科学的就业认知，以此作为个人就业行动和奋斗前行的内在动力。人能够掌握自己的命运，有自由选择的权利，就业是人自由选择的权利，也是不可逃避的社会责任与义务。新时代大学生拥有自由选择就业的权利，要树立伟大目标，从内心热爱自己的职业，以奋斗来实现个人的目标和理想，"每个人眼前都有一个目标，这个目标至少在他本人看来是伟大的"[②]，人的共同目标和动力就是"使人类和他自己趋于高尚"。但是，由于社会分工的不同，同一时代的不同个体有着各自不同的就业选择，但是每一个体必须对就业有准确、清醒的认知，"我们的使命决不是求得一个最足以炫耀的职业，因为它不是那种可能由我们长期从事，但始终不会使我们感到厌倦、始终不会使我

[①] 《马克思恩格斯全集》第 1 卷，人民出版社 1995 年版，第 455 页。
[②] 《马克思恩格斯全集》第 1 卷，人民出版社 1995 年版，第 455 页。

们劲头低落、始终不会使我们的热情冷却的职业"①。事实上，职业无高低贵贱之分，不同个体之上社会分工不同而已，联合国教科文组织也明确指出，"毕业生的就业可能不和自己特定的或理想的资格相适应，这种情况不应被视为不体面的事情"②。在日益严峻的就业形势下，大学生应该明确就业对社会发展的重要意义，平等看待每一职业岗位，将就业选择和社会服务统一起来，主动到西部、到农村、到基层、到条件艰苦的边远山区、革命老区、贫困地区和民族地区去就业，自主艰苦创业，在千方百计地实现就业理想、体现个人价值的过程中服务社会、服务他人。

1. 理性就业观具有导向作用

理性就业观对大学生就业有导向作用，大学生在就业时应当深刻认知"如何确立就业导向"的问题，要遵从内心、冷静思考、全面衡量，建立正确的自我认知和明确的理想目标，以此作为奋斗路上的"指路明灯"。一方面，马克思倡导就业时要客观考虑、全面衡量自身素养和能力，坚持在自身体质和能力范围内从事工作，"如果我们经过冷静的考察，认清了所选择的职业的全部分量，了解它的困难以后，仍然对它充满热情，仍然爱它，觉得自己适合于它，那时我们就可以选择它，那时我们既不会受热情的欺骗，也不会仓促从事"③。正确认知自我有助于大学生依据自己兴趣爱好、能力素质就业，做自己该做且能做的事，只有拒绝盲目跟风，拒绝一味选择更有名利、更为容易的工作，才能源于热爱和出于全盘考虑选择适合个人优势发挥、利于个人长远发展、助于社会服务他人的岗位。另一方面，马克思指出就业的最终目的是"实现人的自由而全面的发展"，大学生既不要"幻想美化自己并不了解的职业"，更不要被"那些足以炫耀、为世人所瞩目的职业""高收入"等表面现象所迷惑，而是要充分发挥个人主观能动性，"在从事这种职业时我们不是作为奴隶般的工具，

---

① 《马克思恩格斯全集》第 1 卷，人民出版社 1995 年版，第 456 页。
② 联合国教科文组织：《学会生存——教育世界的今天和明天》，教育科学出版社 1996 年版，第 6 页。
③ 《马克思恩格斯全集》第 1 卷，人民出版社 1995 年版，第 457 页。

而是在自己的领域内独立地进行创造"①。基于此,大学生要有正确的就业导向,把"有尊严、深信其正确、能为我们提供广阔场所的完美境地"视为就业理想,以"人类的幸福和我们自身的完美"为就业目标。正如马克思所言,"一个选择了自己所珍视的职业的人,一想到他可能不称职时就会战战兢兢——这种人单是因为他在社会上所处的地位是高尚的,他也就会使自己的行为保持高尚"②。新时代对大学生提出新的历史使命与责任,也为大学生提供了广阔的舞台和无限机遇,要积极引导学生做到自我价值和社会价值实现的统一、自我理想和社会理想的统一。

2.理性就业观具有规范作用

理性就业观对大学生就业有规范作用,人的生命是有限的,每个人都力图彰显生命的意义与价值,大学生要面对"如何评判就业价值"的问题。马克思认为,最能为人类幸福而工作的标准就是,"选择一种使我们获得最高尊严的职业,一种建立在我们深信其正确的思想上的职业,一种能给我们提供最广阔的场所来为人类工作,并使我们自己不断接近共同目标即臻于完美境界的职业"③。这既展现了青年马克思远大的志向,也为大学生的就业选择提出了"最有尊严""深信其正确"和"臻于完美境界"三个价值标准。就业不能是偶然机会和假象来决定,当面对功利诱惑时,大学生要懂得最合乎尊严要求的职业"并不总是最高的职业,但往往是最可取的职业"④,"有尊严的职业"并不意味着工资高、发展前景好;当权衡名利得失时,大学生要懂得名利容易使人产生欲念与幻想,只有"重视作为我们职业的基础的思想"⑤,才能通过冷静的思考区分就业究竟是兴趣所在、价值所往,还是短暂的热情而已;当个人利益与社会利益有冲突时,大学生要坚持个人价值和社会价值相统一、个体幸福和共同

① 《马克思恩格斯全集》第1卷,人民出版社1995年版,第458页。
② 《马克思恩格斯全集》第1卷,人民出版社1995年版,第459页。
③ 《马克思恩格斯全集》第1卷,人民出版社1995年版,第458页。
④ 《马克思恩格斯全集》第1卷,人民出版社1995年版,第458页。
⑤ 《马克思恩格斯全集》第1卷,人民出版社1995年版,第459页。

幸福相结合，"人只有为同时代人的完美、为他们的幸福而工作，自己才能达到完美。如果一个人只为自己劳动，他也许能够成为著名的学者、伟大的哲人、卓越的诗人，然而他永远不能成为完美的、真正伟大的人物"①。

第二节　新时代大学生就业观培育的指导思想

大学生是国家宝贵的人才资源，是实现中华民族第二个百年奋斗目标的骨干和栋梁。党的十八大以来，以习近平同志为核心的党中央高度重视就业工作特别是大学生就业工作，并在不同时期都提出了明确的就业目标。党的十九大报告指出，就业是最大的民生，要"实现更高质量和更充分就业"②。党的二十大报告强调，就业是最基本的民生，要"促进高质量充分就业"③。从"更高质量和更充分就业"到"高质量充分就业"，彰显党中央一体推进就业工作量、质双提升的鲜明导向。习近平总书记始终把就业工作上升到经济社会发展重大战略的高度，强调"就业是最大的民生工程、民心工程、根基工程"④，提出一系列新思想新观点新论断，这为扎实做好大学生就业观教育工作指明了努力方向、提供了根本遵循。

一、把促进大学生就业创业摆在更加突出的位置

大学生就业工作事关经济发展、民生福祉和社会稳定，党中央、国务院始终高度重视。习近平总书记先后在中央政治局会议、中央经济工作会议等

---

① 《马克思恩格斯全集》第 1 卷，人民出版社 1995 年版，第 459 页。
② 《习近平谈治国理政》第三卷，外文出版社 2020 年版，第 36 页。
③ 《高举中国特色社会主义伟大旗帜　为全面建设社会主义现代化国家而团结奋斗——在中国共产党第二十次全国代表大会上的报告》，人民出版社 2022 年版，第 47 页。
④ 《习近平关于社会主义社会建设论述摘编》，中央文献出版社 2017 年版，第 67 页。

会议上作出重要部署，强调要把促进青年特别是高校毕业生就业工作摆在更加突出的位置。2012 年 12 月，习近平总书记在中央经济工作会议上从民生工作角度重点强调大学生就业创业，"要注意稳定和扩大就业，尤其要做好以高校毕业生为重点的青年就业工作"①。2013 年 5 月，习近平总书记在天津考察时曾专程调研大学生就业问题，明确指出"要切实做好以高校毕业生为重点的青年就业工作"②。2014 年 5 月，习近平总书记在北京大学师生座谈会上强调，"要强化就业创业服务体系建设，支持帮助学生们迈好走向社会的第一步"③。

在新冠肺炎疫情防控期间，习近平总书记高度关注疫情对就业形势的影响，曾多次提到、强调大学生就业问题，其中既有对大学生就业提出的希望，也有对政府扶持大学生就业提出的要求。2020 年 2 月，习近平总书记在统筹推进新冠肺炎疫情防控和经济社会发展工作部署会上对大学生就业工作提出具体要求，强调"全面强化稳就业举措……支持多渠道灵活就业……要注重高校毕业生就业工作"④。2020 年 7 月，习近平总书记在给中国石油大学（北京）克拉玛依校区毕业生的回信中指出，"各级党委、政府和社会各界要切实做好高校毕业生就业工作……千方百计帮助高校毕业生就业，热情支持高校毕业生在各自工作岗位上为党和人民建功立业"⑤。2020 年 7 月，习近平总书记在吉林考察期间，与刚毕业的大学生亲切交流，强调"要始终把人民安居乐业、安危冷暖放在心上……突出做好高校毕业生、退役军人、农民工和城镇困难人员等重点群体就业工作"⑥。2020 年 8 月，习近平总书记在安徽考察时重点指出，"要牢固树立以人民为中心的发展思想……突出做好高校毕业生、农民工、退役军

---

① 《习近平关于全面建成小康社会论述摘编》，中央文献出版社 2016 年版，第 129 页。
② 《习近平关于社会主义社会建设论述摘编》，中央文献出版社 2017 年版，第 65 页。
③ 习近平：《论党的青年工作》，中央文献出版社 2022 年版，第 80 页。
④ 《习近平谈治国理政》第四卷，外文出版社 2022 年版，第 95 页。
⑤ 《习近平书信选集》第一卷，中央文献出版社 2022 年版，第 286—287 页。
⑥ 《坚持新发展理念深入实施东北振兴战略　加快推动新时代吉林全面振兴》，《人民日报》2020 年 7 月 25 日。

人、受灾群众等重点人群就业工作"①。

党的二十大以来，针对大学生就业新形势新情况，习近平总书记对实施就业优先战略作出新的全面部署，提出一系列新要求。2022 年 6 月，习近平总书记在四川宜宾学院专程视察大学生就业工作，明确"党中央高度重视高校毕业生就业……把脱贫家庭、低保家庭、零就业家庭以及有残疾的、较长时间未就业的高校毕业生作为重点帮扶对象"②。2022 年 6 月，习近平总书记考察香港科学园时强调，"为青年铺路搭桥，提供更大发展空间，支持青年在创新创业的奋斗人生中出彩圆梦"③。2023 年 6 月，习近平总书记在内蒙古考察时指出，"要全面落实就业优先政策，把推动实现更加充分更高质量的就业摆在突出位置……重点抓好高校毕业生、退役军人、农民工等群体就业"④。大学生就业关系个人成长成才，更关乎经济发展和国家未来，习近平总书记一直念兹在兹，无日或忘。

二、勉励大学生转变就业观念书写出彩人生

观念是行动的先导，只有以正确的就业观引导就业预期，大学生才能科学把握就业方向和职业目标，从容应对就业压力。习近平总书记始终关注大学生就业观念问题的解决，对于就业择业过程中可能存在的问题、可能遇到的考验，发出勉励"高校毕业生要转变择业就业观念，只要有志向就会有事业，只要有本事就会有舞台"⑤，这为教育引导大学生树立正确的就业观提供了根本遵循。

---

① 《坚持改革开放坚持高质量发展　在加快建设美好安徽上取得新的更大进展》，《人民日报》2020 年 8 月 22 日。

② 《深入贯彻新发展理念主动融入新发展格局　在新的征程上奋力谱写四川发展新篇章》，《人民日报》2022 年 6 月 10 日。

③ 《习近平考察香港科学园》，《人民日报》2022 年 7 月 1 日。

④ 《把握战略定位坚持绿色发展　奋力书写中国式现代化内蒙古新篇章》，《人民日报》2023 年 6 月 9 日。

⑤ 《坚持新发展理念深入实施东北振兴战略　加快推动新时代吉林全面振兴全方位振兴》，《人民日报》2020 年 7 月 25 日。

劳动与大学生就业成败、幸福是关联在一起的，"劳动是一切成功的必经之路"①，"生命里的一切辉煌，只有通过诚实劳动才能铸就"②。大学生对劳动的认识和理解是其就业观的重要组成部分，要能够看到就业成败背后付出的劳动，看到就业成就也是通过劳动创造的。正如习近平总书记所强调的，"一切劳动者，只要肯学肯干肯钻研，练就一身真本领，掌握一手好技术，就能立足岗位成长成才"③。要教育引导大学生崇尚劳动、尊重劳动，懂得劳动最光荣、劳动最崇高、劳动最伟大、劳动最美丽的道理。2015 年 4 月，习近平总书记在庆祝"五一"国际劳动节暨表彰全国劳动模范和先进工作者大会上发出倡议，要"树立辛勤劳动、诚实劳动、创造性劳动的理念，让劳动光荣、创造伟大成为铿锵的时代强音，让劳动最光荣、劳动最崇高、劳动最伟大、劳动最美丽蔚然成风"④。不难发现，"最光荣""最崇高""最伟大""最美丽"的表述突出强调"最"，既表达出新时代对劳动价值的高度认同，也是对大学生把工作变成事业、在平凡岗位上作出不平凡业绩的具体要求。2016 年 4 月，习近平总书记在知识分子、劳动模范、青年代表座谈会上作出强调，"无论从事什么职业，都要勤于学习、善于实践，踏实劳动、勤勉劳动，在工作上兢兢业业、精益求精，努力在平凡岗位上干出不平凡的业绩"⑤。

"人人皆可成才，人人尽展其才。"三百六十行，行行可建功，处处可立业，职业选择没有高低贵贱之分，任何一份职业都很光荣。大学生结合自己的专业和兴趣爱好，对自己所从事的就业岗位有所设想、有所期待，这本无可厚非。但是，在就业形势严峻且就业岗位和形态日趋丰富多元的今天，要教育引

---

① 《习近平在乌鲁木齐接见劳动模范和先进工作者、先进代表人物　向全国广大劳动者致以"五一"节问候》，《人民日报》2014 年 5 月 1 日。

② 《习近平谈治国理政》第一卷，外文出版社 2018 年版，第 46 页。

③ 《在庆祝"五一"国际劳动节暨表彰全国劳动模范和先进工作者大会上的讲话》，《人民日报》2015 年 4 月 29 日。

④ 《在庆祝"五一"国际劳动节暨表彰全国劳动模范和先进工作者大会上的讲话》，《人民日报》2015 年 4 月 29 日。

⑤ 《在知识分子、劳动模范、青年代表座谈会上的讲话》，《人民日报》2016 年 4 月 30 日。

导大学生树立平等的职业观念，要尊重不同的职业选择。从劳动形式看，体力劳动和脑力劳动都很需要，"在我们社会主义国家，一切劳动，无论是体力劳动还是脑力劳动，都值得尊重和鼓励"①。当前，大数据、人工智能等新兴技术的运用和发展创造了许多新的工作岗位，虽然这些行业更多需要的是脑力劳动者，但也不可能离开体力劳动者。此外，传统行业与新兴行业都是不可或缺的，就业岗位本身没有孰高孰低之分，习近平总书记语重心长勉励大学生，"三百六十行，行行出状元……只要勤于学习、善于实践，在工作上兢兢业业、精益求精，就一定能够造就闪亮的人生"②。

　　近年来，大学生就业呈现多元化趋势，"慢就业""懒就业""不就业"现象凸显，这不但对个人职业发展不利，对国家和社会也是人才资源的巨大浪费。习近平总书记站在"确保党的事业薪火相传，确保中华民族永续发展"的战略高度，明确指出大学生既要立足新时代、拥抱新时代，更要奋进新征程、建功新时代，要"努力成为可堪大用、能担重任的栋梁之材"③。站在"两个一百年"奋斗目标的历史交汇点上，习近平总书记多次寄语大学生，要"敢于做先锋，而不做过客、当看客，让创新成为青春远航的动力，让创业成为青春搏击的能量，让青春年华在为国家、为人民的奉献中焕发出绚丽光彩"④，要"努力成为堪当民族复兴重任的时代新人，让青春在为祖国、为民族、为人民、为人类的不懈奋斗中绽放绚丽之花"⑤。作为党和国家事业薪火相传的"接班人"，大学生拒绝"躺平""躺赢"，做起而行之的行动者、当攻坚克难的奋斗者，就像习近平总书记所倡议的那样，"全国广大高校毕业生志存高远、脚踏实地，不畏艰难险阻，勇担时代使命，把个人的理想追

① 《在庆祝"五一"国际劳动节暨表彰全国劳动模范和先进工作者大会上的讲话》，《人民日报》2015 年 4 月 29 日。

② 《在知识分子、劳动模范、青年代表座谈会上的讲话》，《人民日报》2016 年 4 月 30 日。

③ 《在同各界优秀青年代表座谈时的讲话》，《人民日报》2013 年 5 月 1 日。

④ 《在知识分子、劳动模范、青年代表座谈会上的讲话》，《人民日报》2016 年 4 月 30 日。

⑤ 《坚持中国特色世界一流大学建设目标方向　为服务国家富强民族复兴人民幸福贡献力量》，《人民日报》2021 年 4 月 20 日。

求融入党和国家事业之中，为党、为祖国、为人民多作贡献"①。大学生要以积极的态度面对生活、对待工作，坚信"保持平实之心，客观看待个人条件和社会需求，从实际出发选择职业和工作岗位，热爱劳动，脚踏实地，在实践中一步步成长起来"②。

三、勉励大学生勇于到祖国最需要的地方建功立业

目标是行动的方向和指南，对于个人而言，有没有远大就业目标，能不能志存高远，也决定着就业价值的成色与分量。习近平总书记高度重视大学生就业理想、就业目标的教育引导，多次到高校考察调研，多次同大学生代表座谈、与大学生通信，勉励大学生要把励志成才与铭记责任紧密结合起来。2019年4月，习近平总书记在纪念五四运动100周年大会上明确指出，"人生目标会有不同，职业选择也有差异，但只有把自己的小我融入祖国的大我、人民的大我之中，与时代同步伐、与人民共命运，才能更好实现人生价值、升华人生境界"③。

习近平总书记寄语新时代大学生，要到基层去、到边远地区去、到社区去、到农村去、到军营去，"到基层和人民中去建功立业，让青春之花绽放在祖国最需要的地方，在实现中国梦的伟大实践中书写别样精彩的人生"④。大学生是乡村振兴人才梯队的重要组成，是农业农村现代化的先锋队，习近平总书记向大学生发出倡议，"希望同学们志存高远、脚踏实地，把课堂学习和乡村实践紧密结合起来，厚植爱农情怀，练就兴农本领，在乡村振兴的大舞台上建功立业，为加快推进农业农村现代化、全面建设社会主义现代化国家贡献青春

---

① 《习近平书信选集》第一卷，中央文献出版社2022年版，第286页。
② 《深入贯彻新发展理念主动融入新发展格局　在新的征程上奋力谱写四川发展新篇章》，《人民日报》2022年6月10日。
③ 《论党的青年工作》，中央文献出版社2022年版，第209页。
④ 《习近平关于青少年和共青团工作论述摘编》，中央文献出版社2017年版，第51页。

力量"①。基层是大学生就业选择的主渠道和成长历练的大考场，习近平总书记曾先后给华中农业大学"本禹志愿服务队"回信、对"第一书记"黄文秀先进事迹作出指示、给中国石油大学（北京）克拉玛依校区毕业生回信，勉励大学生热爱基层、扎根基层。越是条件艰苦的地区，越是需要更多人才来支持发展建设，也越能锻炼人、培养人、成就人，习近平总书记勉励大学生"勇于到条件艰苦的基层、国家建设的一线、项目攻关的前沿去经受锻炼、增长才干"②。在党的十九大报告中，习近平总书记也作出强调，"鼓励引导人才向边远贫困地区、边疆民族地区、革命老区和基层一线流动"③。当前，国防和军队改革深入推进，迫切需要一大批懂打仗、会打仗的高素质新型军事人才，面对就业这道重要的"人生选择题"，习近平总书记鼓励军校大学生"到艰苦边远地区去、到练兵备战一线部队去、到党和人民最需要的地方去建功立业"④。

第三节　新时代大学生就业观培育的文化因素

就业观内涵的丰富性与其培育面临问题的复杂性决定了其必然涉及众多研究领域，这就需要充分发挥中华优秀传统文化在阐释就业使命担当、筑牢就业理想信念、凝聚就业价值共识、涵养职业道德品质等方面具有独特的作用，并以此为基础开展深入细致的培育研究。围绕中华优秀传统文化，习近平总书记多次强调其历史价值与时代价值，提出要"深入挖掘中华优秀传统文化蕴含的思想观念、人文精神、道德规范，结合时代要求继承创新，让中华文化展现出

---

① 《厚植爱农情怀练就兴农本领　在乡村振兴的大舞台上建功立业》，《人民日报》2023 年 5 月 4 日。

② 《论党的青年工作》，中央文献出版社 2022 年版，第 21 页。

③ 《习近平谈治国理政》第三卷，外文出版社 2020 年版，第 50—51 页。

④ 《坚定信念　脚踏实地　拼搏奋斗　为强军事业贡献力量》，《人民日报》2022 年 6 月 21 日。

永久魅力和时代风采"①。从中华优秀传统文化中，可以找寻到破解新时代大学生就业所遇人生难题、发展瓶颈和思想困惑的"钥匙"，批判和克服当前日益严重的就业极端个人主义思想、日益突出的就业择业道德滑坡和精神颓废倾向、日益蔓延的就业拜金主义和享乐主义。

一、中华优秀传统文化引领新时代大学生就业价值观

2021 年 11 月，中国共产党第十九届中央委员会第六次全体会议通过《中共中央关于党的百年奋斗重大成就和历史经验的决议》，其中 5 次提到了"中华优秀传统文化"，其重要价值和意义不言而喻。中华民族拥有在 5000 多年历史演进中形成的灿烂文明，融汇形成了儒、道、法、墨等诸子百家思想智慧，凝练概括出由基本理念、核心价值、行为规范、理想信念等构成的文化经典，进而产生了中华民族特有的信仰追求、价值取向、高尚品质、文明准则、思维方式和生活方式。这些通过语言文字以及各种具体的文化活动渗透到人们生活的方方面面，成为维系中华民族繁衍生息、不断强盛的精神家园，展示出中华民族的性格、气节和气魄。博大精深的中华优秀传统文化是在世界文化激荡中站稳脚跟的根基，新时代的中国社会正处于转型期，社会经济成分、组织形式、就业方式、利益关系和分配方式也日益多样化，大学生就业观培育有需要更有必要充分挖掘并发挥中华优秀传统文化的现代意义和价值。

中华优秀传统文化构成中华民族的血脉、灵魂和根基，是中华民族区别于其他民族的根本标志，也是中华民族屹立于世界民族之林的坚强后盾，其基本价值理念和流传下来的名言警句在潜移默化影响新时代大学生就业价值观、就业劳动观、理性择业观、职业道德品质等方面具有不可替代的价值。2017 年 1 月，中共中央办公厅、国务院办公厅印发《关于实施中华优秀传统文化传承发展工程的意见》，明确指出"把中华优秀传统文化全方位融入思想

---

① 《习近平谈治国理政》第三卷，外文出版社 2020 年版，第 33 页。

道德教育、文化知识教育、艺术体育教育、社会实践教育各环节，贯穿于启蒙教育、基础教育、职业教育、高等教育、继续教育各领域"①。通过优秀传统文化的广泛教育和传播，重新树立新时代大学生的民族自尊心和自信心，形成认同中华文明的时代意识和振兴中华文明的使命意识，引导大学生将个人就业与社会发展、与国家发展统于一体，成为具有远大理想和坚定信念的爱国者。

就业价值观是新时代大学生应对就业现实的"指挥棒"和"风向标"。新时代大学生作为推动国家发展、民族进步的中流砥柱，应具备正确的思想观念和良好的政治素养。中华民族历来持有以民为根本、以公为要义、以国为依持的价值追求，注重整体利益、国家利益和民族利益，强调个人对社会、民族、国家的责任意识和奉献精神。在新的历史方位下，大学生要立鸿鹄之志，要有"位卑未敢忘忧国"的自觉，有"天生我材必有用"的眼界，有"我以我血荐轩辕"的气魄，要将个人理想融入党和国家的事业中，立足当下，着眼未来，坚定走好成长道路上的每一步。

（一）以中华优秀传统文化坚定新时代大学生的价值理念

中华优秀传统文化以深厚民族精神凝聚华夏儿女共襄民族复兴伟业，以爱国主义为核心的伟大民族精神不断坚定新时代大学生为人民服务、为国家奉献的价值理念。新时代大学生只有把个人之小我的价值实现融入国家之大我的发展之中，才能真正成就一番功德圆满的人生志业。中国人历来以爱国为崇高之志，以报国为终生之责，以国家之务为己任，强调"先天下之忧而忧，后天下之乐而乐"（《岳阳楼记》）的强烈社会责任感与浓厚的"家国一体"之情怀，把国家利益、民族大义放在至高无上的地位。以传统儒学为代表的中国传统文化在个人理想追求上主张"修齐治平"引导新时代大学生追求一个大写的人生。

---

① 《中共中央办公厅、国务院办公厅印发关于实施中华优秀传统文化传承发展工程的意见》，《人民日报》2017 年 1 月 29 日。

《礼记·大学》强调要追求"修身、齐家、治国、平天下",身与家、家与国乃是一个密不可分的整体。这种责任意识和家国情怀是每一个新时代大学生都应当具备的。"自天子以至于庶人,壹是皆以修身为本"(《礼记·大学》)。正是在这种心系天下的涵养中,中国一代又一代的志士仁人不断地克己复礼,修身养性,不惜为之奋斗一生,才会有喊出"安得广厦千万间,大庇天下寒士俱欢颜"(《茅屋为秋风所破歌》)的杜甫,才会有"天下兴亡,匹夫有责"(《日知录》)的顾炎武,才会有"横眉冷对千夫指,俯首甘为孺子牛"(《自嘲》)的鲁迅。无一例外,新时代大学生必须具有"位卑未敢忘忧国"(《病起书怀》)"苟利国家生死以,岂因祸福避趋之"(《赴戍登程口占示家人二首》)的报国情怀和献身精神,方能成就个体的人生价值。

(二)以中华优秀传统文化涵养新时代大学生的人生境界

中华优秀传统文化不断涵养新时代大学生扎根基层、担负时代使命的人生境界。家国情怀与使命担当是中华优秀传统文化最为厚重的底色,也是一种生命自觉,在几千年的风雨历程中指引和鼓舞着中华儿女勇敢前行,也为新时代大学生的成长、成才指明方向、积蓄力量。《礼记》中有"修身、齐家、治国、平天下"的至高理想,《后出师表》中有"鞠躬尽瘁,死而后已"的决心,《岳阳楼记》中有"先天下之忧而忧,后天下之乐而乐"的使命担当……中华优秀传统文化告诉新时代大学生,家国情怀与使命担当从来不是高高在上的哲学,也不是摄人心魄的文学,而是有血有肉、有情有理地传承与实践。从"僵卧孤村不自哀,尚思为国戍轮台"(《十一月四日风雨大作 其二》)的陆游、"一寸丹心图报国,两行清泪为思亲"(《立春日感怀》)的于谦,到"丈夫矢志,为复国兴"的杨靖宇、"忍辱淡生死,负重卫家邦"的赵尚志、"我死国生,从容去,国殇民恸"的张自忠……中华优秀传统文化激励着众多爱国志士忠贞为国、前赴后继。新时代,一代代青年学生接续前行,以青春报国、担当奉献的楷模为榜样,扎根基层,为人民的事业挥洒汗水,彰显着时代青年的卓越风范。

二、中华优秀传统文化筑牢新时代大学生就业劳动观

就业的本质就是从事劳动，就业劳动观是新时代大学生展现就业风采的"晴雨表"和"助推器"。崇尚劳动的观念自古就流淌在中华民族血脉之中，对劳动的肯定和赞美是中国传统文化的重要内容。从"乡村四月闲人少，才了蚕桑又插田"（《乡村四月》）的农民，到"赧郎明月夜，歌曲动寒川"（《秋浦歌十七首》）的工人；从盘古开天成就天地方圆，到大禹治水开启华夏文明；从一部《诗经》礼赞劳动人民，到"四大发明"凝聚劳动者的智慧……因为劳动，人们才创造并拥有了历史的辉煌和如今的成就，也正因如此，博大精深、辉煌灿烂的中华文明在生生不息的中华民族的辛勤劳动中诞生。新时代大学生在中华优秀传统文化的熏染之下，会更为重视辛勤劳动的作用与价值，在就业过程中自信满满地浇灌出人生第一片希望的田野。

（一）以中华优秀传统文化加深新时代大学生对劳动的理解和认知

中华民族千百年来的行为倡导和传统美德深刻影响着新时代大学生对于劳动的理解和认知。对人类社会劳动的认知和热爱，在中国古代经典著作中多有论及，例如《大戴礼·武王践阼·履屦铭》中，"慎之劳，则富"强调的就是财富和劳动的关系。自古以来，从"功崇惟志，业广惟勤"（《尚书·周官》），到"民生在勤，勤则不匮，是勤可以免饥寒也"（《古今药石·续自警篇》），对劳动者勤劳而肯于吃苦的劳动状态进行了描述，这都是对劳动的充分肯定和赞美。孟子有言"劳心者治人，劳力者治于人"，荀子在《天论》中提及"强本而节用，则天不能贫"，这都表达了古人对勤劳耕作和勤俭节约的认同。墨家是劳动者的学派，主张"兼爱、非攻、尚贤"，它是以劳动为本位的积极性劳动伦理的范式，倡导劳动和知识的有机结合。从"民有三患：饥者不得食，寒者不得衣，劳者不得息，三者民之巨患也"（《墨子·非乐上》），到"必使饥者得食，寒者得衣，劳者得息"（《墨子·非命下》），这被称为中国社会福利、劳动保障思想的萌芽，深深滋养着一代代华夏儿女的精神心田。

（二）以中华优秀传统文化引导新时代大学生对实践的认同和践行

中华优秀传统文化涵养新时代大学生要以躬身实践来不断淬炼劳动技能。中国优秀传统文化始终围绕着"行"的哲学，将身体力行视为君子的品行，孔子提出"力行近乎仁"（《礼记·中庸》），认为勉力而行是一种接近于"仁"的优秀品质。陆游有言"纸上得来终觉浅，绝知此事要躬行"（《冬夜读书示子聿·选一》），以人生智慧劝诫子孙后代勤勉实践。我国自古就有"耕读传家"的古训，所谓"耕"即从事农业劳动，"读"即接受文化教育，"耕所以养生，读所以明道，此耕读之本原也"（《围炉夜话》）。中华民族"耕读文化"源远流长，既是一种生活方式，也是一种价值取向，其内涵丰富，包含做人、行事等方面。从最初强调自食其力的自主要求，到"勤耕立家、苦读荣身"的耕读理念，再到"耕读传家"的人本精神，坚持"耕"与"读"相结合的生活方式，在农业劳动之余，拿出书来学习，成为古代学子的一种理想状态。新时代大学生既要努力学习理论知识、提升专业技能，通过持续性的积累与练习，不断锤炼自身的职业素养，也要重视实践的作用与价值，充分利用见习、实习、社会实践等机会，持续提高自身实践应用能力，从而培养出符合社会发展趋势的就业竞争力。

三、中华优秀传统文化坚定新时代大学生理性择业观

就业是一个找准职业方向、理性进行择业的过程，理性择业观是新时代大学生成就未来发展的"定盘星"和"压舱石"。"中华优秀传统文化是中华民族的突出优势，是我们在世界文化激荡中站稳脚跟的根基"[1]，其中不乏修身处世、成长发展的理论和智慧，对新时代大学生理性择业具有培根铸魂的作用。义利之辨历来是中国传统文化的一个核心问题，也是大学生就业择业时要面对

---

[1] 本书编写组：《党的十九届六中全会〈决议〉学习辅导百问》，党建读物出版社、学习出版社 2021 年版，第 47 页。

的重要伦理问题。中华民族数千年的文化传承，孕育了内涵丰富的义利观思想，一方面高度强调道义至上、重义轻利、先义后利，另一方面又高度强调义利兼顾、取利有道、见利思义。这对于新时代大学生在市场经济条件下，如何理性进行职业选择，如何以正确的途径求利，达到义与利的统一，具有重要启示作用。

中华传统文化中"先义后利"、兼顾而有序的辩证义利观塑造着新时代大学生理性择业观。从春秋战国时期开始，如何正确处理义和利的关系就一直是人们不停探索的话题，儒家、墨家、法家等都对义利关系进行论述，形成了丰富的义利观思想。"义利之辨"一直是儒学中被频繁探讨的重要话题，其提倡重义轻利、先义后利。孔子尊崇"义"，他把义理解为人们在日常生活中修养形成的道德自觉和行为规范，他认为"君子喻于义，小人喻于利"（《论语·里仁》）"君子义以为上"（《论语·阳货》），要求君子必须是重义、行义之人。孔子对"利"有着很客观的看法，他认为"富与贵，是人之所欲也；不以其道得之，不处也"（《论语·里仁》），既肯定了"利"为众人之所需所求，并认为无可厚非，但同时又警惕世人不要因利弃义，而应取之有道。在孔子看来，仁与义是君子终生时时刻刻都应遵循的原则，任何利益与之相冲突都应舍弃，只有在仁与义范围内的利益才是正当之利。同时，孔子反对过分扩张自己的物质性欲求，而主张以求道代替纵欲，"君子食无求饱，居无求安，敏于事而慎于言，就有道而正焉，可谓为学也已"（《论语·学而》）。这种义利观带有辩证色彩，有助于引导大学生在面对抉择之际，首先以义去筛选之，做到义利的平衡，避免陷入过分功利主义与拜金主义的泥淖中。同时，对于"道"的孜孜以求则又会让大学生的心灵得到充实，找到一个积极昂扬的人生目标，避免心灵空虚带来的颓废迷失。当然，这种"道"在今天应被赋予现代的精神与内容，即个人与集体利益的统一，个人价值与社会价值的实现，社会和谐的构建与自身层次的提升，这样才能保证新时代大学生在理性择业中实现人生价值。

四、中华优秀传统文化涵养新时代大学生职业道德品质

良好的职业道德品质是就业的"软实力",也是体现个人就业发展空间的"硬势能",对新时代大学生修身立业发挥着重要作用。中国自古就有"礼仪之邦"的美誉,经过历史积淀而流传下来的历代文化经典,不仅是一个民族知识和智慧的结晶,更承载着中华民族基本的价值观念和文化取向,自然成为涵养大学生职业道德品质的生动"教材"。中华优秀传统文化注重道德教化和品德熏陶的精神,道家倡导的"至人无己、神人无功、圣人无名"(《逍遥游》),墨家强调的"兼爱",儒家追求的"仁者爱人"(《孟子·离娄下》)"己所不欲、勿施于人"(《论语·颜渊》)等,无不体现出中华传统文化在立身处世方面强调"贵在有德",在与人交往方面强调"以德待人",能够在思想认识上、道德观念上、行为规范上为新时代大学生职业道德品质的培育提供支撑。

（一）以中华优秀传统文化涵养新时代大学生就业诚信品质

"诚实守信、以义为本"的道德品质和价值取向涵养新时代大学生就业诚信意识。"诚"与"信"二者的关系紧密,核心意义是"真"和"实",诚信即真实无妄,既不自欺也不欺人,言行一致,也就是"言必信,行必果"(《论语·子路》)。中华民族传统文化讲"信"重"诚",认为"人而无信,不知其可"(《论语·为政》)"民无信不立"(《论语·颜渊》)"不信之言,无诚之令,为上则败德,为下则危身"(《贞观政要·诚信》),诚信被摆在很高的位置。先贤们认为,诚信是"人"之所以称为"人"的先决条件,如果人不能在世间得到信任,那么就将失去安身之本,无法立足,个人价值和社会价值就更无从谈起。可以看到,中国古代将诚信视作天下伦理秩序的关键,诚信是立身为人的基本道德,也是治国理政的基本原则,还是朋友相交的重要准则。在日益增长的就业压力中,诚信是每一名新时代大学生必须守住的底线,应拿好诚信这一走向社会的"通行证",用一生去实践它。

（二）以中华优秀传统文化涵养新时代大学生爱岗敬业品质

"敬业乐群、忠于职守"的进取精神涵养新时代大学生敬业意识。敬业，自古以来就是我国传统文化中一个重要的价值观念。《礼记·学记》提到，"三年视敬业乐群"。《论语》记载孔子言论，"敬事而信""言忠信，行笃敬"。《朱子语类》里讲，"'敬'字功夫，乃是圣门第一义"。敬业的精神品格，早已深深熔铸在中华优秀传统文化的血脉里。作为个人的道德修养，"敬"表现为不怠慢、不轻慢，以事业为重、为上；"敬"表现为对对象的虔敬和尊重，以一种谦卑、感恩的心与人、与物相对待，必能做到专注、专一和专业；"敬"表现为一种奉献精神，即强烈的道德责任感和义务感，对事业不辞辛苦，贡献出自己全部的精神和力量。《周易·系辞传》将"举而措之天下之民"作为事业的一个重要因素，强调个人职业的社会价值，"爱群""利群""乐群"，自觉承担起维护群体和谐、稳定和发展的社会责任，使自己的事业、功业造福于天下苍生、济世利民是中国传统敬业价值观崇高的社会理想。当今时代，每个人在社会中立足、求得生存和发展，总要通过一定的职业途径来实现，个人价值也需要从中得到体现。新时代所强调的敬业，已经不是单纯地为了实现个人的人生价值，更是为了使自己同这个伟大事业相连接、相融合，从而履行自己的一份神圣责任。

新时代大学生立什么样的德，既是个人选择问题，更彰显着一代人的胸怀与境界，修身立德从来不是空洞的口号，而是体现在一言一行、一举一动当中。当前就业形势严峻，大学生就业选择时应胸怀大局、把握大势、着眼大事，找准个人与社会相契合的切入点和着力点，做到因势而谋、应势而动、顺势而为。一方面，态度影响行动，情绪影响结果，大学生要端正就业态度，积极面对社会现实。在世界百年未有之大变局的背景下，就业未知因素增多，大学生就业心理压力增大，有必要对就业环境、竞争程度、个人能力和岗位价值等进行理性评估和认知，尽快明确贴近个人需求的就业选择。值得反复强调的是，大学生务必摒弃观、望、等、靠的消极心理和不敢担当的逃避态度，合理调整就业预期，扩大择业视野，积极转换一次性就业到位的传统观念。另一方面，不要等待机会，而要创造机会通过主动出击的方式拓展就业方法和手段。特别是，当前就业形势具有强风险性和不确定性，大学生有必要关注、对接国家就业优惠政策，紧盯就业态势"风向标"，紧跟政策"指挥棒"，勤于交流、互通信息，主动寻找就业机遇，造福家庭、社会。

有必要明确指出的是，中华优秀传统文化是中华民族的"根"与"魂"，是涵养新时代大学生就业观的重要源泉，但并不意味着中华优秀传统文化是唯一的源泉。实际上，基于中国历史进程尤其是近代以来中国革命、建设、改革的独特发展道路，形成了中华优秀传统文化、革命文化与社会主义先进文化三个组成部分共同构成的中国特色社会主义文化，都可以且都有必要成为涵养新时代大学生就业观的重要源泉，这一点必须强调。此外，中华优秀传统文化作为人们世代传承的文化根脉、文化基因，拿来主义的思维是不可取的，简单的复制粘贴无法发挥其应有的价值，而应是有批判性地接受，实现其创造性转化和创新性发展。概言之，用中华优秀传统文化滋养新时代大学生就业观，应坚持辩证唯物主义和历史唯物主义，秉持实践标准和客观、科学、礼敬的态度，把握好"守"和"变"的关系，做到古为今用，守正开新，取其精华，去其糟粕，不复古泥古，不简单否定，不断赋予中华优秀传统文化新的时代内涵和现代表达方式，"使中华民族最基本的文化基因与当代文化相适应、与现代社会相协调，把跨越时空、超越国界、富有永恒魅力、具有当代价值的文化精神弘扬起来"[1]。

---

[1] 《习近平谈治国理政》第二卷，外文出版社 2017 年版，第 340 页。

第二章　新中国成立以来大学生就业观的历史考察与演进特征

大学生是国家发展和民族进步的新锐力量，党和政府始终把大学生视为事业发展的生力军，始终支持大学生积极投身社会主义革命、建设和改革的伟大实践，鼓励大学生在推动经济社会迅速发展的进程中实现自己的就业梦想和人生价值。考察新中国成立以来大学生就业观的发展历程，探讨不同历史发展阶段大学生就业观的特点变化，一定程度上有助于理解大学生就业观的生成逻辑和时代特征，坚持始终如一的"不变"，丰富与时俱进的"变化"，辩证统一地把握大学生就业观的历史发展和演进机制。

第一节　新中国成立以来大学生就业观的历史考察

历史、现实与未来具有相通性，"不要忘记基本的历史联系，考察每个问题都要看某种现象在历史上怎样产生、在发展中经过了哪些主要阶段，并根据它的这种发展去考察这一事物现在是怎样的"[①]。大学生就业观的历史考察除了还原历史真相、在历史逻辑中把握就业观发展进程，更在于立足本来、观照现实，找到解决新时代大学生就业难问题、引导大学生树立科学理性就业观的指引。作为社会存在的环境、教育对作为社会意识的就业观具有决定作用，一定

---

① 《列宁选集》第4卷，人民出版社2012年版，第26页。

的环境、教育必然会产生相应的就业观，一定的就业观也只能在相应的环境、教育作用下才可以产生。具体而言，大学生就业观不仅是个体自我成长发展的结果，也是适应一定社会要求和具备特定历史特点的，就业观的形成离不开国家经济发展、就业政策和学校教育的共同作用。故此，以经济发展阶段、就业制度变革为划分依据，大学生就业观的演变大致经历三个阶段：计划经济时期，在有计划的"统包统配"就业制度下，服从分配的集体主义就业观；社会转型双轨制时期，在逐步过渡的"供需见面、双向选择"就业制度下，开放的"市场为导向"就业观；社会主义市场经济初步建立之后，在积极的"双向选择、自主择业"就业制度下，自主择业的"灵活多元化"就业观。

一、计划经济时期的大学生就业观

这一阶段是从新中国成立初期一直延续到 20 世纪 80 年代中期，我国建立了计划经济体制，大学生招生培养规模小，大学适龄人口入学率远远低于15%，属于"精英教育"阶段。[①] 大学生就业实行国家主导干预的"统分统配"的制度，即由国家统一招生、统一公费培养、统一分配工作，教育是"调控分配"为主的统一化引导，大学生就业方式、就业观念呈现出"服从分配、集体主义"的时代特征。

（一）国家实施有计划的"统包统配"就业制度

新中国成立后，中国共产党团结带领人民恢复国民经济，开展各项建设。立足于现实国情，大学生就业制度是以"统包统配"为主要特征的计划分配形式，在当时成功地支援了地方工农业建设需要。在计划经济时期，指令性计划

---

① 1973 年马丁·特罗教授把高等教育发展过程分为精英教育、大众化教育和普及教育三个阶段，"适龄人口入学率在 15% 以下者成为精英教育，入学率在 15% 以上至 45% 以下者成为大众化教育"，参见郝朝晖：《论高等教育大众化进程中我国精英教育的发展——美国精英教育的启示》，《天津市教科院学报》2011 年第 6 期。

占经济运行的主导地位，国家实行的是大学生"统包统配""包当干部"的就业制度，即大学生由国家严格的指令性计划统一招收、统一培养、统一安置和介绍就业。在"统包统配"制度下，国家、政府根据人才需求计划来培养大学生，以"地方分配、中央调剂"为原则，鼓励和引导大学生面向农村、面向边疆、面向工矿、面向基层，到祖国最需要的地方去。显而易见，计划经济就业市场中大学生是"标准化""批量化"培养，"按需""集中"分配，国家全部主导和直接干预，大学生根本不需要考虑就业问题，也几乎不存在就业难的问题。

计划经济时期，党和国家领导人都十分关注劳动者的就业问题，高度重视大学生就业工作，国家、政府围绕"统包统配"的计划经济模式出台了一系列的政策和规定。1950 年 6 月 22 日，政务院成立高等学校毕业生工作分配委员会，并发布《为有计划地合理地分配全国公私立高等学校今年暑期毕业生工作的通令》，提出对大学生实行有计划的统筹分配，标志着"统分统配"政策的正式形成。1951 年 10 月 1 日，政务院发布《关于改革学制的决定》，明确规定高校毕业生的工作由政府"统一计划、集中使用、重点配备"，标志着大学生就业教育进入有计划、有系统发展的新阶段。1952 年 7 月 19 日，政务院发布《关于 1952 年暑假全国高等学校毕业生统筹分配工作的指示》，明确指出大学生要由政府"在适应国家建设需要的基础上贯彻学用一致的原则"进行统一分配。从 1952 年开始，高校毕业生全部由国家分配。[①]1956 年社会主义改造完成后，国务院对大学生统筹分配的基本方针做了补充，即"根据国家需要，集中使用，重点配备和一般照顾"，对急需或特需的部门和重点单位或地区给予重点配备。1958 年 4 月 2 日，中共中央颁布关于高等学校和中等技术学校问题的意见，明确规定大学生实行"分成分配"的办法，部属院校大学生由中央统一分配，地方院校大学生由地方政府分配，至此，大学生就业初步形成由国家负责、按计划分配的就业制度。

---

① 参见毛礼锐、沈灌群：《中国教育通史（第六卷）》，山东教育出版社 1989 年版，第 344 页。

1960 年 5 月 27 日，中共中央批转国家计委党组《关于 1960 年至 1962 年高等学校理工科毕业生分配问题的报告》，详细规定大学生就业抽成分配的办法和比例，这一分配办法延续到 1965 年，但各年抽成、留成比例不尽相同。1966 年"文化大革命"开始，中央政治局扩大会议通过《中国共产党中央委员会关于无产阶级文化大革命的决定》，号召大学生要积极参与运动，全国范围内兴起了广大知识青年"上山下乡"的高潮，破坏了正常的教学活动，就业制度遭到否定，致使大学生的正常培养之路被迫中断。1970 年后大学招收各省市推荐入学的"工农兵学员"，对他们采取"哪来哪去"的分配原则，一般回到原地区或单位工作，国家只做少量特殊情况的调剂。1977 年 10 月 12 日，国务院批转了教育部根据邓小平指示制定的《关于 1977 年高等学校招生工作的意见》，从此，高等学校重新开始实行全国统一的招生考试制度[1]，大学生"统分统配"就业制度得以逐步恢复和发展，对社会发展和建设提供了有力的支持。1981 年 2 月 13 日，国务院批转了国家计委、教育部、国家人事局《关于改进 1981 年普通高等学校毕业生分配工作的报告》，规定大学生就业要由国家负责，实行"抽成调剂、分级安排"的分配办法[2]，将有限的专业人才安排到国家急需岗位。1983 年，国务院批转了《关于 1983 年全国毕业研究生和高等学校毕业生分配的报告》，允许用人单位与毕业生直接见面、查阅毕业生档案和不接受学校推荐的毕业生[3]，并提出在清华大学、西安交通大学、上海交通大学和原山东海洋学院四所院校建立试点"供需见面"，打破了多年来"统分统配"就业政策、就业计划的神秘性，尝试就业供需双方自主选择的初步探索。

（二）就业观教育是以"调控分配"为主的思想引导

在计划经济时期，就业观教育是由高校院系辅导员或毕业分配办公室的党

---

[1] 参见何东昌：《中华人民共和国重要教育文献》，海南出版社 1998 年版，第 1580 页。

[2] 参见樊钉：《变革中的中国大学生就业制度》，中国人民大学出版社 2004 年版，第 28 页。

[3] 参见樊钉：《变革中的中国大学生就业制度》，中国人民大学出版社 2004 年版，第 28 页。

政干部开展，其主要是针对大学生"是否服从统一分配"进行适度的思想工作。这一时期，大学生就业就是要为社会主义建设提供源动力，其教育"应该使受教育者在德育、智育、体育几方面都得到发展，成为有社会主义觉悟的有文化的劳动者"①。

计划经济体制下的"统分统配"是这一时期就业观教育的基本依据，这就决定了教育主要是引导大学生服从"统分统配"的就业政策以及就业中要树立国家利益至上的价值信念。计划经济时期下，大学生"一进大学门，就是国家人"，个人没有自主选择"从事何种职业""去哪就业"的选择权，只能响应国家毕业分配、听令于国家的计划分配和统一安置。就业观教育处于政治色彩浓厚的舆论环境，为实现国家对大学生的统分统配，从上至下都会集中宣传国家利益导向、国家利益为重、个人利益服从国家与社会利益，从《人民日报》的主题刊文到大街小巷的宣传标语，引导大学生应该坚决服从组织安排，努力做一块"革命的砖"。就业观教育的方式方法相对单一，主要是依靠行政性力量，由政府按照计划统一分配大学生就业，这在当时是有其积极意义的。

（三）大学生服从分配的集体主义就业观

新中国成立初期，百废待兴，大学生作为国家培养的高级稀缺人才，其遵守的是计划经济体制下"统招统配"就业政策，就业遵循"个人服从集体、服从国家安排"的原则，以及"到祖国最需要的地方去"、为人民服务、为国家奉献的价值标准。因此，计划经济时期，大学生服从分配的集体主义就业观充满着理想主义激情，是以国家利益和社会利益为价值取向，与国家需求和社会需要紧密结合的。这一时期的大学生就业观与我国当时发展现状及现实需要相适应，既促进经济社会的健康发展，也体现了社会主义制度集中力量办大事的优越性。与此同时，这一时期的大学生就业观依附性和静态性突出，在一定程度上制约了大学生干事奋斗的积极性和主动性。

---

① 《毛泽东文集》第七卷，人民出版社1999年版，第226页。

1.服从分配的就业思想造成大学生就业观依附性突出

计划经济时期，大学生就业只能依附国家，个人没有自主选择岗位的权利与自由，只能是"守株待兔"地等待选择、分配、安置或者推荐，缺乏完整独立的就业观。于是，当时的大学生自视为"我是党的一块砖，天南海北任党搬"，"进了学校门，就是国家人"，上了大学就等于成了"准国家干部"，就是端上了"铁饭碗"，进入了"保险箱"等成为最普遍的思想。这就造成大学生在就业过程中成为被动的依附型客体，"等、靠、要"的就业依赖心理明显，即就业时过度依靠国家、依靠学校、依靠父母、依靠亲朋、依靠关系，缺乏积极性和主动性。

2."统分统配"的就业政策造成大学生就业观静态性突出

计划经济时期，大学生就业采取包工作、包分配以及包吃住的"包下来"方针，由此形成了"大锅饭""铁饭碗"的劳动机制。在"统分统配"就业政策下，大学生抱定一次就业定终身，用人单位"能进不能出"，个人被束缚在固定岗位上，缺乏流动性，时间长了自然就容易产生安于现状、不愿流动也懒于流动的就业心理。正是这种"从一而终"的静态性就业观下，绝大多数大学生只能从事一种职业或一个岗位，"干和不干一个样，干多干少一个样，干好干坏一个样"的一成不变思想造成低效和不公。

3.高度政治化的就业环境造成大学生就业观等级性突出

服从分配的就业观点和统分统包的就业政策，决定了这个时期大学生的就业观普遍有：择业倾向上不主动，择业标准是偏政治化，择业意向上重政工而轻农商的特点。当时的大学生是凤毛麟角的特殊群体，一入学就具有了区别于其他群体的"精英"标识，毕业由政府统一分配安置进入各级各类单位工作，成为能够进入城市工作的"上等公民"，获得不同于"工人""农民"的"干部"身份。因此，大学生就业政治色彩鲜明，存在重政工、轻农商的就业倾向，将进入党政机关和全民所有制企业工作视为"铁饭碗"高人一等，把"社会地位"作为第一价值判断，其眼中各种职业便具有了等级优劣差异。

二、社会转型双轨制时期的大学生就业观

这一阶段是从 20 世纪 80 年代中期到 90 年代末，国家在不断推进高校招生制度改革，以标准化全国统一考试为主，改变了大学生全部按国家计划统一招生和全部由国家包下来分配工作的办法。随着我国经济体制逐步实现了由计划经济向市场经济的转轨，我国大学生就业制度开始步入"供需见面、双向选择"的过渡阶段，教育是"服务推荐"为主的就业指导，大学生就业方式、就业观念呈现出以"市场为导向"的时代特征。

（一）国家实施逐步过渡的"供需见面、双向选择"就业制度

随着改革开放的不断深入，我国逐渐从计划经济体制向市场经济体制过渡，政府在大学生就业分配方面也逐步减少直接的行政干预而是转向以宏观调控为主，并不断强调市场作用的发挥。社会转型双轨制时期，大学生就业制度兼有计划经济"统分统配"和市场经济鼓励"双向选择"的双重特征，可划分为从计划分配到"供需见面、双向选择"就业制度的探索阶段和"供需见面、双向选择"就业制度的确立阶段。

1. 从计划分配到"供需见面、双向选择"就业制度的探索阶段

社会转型双轨制时期，经济基础发生了变化，原有的国家主导按计划统一安置就业的"统分统配"就业制度越来越不能适应时代发展，越来越多的大学生不再满足于"分配工作"，国家退出就业安排的改革逐步开启。1985 年 5 月 27 日，在充分调研的基础上，中央颁布了具有里程碑意义的《中共中央关于教育体制改革的决定》，明确提出"国家招生计划内学生的毕业分配，实行在国家计划指导下，由本人选报志愿、学校推荐、用人单位择优录用的制度"[1]。这是中央首次以文件的形式对大学生服从国家统一配置的政策进行改革，实现了重大的制度上的突破，标志着计划经济时期的"统分统配"就业制度完成其

---

[1]　陶西平：《教育工作概览》，北京工业大学出版社 1994 年版，第 652 页。

历史使命，"双向选择"登上历史舞台。随后，从计划导向到市场导向的大学生就业制度改革正式拉开帷幕，国家逐步把竞争机制引入大学生就业，1986年高等学校毕业生分配制度改革方案增加了学校自主分配的权利，1989年高等学校毕业生分配制度改革方案明确了大学生就业分配制度改革的目标是"逐步实行毕业生自主择业，用人单位择优录用的'双向选择'制度"①，这标志着就业市场供需双方由一元的"供需见面"转向市场配置下二元的"双向选择"。

2."供需见面、双向选择"就业制度的确立阶段

1992年党的十四大明确建立社会主义市场经济体制，1993年第八届全国人大一次会议将"国家实行市场经济"载入我国宪法，社会主义市场经济成为每个大学生开拓进取、创新奋斗的伟大事业。大学生就业制度随之改革，1993年3月，《中国教育改革和发展纲要》颁布，为更好地服务社会主义现代化建设，大学生通过人才劳动市场进行"自主择业"，这标志着"双向选择、自主择业"的就业制度改革全面铺开。1994年《关于进一步改革普通高等学校招生和毕业生就业制度改革的意见》提出大学生就业实行"供需见面"和一定范围内"双向选择"的办法，1995年《关于1995年进行普通高等学校招生和毕业生就业制度改革的意见》提出，在条件成熟后逐步过渡到大多数大学生自主择业，1996年《国家不包分配大专以上毕业生择业暂行办法》颁布，标志着大学生不包分配政策的正式施行，1997年《普通高等学校毕业生就业工作暂行规定》提出，供需见面和双向选择活动是落实大学生就业计划的重要方式，这些都进一步明确了大学生就业市场是一定范围内有限度的双向选择。1998年，首批"双轨"改革后的高校毕业生走向社会，绝大多数毕业生实现了自主择业，少数定向生、民族生在国家规定范围内择业。②

---

① 舒达等：《中华人民共和国办事手续实务指南》，企业管理出版社1996年版，第803页。
② 参见吴克明：《中国大学生就业问题研究》，山东人民出版社2015年版，第37页。

（二）就业观教育是以"推荐服务"为主的就业指导

社会转型双轨制时期，竞争机制被引入高校后，大学生就业由"统分统配"向"供需见面、双向选择"转变，就业观教育开始受到重视，主要是针对新形势和新机制推进大学生与用人单位的对接、匹配开展相关就业服务指导工作。

"供需见面、双向选择"是社会转型双轨制时期的基本就业政策，成为就业观教育的基本依据，这就决定了教育由"调控分配"为主的思想引导向"推荐服务"为主的就业指导转变。社会转型双轨制时期，高校、大学生和用人单位在就业问题上都拥有一定的自主性，高校不再单纯扮演政府需求方与大学生的"中介"，同时承担人才培养的任务，发挥着主导作用。大学生和用人单位也都由被动听令向自主选择转变，二者通过"见面对谈""互为选择"实现了"只见证书不见人"的突破。于是，1992 年教育部成立了全国高等学校毕业生就业指导中心（1998 年经中编办批准更名为"全国高等学校学生信息咨询与就业指导中心"），各高校陆续成立专门的就业指导机构，安排具备专业知识和背景的教师来从事就业观教育指导服务工作。为适应就业制度改革，更好指导服务大学生就业，1995 年 5 月，国家教委办公厅发布《关于在高等学校开设就业指导选修课的通知》，在全国范围内高年级大学生（大三或大四）中开设大学生就业指导和职业生涯规划等相关课程，全国高校毕业生就业指导中心组织就业教育专家编著了《大学生就业指导》一书。1997 年 3 月，国家教委在《普通高等学校毕业生就业工作暂行规定》中明确指出，大学生就业指导是高校教学工作的重要组成部分，高校要"重点进行人生观、价值观、择业观和职业道德教育，突出毕业生就业政策的宣传"，同年，教育部出台《大学生就业指导教学大纲》《普通高等学校毕业生就业工作暂行规定》以进一步规范高校就业教育工作内容和形式。

社会转型双轨制时期是从集中的计划经济向市场经济过渡，逐步建立市场经济体制的过程，因此，就业观教育重点是转变大学生就业观念、做好就业推荐服务，同时还要开展以爱国主义、集体主义为核心的就业指导教育。社会转型双轨制时期，伴随计划经济的消解和市场经济的建立，大学生就业要从传统的依附、服从国家就业分配的被动客体，转变为适应市场需求竞争上岗的自觉主体。面对从原有被动的"统分统配"到自主有限度的"双向选择"，大学生内心既有摆脱思想束缚、放开手脚的欣喜，也充满了对未知竞争、困难挑战的不安。于是，就业观教育主要是做好一"松"一"紧"，为大学生逐渐摆脱"统分统配"的就业思想松绑，为大学生逐渐形成理性看待竞争、主动适应市场、合理抓住机遇的就业观念上课。当然，市场经济作为一把"双刃剑"，在调动大学生积极性、主动性的同时导致了思想观念的多元化和趋利性，个别大学生过度追求个人利益、经济利益，"下海""出国""孔雀东南飞"等现象频现。因此，就业观教育主要是做好"两个意识"培养，引导大学生把自身就业理想同祖国前途发展相联系，将崇高的爱国热忱转化为奉献意识，以到祖国需要的地方就业、奉献青春为实际行动；引导大学生将个人就业利益与社会集体利益协调统一起来，将投身市场大潮的就业热情转化为责任意识，以到能施展才华的企业就业、助推国家建设和社会发展为奋斗目标。

（三）大学生走向开放的"市场为导向"就业观

社会转型双轨制时期，大学生就业体制改革通过"供需见面"落实"切块计划"，逐步向毕业生与用人单位"双向选择"过渡，最终建立"不包分配、竞争上岗、择优录用"的全新机制。就业双轨制的运行促进大学生服从分配的终身就业观念发生转变，就业自我选择的逐步增多带来自主意识的逐渐觉醒，使之逐步树立起适应市场经济发展的自主就业、竞争就业的"市场为导向"就业观念。

1. 大学生逐渐形成自主选择的就业意识

社会转型双轨制时期，大多数大学生就业不再依靠国家行政手段和指令计划，"铁饭碗""铁交椅""铁工资"等一成不变的就业意识逐渐转变为有限度的自主选择意识。于是，大学生开始认知就业形势、认知自我，并尝试根据就业市场需求、按照个人能力特长和兴趣爱好进行知识学习，就业时主动与社会、与市场、与用人单位进行面对面的需求对接。大学生就业观出现了新的特点和趋势：就业倾向上走向多样、主动，就业标准上走向经济化，就业意向上偏重经济收入高的职业。大学生就业中双向选择意识的形成，恰恰体现了其正在实现从"不知道干什么"的无意识向"我想干什么"的自我意识的成长，这是个人自信、自尊的标志，若没有自我意识的确立、自尊自信的形成，就业理想和人生价值根本无从谈起。

2. 大学生逐渐形成竞争上岗的就业意识

社会转型双轨制时期，就业体制改革逐步深入，就业形势逐步严峻，多种原因造成的就业困难已形成巨大的社会压力，大学生以市场为导向的就业竞争意识逐渐凸显。一方面，大学生会按照自身劳动力资源参与到市场竞争之中，开始注重在校阶段勤学苦练专业技能、努力追求一专多能，将真正的本领和过硬的技能作为就业的"敲门砖"。另一方面，大学生职业流动逐渐活跃，越来越多的大学生已经从"一步到位"的静态就业观转向"骑马找马"的灵活就业观，从"国营"跳到"集体"，从"集体"跳到"合资"，从"合资"跳到"独资"等"跳槽"现象层出不穷。

3. 大学生就业观念带有一定的功利倾向

社会转型双轨制时期，受市场经济利益观的影响，大学生对"钱"的认识有了转变，不同程度地存在着追求物质实惠、经济利益的功利化倾向。可以看到，这十余年大学生的择业标准较之社会、政治地位，经济地位成为首选。个别大学生在就业时以经济利益为出发点，以金钱作为判断个人就业、判断个人去留的单一标准，一味强调经济收入、福利待遇，甚至有人将个人工作和生命的意义与价值抛之脑后。部分大学生在就业时以物质利益作为衡量个人价值的标准，一味追求高薪就业、高薪岗位，追求经济条件优越的大城市、特区、沿海发达地区和热门行业就业，甚至有人将个人应有的责任担当和奋斗理想束之高阁。据调查显示，1997 年上海市 4.5 万名大学毕业生，其中有 21000 多名毕业生在上海就业，2500 多名毕业生在江苏就业，有 1700 多名毕业生到山东，1600 名毕业生到广东，有近 700 名毕业生到福建，近 1000 名学生到北京，在这些地区就业的学生人数占全部就业人数的 66.67%。①

三、社会主义市场经济体制确立和完善阶段的大学生就业观

高等教育逐步迈向"大众化"阶段，为满足市场经济完全建立起来的高速发展，我国开始了大规模的高校扩招，就业形势愈加严峻，大学生就业难问题引发全社会关注，如表 2—1 所示。短短几年之内，大学生毕业人数和待业人数屡创新高，2002 年全国大学生毕业人数为 145 万，待业人数为 37 万，占总人数的 25.5%；到 2005 年，毕业人数达到 333 万，为 2002 年的 2.29 倍，待业人数增加到 79 万，为 2002 年的 2.14 倍；到 2010 年，毕业生人数达到 631 万，为 2002 年的 4.35 倍，待业人数增加到 196 万，为 2002 年的 5.29 倍，毕业人数在持续攀升，成千上万的大学生不断涌入社会，就业形势越来越严峻。在市场经济完全建立起来的 21 世纪，国家逐步退出了对大学生个人就业的直接行政介入与分配，大学生就业进入了积极的"自主择业"阶段，教育是以"价值塑造"为主的思想引领，大学生就业方式、就业观念呈现出"灵活多元化"的时代特征。

表 2—1　2002—2010 年全国大学生毕业人数和待业人数

年份	2002	2003	2004	2005	2006	2007	2008	2009	2010
大学生毕业数（万）	145	212	280	333	413	495	559	611	631
待就业人数（万）	37	52	69	79	106	135	168	171	196

注：1999 年我国高校开始扩招，2003 年是高校扩招后毕业生就业的第一年。

资料来源：人力资源和社会保障部网站统计数据

（一）国家实施积极的"双向选择、自主择业"就业制度

进入 21 世纪，党中央、国务院明确要求把大学生就业放在当前就业工作

---

① 参见夏天阳：《1997 年上海高校毕业生就业的调查》，《青年研究》1997 年第 12 期。

的首位，专题研究部署高校毕业生就业工作。随着"九五"计划的完成，我国已初步建立了社会主义市场经济体制，市场作为人力资源配置的主要形式，在大学生就业中发挥着主导作用，逐步形成"市场导向、政府调控、学校推荐、学生与用人单位双向选择"的良好局面。2000 年，教育部停止使用计划经济时代一直沿用的大学生就业派遣证，启用就业报到证，至此，计划经济体制下"统分统配"就业制度终结，"双向选择、自主择业"大学生就业制度改革确立。自 2008 年 1 月 1 日起，我国正式施行就业促进法，确立了就业工作在国家经济社会发展中的突出位置，促进就业走上法制化轨道，为解决大学生就业问题提供了坚实的法律保障。基于此，促进大学生就业、为大学生就业搭建更为广阔的发展平台，成为经济社会发展中的重要问题，国家积极从实际出发，制定出台促进大学生就业的系列政策，不断探索大学生就业的多种途径，概括起来主要是以下三个方面：

1. 鼓励和引导大学生到城乡基层就业

党中央、国务院着眼党和国家事业发展全局大力开发、实施面向基层就业项目，鼓励和引导大学毕业生到西部、到农村、到基层、到祖国和人民最需要的地方去建功立业，对到农村基层和城市社区工作的大学生给予薪酬或生活补贴、实施相应学费和助学贷款代偿等。2003 年，国家开始实施"大学生志愿服务西部计划"，每年招募一定数量的大学生，到西部基层开展为期 1—3 年的教育、卫生、农技、扶贫等志愿服务，并鼓励志愿者服务期满后扎根当地就业创业，助力我国西部地区脱贫攻坚。2006 年，国家正式实施高校毕业生"三支一扶"计划，每年招募 2 万名大学生，到乡镇从事 2—3 年支教、支农、支医和扶贫工作，助力我国社会主义新农村建设。2006 年，国家组织实施"农村义务教育阶段学校教师特设岗位计划"，公开招聘大学生到西部地区"两基"攻坚县的农村学校任教，逐步解决农村学校师资总量不足和结构不合理等问题，助力我国城乡教育均衡发展。2004 年 10 个省区市作为试点启动了选派大学生到村任职工作，2008 年全国全面启动大学生"村官"计划，每年选聘 2 万名大学生，到村（社区）担任 2—3 年党支部书记、村委会主任助理或其他村"两委"职务，助力我国农村基层党组织的凝聚力、战斗力和创造力提升建设。2010年，国家实施应届毕业生应征入伍制度，每年从应届高校毕业生中征收2年制义务兵，助力我国国防和军队现代化建设。

2. 鼓励大学生到中小企业和非公有制企业就业

中小企业和非公有制企业在高新技术产业化与市场化方面具有旺盛的生命力，是拉动国民经济增长的重要力量，也是扩大就业、改善民生的重要支撑。国家鼓励大学生到中小企业和非公有制企业的小舞台施展青春才华。为打消大学生就业顾虑，在户档流动、人事代理、社会保险办理和接续、职称评定及权益保障等方面出台了相关政策，清理影响就业的制度性障碍和限制，努力为大学生就业创造有利条件。同时，为帮助有技术专长的大学生顺利就业，国家出台政策鼓励国有大中型企业特别是创新型企业更多地吸纳大学生，支持困难企业保留大学生技术骨干。鼓励承担国家和地方重大科研项目的单位积极聘用优秀大学生参与科研项目，鼓励高校的科研专项吸收大学生参与研究，并给予政策保障。

3. 鼓励和支持大学生自主创业

进入21世纪，国际经济形势动荡，国内就业岗位供需不平衡，前所未有的就业压力呈现在这一代大学生群体面前，最具有创新思维与创业激情大学生开展自主创业是社会发展的内在需求，也是改善就业结构、缓解就业压力的重要途径。《关于做好2003年普通高等学校毕业生就业工作的通知》作为在新时期做好大学生就业工作的政策框架，明确提出鼓励大学生转变就业观念，选择自主创业来实现自我价值。为激发大学生创新创业热情，国家将就业政策调整为"以创新创业为主导，支持高校毕业生自主创业和灵活就业"[①]。为了帮助大学生积累经验，国家陆续出台一系列政策鼓励高校积极开展创业教育和实践活动，建设完善一批大学生创业园和创业孵化基地，优化创业环境；对有创业意

---

① 中共中央文献研究室：《十六大以来重要文献选编（中）》，中央文献出版社2006年版，第206页。

愿的大学生提供创业培训，并给予培训补贴；对准备开展创业实践的大学生给予创业指导，并提供"一站式"服务；对已经从事创业活动的大学生给予扶持政策，凡是经营符合条件的都进行经济扶持。

（二）就业观教育是以"价值塑造"为主的思想引领

社会主义市场经济体制初步确立之后，我国经济结构发生了很大变化，对于人才的需要也相应改变，大学生在被赋予就业自主权的同时，也受到更多关注和期待。社会主义市场经济的发展强烈地冲击着大学生的就业观念，为引导大学生树立科学理性的就业观，这一阶段的以"价值塑造"为主的思想引领教育如火如荼地开展。

1. 大学生职业生涯规划教育

开展职业生涯规划教育，引导大学生理性认知评价自我。职业生涯规划教育事关人才质量，大学生通过自我认知、职业认知来确定职业目标和路径，将个人发展与社会发展相结合，有助于其理性认知评价自我和选择就业发展方向。为增强大学生适应社会的能力，各高校通过设置专门课程，分专业、有重点地开展对大学生就业发展和就业观的教育引导；通过安排大学生到用人单位、实践基地实习见习，以教育体验的方式提升大学生对专业和对自我的认知能力；通过专题讲座、报告分享、活动比赛等，普及职业生涯规划知识，提高大学生理性认知评价自我的实践能力。2007年12月，国务院办公厅印发《大学生职业发展与就业指导课程教学要求的通知》，将职业发展与就业指导课程作为公共课纳入教学计划，从2008年开始在全国范围内开设，课程要贯穿大学生入学到毕业（即大一到大四）的整个培养过程。自2009年起，全国高等学校学生信息咨询与就业指导中心定期举办"全国大学生职业生涯规划大赛"，为大学生展示个人职业素养与能力提供了平台。

2. 大学生就业形势政策教育

开展创新创业意识培养，引导大学生客观认知就业形势。创新成为驱动经济社会发展的最强动力，随着"大众创业，万众创新"提出并上升为国家战略，全国上下迅速掀起创新创业热潮，如何引导大学生就业创业成为政府和高校关注的重要问题。以创业带动就业工作是实施扩大就业发展战略的重要内容，是新时期实施积极就业政策的重要任务，这就要求大学生更新就业观念、积极投身创业大军。2002 年教育部选取清华大学、中国人民大学、北京航空航天大学等 9 所院校进行创业教育试点，2010 年教育部明确提出在全国高校开展创新创业教育，2012 年教育部将创业基础课纳入大学本科必修，大学生创新创业意识培养成为时代要求。系统的创新创业意识培养，既有助于激发大学生的拼搏精神和创业潜力，也有利于引导大学生客观了解就业形势和时代要求，充分考虑社会需求与学习内容的结合，使其成为国家经济发展与社会进步的有力推动者。

3. 大学生就业思想教育引领

开展就业思想政治教育，引导大学生坚持科学价值取向。2016 年 12 月，习近平总书记在全国高校思想政治工作会议上明确指出，"要坚持把立德树人作为中心环节，把思想政治工作贯穿教育教学全过程，实现全程育人、全方位育人"[①]，为"大思政"格局下做好就业观教育指明了目标和方向。大学生就业观教育是高校思想政治教育的重要内容，将思想政治教育贯穿就业观教育的全过程，能够转变大学生就业观念、纠正其思想偏差。现有思想政治教育课程教材《思想道德修养与法律基础》（2023 年版）在职业生活与劳动、职业道德规范、择业观和创业观等方面有详尽论述，有效增强了大学生就业观教育的力度、广度和深度。有深度、有温度的就业思想政治教育有助于大学生树立科学理性就业观，把握兴趣与就业岗位的结合点，做好短期与长远、个人与国家的平衡，塑造大学生正确价值取向，为其在就业实践中实现个人价值、贡献个人力量提供精神动力。

（三）大学生自主择业的"灵活多元化"就业观

社会主义市场经济体制初步确立之后，国家对大学生就业总的方针是"大

---

① 《习近平谈治国理政》第二卷，外文出版社 2017 年版，第 376 页。

学生自主择业、市场调节就业、政府促进就业"，大学生可以完全根据个人能力优势和兴趣意愿自主选择喜欢和憧憬的就业岗位。基于此，在外部社会各种复杂因素和不确定性的共同影响作用下，大学生关于就业的认识、可实现的就业方式无时无刻不在发生着变化，因此，大学生就业观呈现出就业选择多元化、价值标准多样化、非理性就业观普遍存在的局面。

1. 大学生自主择业中的就业选择多元化

社会主义市场经济体制初步确立之后，市场成为调节经济运行的基本手段，大学生就业只有按照市场经济的运行规则，才能使人才发挥更大的效用。因此，在竞争日益激烈的社会里，一元化的就业观显然无法适应社会主义市场经济的发展要求，越来越多元化的就业选择有助于大学生在丰富多样的就业方式中树立更适合、更有利于自身发展且通过努力能够达到的目标实现就业。步入 21 世纪，大学生就业灵活性增强，可以先就业后择业，可供自主择业的就业选择也越来越多，例如，大学生可以参加公开选拔成为国策型知识分子，报考公务员以参加社会管理，参加选调接受国家选择，应聘农村干部投身新农村建设，定期支边、支农、支教服务基层等；大学生可以继续深造成为高学历知识分子，报考研究生成为某一领域更为优秀的人才；大学生可以投身自主创业开辟新天地，成为热情高、干劲足、敢拼搏的创业奋进者；大学生可以投身部队就职，成为服务国防、建功立业的军人；大学生可以掌握跨国经营技能，在异国他乡进行跨国谋生，实现了"行行可建功、处处能立业"的多元化就业选择。

2. 大学生自主择业中的价值标准多样化

社会主义市场经济体制初步确立之后，大学生个性、个人价值开始得到肯定，其对个人需要、个人发展和个人价值的追求越来越凸显，就业方式、利益关系和分配方式的多样化不可避免地呈现出价值标准多样化趋势。有的大学生崇尚自我，视"发挥特长""符合兴趣""施展才华""成长空间"等个人发展性因素为就业的重要参照；有的大学生追求经济利益，视"工资收入""物质保障""工作条件"等经济指标性因素为就业的重要参照；有的大学生重视价值体现，视"社会声誉""事业前途""理想抱负"等精神性追求为就业的重要参照；有的大学生关注社会发展，视"社会贡献""机会均等""和谐关系"等社会性因素为就业的重要参照。不难看出，这一阶段大学生就业价值标准正在逐步进入"国家、集体、个人"三者的结合与平衡之中。

3. 大学生非理性就业观有一定的普遍性

社会主义市场经济体制初步确立之后，面对严峻的就业形势和激烈的就业竞争，大学生就业认知、就业目标、就业理想、就业理念与就业客观实际相脱离，较为普遍地产生了程度不一的非理性就业观。大学生非理性就业观是"因固化和片面认知而在思想观念上脱离就业形势和自身条件的客观实际，放弃主观努力就业的观念"[1]，表现为"跳槽"频繁、违约率居高不下、诚信度逐渐下滑、就业期望不切实际、就业关系不和谐等，甚至催生了"懒就业""不就业"一族的出现。大学生非理性就业观类型多样，诸如，"不是好单位不进""不是好工作不干""不是铁饭碗不端"的理想化精英就业观念，"死也要死在编制里"的"学而优则仕"就业观念，"跟风走""随大溜"的盲目从众就业观念，"听天由命"的被动就业观念，"专业对口、单位对口""一业定终身"的传统就业观念等，这些非理性就业观直接导致大学生就业行为的非理性，造成有业不就、就业不充分的局面。

总之，新中国成立以来，大学生就业观的历史发展经历了三个阶段："统包统配"就业制度下的服从分配阶段，"供需见面、双向选择"就业制度下的走向开放阶段，"双向选择、自主择业"就业制度下的全面发展阶段。大学生就业观的历史演进是以时代发展变迁为现实基础、以就业制度变革为重要推手，以高校教育改革为重要条件，从"计划分配"经历"半指令性分配"，过渡到"自主择业"，正在走向"创新创业、自主就业"的新时代。至此，大学生就业观正在发生着从"个人服从集体"到"国家、集体、个人利益相结合"的深刻变化，这与马克思为"人类的幸福和我们自身的完美"的就业观高度契合，诠释着中国化时代化马克思主义就业观的科学内涵。

---

① 孙永建：《高校毕业生非理性就业观研究》，中共中央党校博士学位论文，2014年，第20页。

第二节 新中国成立以来大学生就业观的演进特征

大学生就业观的历史演进不是一蹴而就的，而是融合时代发展背景、就业制度变革、高校教育改革等诸多因素共同作用、循序渐进的产物，这也赋予了不同时期、不同阶段大学生就业观鲜明的时代特征和发展特点。"变化"是永恒的发展主题，"不变"的存在成为"变化"这一主题的稳定中心，从"不变"与"变化"两个维度辩证统一地把握新中国成立以来大学生就业观的历史发展和演进机制，有助于理解新时代大学生就业观的生成逻辑，也为本书后面各章节打下坚实的研究基础。

一、新中国成立以来大学生就业观演进中的"不变"

对新中国成立以来大学生就业观的发展演进进行考察，不仅要在感性认识层面"知其然"，更要在理性认识层面"知其所以然"，这就需要运用马克思主义辩证法揭示"变"与"不变"的相互关系，在纷繁的"变化"中准确把握"不变"。大学生就业观发展演变进程中的客观规律和内在逻辑是根本、是"不变"，生动回答了"培养什么样的人、怎样培养人、为谁培养人"这一根本性问题，这是"变化"发展的前提和基础，也是研究和把握新的历史条件下、新的时代形势下中国化马克思主义就业观的原点和基础。

（一）大学生就业观所体现的历史主题主线不会变

"为谁培养人"决定着教育能否坚持正确的政治方向，不同时期大学生就业观所体现的历史主题主线对这个问题给予了肯定答案。中国梦是新中国成立以来党的全部理论和实践的主题主线，以其宏阔和深远衔接着历史与未来、理想与行动，激励着大学生在荆棘丛生、艰难曲折的道路上，白手起家、从无到有、从有到新，必然成为不同时期大学生就业前行的奋斗指南。大学生是实现中国梦的生力军、主力军，其就业梦想、就业观念、就业实践汇聚成中国梦想、中国精神和中国力量，不同时期大学生以中国梦为己任的爱国热情始终不变、接续奋斗中国梦的初心始终不变。

1.不同时期大学生的就业梦想接续助力中国发展

大学生作为社会最具活力、最富有创造力的群体，理应勇于有梦、敢于追梦。无论在国家顺利发展、兴旺发达的时期，还是在祖国面临危难、生死存亡的关头，大学生对梦想的执着追求成为国家、民族砥砺前行的动力之源。计划经济时期，为支援新中国经济社会发展建设，大学生以"为人民服务"的就业梦想到国家建设最需要的地方，在建国强国中贡献了青春智慧和个人力量。社会转型双轨制时期，为推进改革开放和经济发展，大学生积极转变就业观念，释放就业热情与生机活力，以"成为改革先锋"的就业梦想投身改革大潮。社会主义市场经济体制初步确立之后，为顺应社会历史发展需求，大学生投身基层就业、积极自主创业，以"成为时代弄潮儿"的就业梦想投身中国特色社会主义事业的伟大实践。将整个民族的期盼与追求都凝聚起来，号召不同时期大学生将个人发展融入伟大的中国梦，在实现就业梦想的同时心系中国发展，以就业梦想为实现中国梦而接续奋斗。

2.不同时期大学生的就业观念彰显中国精神

中国精神是凝心聚力的强国之魂，是催人奋进的思想力量，其既是实现中国梦的必要条件，也是构建不同时期大学生实现就业梦想的文化力量。中国精神既包含"天下兴亡、匹夫有责"的爱国主义精神、自强不息的进取精神、厚德载物的仁爱精神、见贤思齐的自律精神，又涵盖"义以为上、舍生取义"的义利观和"知行合一、行重知轻"的知行观，其势必对大学生形成具有中国特色、符合中国国情的中国化马克思主义就业观发挥正向引领作用。正是中国精神的引领感召，不同时期大学生继而形成了计划经济时期"个人服从集体、服从国家安排"的服从分配就业观，社会转型双轨制时期走向开放的"市场为导向"就业观，社会主义市场经济体制初步确立之后自主择业的"灵活多元化"就业观。

3. 不同时期大学生的就业实践汇聚成为中国力量

中国力量是实现中国梦的力量源泉，是克服困难、战胜挑战的底气和自信，需要每一个人、一代代人都把个人的长处和能力集中起来、发挥出来，汇聚形成一股团结的力量、整体的力量和强大的力量。不同时期大学生为梦想而生生不息、不断求索、不懈奋斗的就业实践恰恰就是中国力量不断汇集、不断形成合力的过程。在计划经济时期，大学生表现为完全服从国家分配、到国家最需要地方奉献青春的力量；在社会转型双轨制时期，大学生表现为以市场导向投身改革艰苦奋斗的力量；在社会主义市场经济体制初步确立之后，大学生表现为自主择业开拓创新的力量。无论哪一时期、哪个阶段，大学生群体始终将个人的理想和追求与实现国家富强、民族振兴和人民幸福的中国梦紧密相连，将报国之志落实为具体的就业实践，在中国特色的社会主义伟大实践中汇聚中国力量。

（二）大学生就业观所代表的群体地位作用不会变

"培养什么样的人"是教育首要回答的问题，为审视不同时期大学生就业观所代表的群体地位和作用提供了依据。"青年是标志时代的最灵敏的晴雨表，时代的责任赋予青年，时代的光荣属于青年"[1]，大学生作为青年中的骨干力量，是社会的中流砥柱，对国家和民族的发展前途起着至关重要的作用。

新中国成立以来，不同时期的大学生就业观呈现出鲜明的时代特征和发展特点，但始终立足于社会发展的基本实情和当下背景，以当时社会政策和社会需求为导向，彰显了大学生作为无产阶级事业奋斗者的社会地位和作用。党、国家与社会事业的前途命运与大学生的发展紧密关联、双向互动，在计划经济时期，大学生完全遵守"统分统配"的就业政策，坚守集体主义就业观，为社会主义建设提供了强大动力；在社会转型双轨制时期，大学生遵照"供需见面、双向选择"的就业政策，逐步形成开放的"市场为导向"就业观，成为实

---

① 《习近平谈治国理政》第一卷，外文出版社2018年版，第167页。

现社会变革的先锋力量；社会主义市场经济体制初步确立之后，大学生基于"双向选择、自主择业"的就业政策，树立"灵活多元化"就业观，将国家、集体和个人利益相结合，成为建设社会主义的生力军。进入新时代，面对走向"强起来"的伟大历史进程，大学生要为增进国家、民族以及世界人民的福祉而作出就业选择，实现"自身的完美"和"人类的幸福"相统一，成为勇立时代潮头的先行者、开拓者、奋进者。在革命、建设和改革的各个时期，大学生就业观演进总是契合大学生群体的时代心声，以"围绕中心、服务大局"的职责定位，从不同层面回答了应当如何做好"助手和后备军"、怎样成为"建设者和接班人"的问题。

（三）大学生就业观所遵循的世界观方法论不会变

"怎样培养人"决定了培养又红又专大学生的实现程度，不同时期大学生就业观都是遵循了马克思辩证唯物主义和历史唯物主义的立场、观点和方法，共同恪守了共产主义发展方向。纵观大学生就业观演进，不同时期大学生都在无产阶级的世界观和方法论的指导下，将个人的就业梦想、就业观念、就业实践置于当时的历史时代背景下进行考察，以是否符合时代发展需求、是否助推经济社会发展、是否增进人民福祉为价值衡量标准，进而作出正确的就业抉择。新中国成立以来，党和政府经历了不同的时代背景和基本国情，但在大学生就业制度、就业政策的工作中坚持科学的世界观和方法论，从计划经济时期的"统分统配"到社会转型双轨制时期的"供需见面、双向选择"，再到社会主义市场经济体制初步确立之后的"双向选择、自主择业"，始终明确"理论联系实际""实事求是""与时代同步""知行合一""以人民为中心"的导向。基于此，党在不同时期始终坚持马克思主义就业观与中国的具体实际相结合，用无产阶级理论思维武装了大学生群体，最大限度地团结和凝聚了大学生群体，最充分地动员和引领了大学生群体。进入新时代，"我们依然处在马克思主义所指明的历史时代"[①]，要打牢大学生世界观、人生观、价值观、就业观的

[①] 《习近平谈治国理政》第二卷，外文出版社 2017 年版，第 66 页。

马克思主义鲜亮底色，确保新时代大学生健康成长、全面发展的方向和道路始终不变。

二、新中国成立以来大学生就业观演进中的"变化"

"在分析任何一个社会问题时，马克思主义理论的绝对要求，就是要把问题提到一定的历史范围之内"[①]，大学生就业观的形成和发展都不可能脱离自己所依存的历史时代和社会状况，不同发展时期的社会有着不同的阶段目标，自然就带来了大学生就业观念的发展"变化"。随着我国社会主义市场经济体制的逐步确立与发展以及改革开放的不断深入，大学生就业观念、价值判断、行为习惯、评价标准等都发生了深刻改变，这种"变化"既表现了国家就业制度、就业政策的合适性和有效性，也表现出大学生就业选择的心理、观念和行为的日趋成熟。

（一）从"统一分配"到"自主选择"，大学生竞争意识增强

梁启超有言，"物竞天择，优胜劣汰；苟不自新，何以获存"。就业竞争意识随着大学生就业环境、就业制度的变化而逐渐产生、强化，这是大学生自我完善和自我发展的需要，同时也体现了大学生就业心理由被动向主动的积极转变。新中国成立以来大学生就业观演进实现了大学生就业从"服从分配"到"自主选择"的转变，也是大学生就业竞争意识从无到有、从有到强的产生发展过程。计划经济时期，由于指令性计划思想的箝制，大学生就业一直实行国家统一主导的"统分统配"制度，个人几乎不能发挥主观能动性的作用，只能是被动接受单一的安排，"等、靠、要"思想氛围浓厚，竞争意识无从谈起。社会转型双轨制时期，由于市场竞争机制的引入，大学生就业路径实行兼有计划经济恪守"统分统配"和市场经济鼓励"双向选择"双重特征的"供需见面、双

---

① 《列宁全集》第25卷，人民出版社1984年版，第229页。

向选择"制度,个人积极性、主动性得到极大调动,逐渐走向开放、多样、主动的选择,"动、转、变"思想日渐兴起,竞争意识逐渐萌芽发展。社会主义市场经济体制初步确立之后,由于市场在资源配置中起决定性作用,大学生就业实行积极的"双向选择、自主择业"制度,个人主动参与市场竞争,"活、多、新"思想渐趋主流,竞争意识大大增强。于是,当前越来越多的大学生在就业准备阶段将关注焦点放在就业竞争所需要的文凭、证书、技能等方面,热衷于通过各种专业资格"考证"来提升自身就业竞争力,这在一定程度上反映了大学生竞争意识的日趋增强。

(二)从"关注社会"到"关注个人",大学生自我意识突出

自我意识是个体对自己的各种身心状态的认识、体验和愿望,它是人成熟的"里程碑",既决定个体行为,也对个体人格发展和塑造起着至关重要的作用。新中国成立以来大学生就业观演进实现了大学生就业从"关注社会"到"关注个人"的转变,是大学生就业自我意识逐渐萌发、不断发展、愈发突出的过程。计划经济时期,大学生是稀缺且重要的"资源",国家采取计划控制式就业分配,个人就业要统一听从计划、指令和安排,视坚定的"国家需要什么,我就做什么"为就业动机,自我认知、自我体验、自我调控等自我意识受到抑制。社会转型双轨制时期,大学生处于结构性充裕状态,国家逐步把就业推向市场,个人就业受市场影响的不确定和不稳定性增多,视感性的"我想干什么"为就业动机,开始主动认知自我、体验人生理想与就业生活的联系、评价并调控个人与职业的匹配度。社会主义市场经济体制初步确立之后,大学教育越来越普遍化,国家退出"导演"地位,个人就业更多的是追求平等自主和自我成长,视理性的"我能干什么"为就业动机,不断探索挖掘自我潜能、体验自我价值的实现,并以"国家、社会、个人"作为评价和调控就业的基本原则。于是,当前越来越多的大学生在就业时更为注重发展空间、自我成长和个人价值,注重就业场域的平等性、自主性、参与度和决策权利,自主创业、境外就业、国际组织就业等现象成为体现自我价值、追求自我实现的更多新选择。

（三）从"精神追求"到"功利取向"，大学生功利取向凸显

新中国成立至今，特别是改革开放以来，以经济建设为中心的战略转型不断冲击原有价值观念和评价标准，市场经济导致大学生就业观发生转型与变迁。大学生就业观演进实现了大学生就业观念从"精神追求"到"功利取向"的转变，体现了大学生就业功利色彩的产生发展和不断凸显。计划经济时期，由于就业的固定化和无弹性，大学生就业不谈现实物质利益要求、不讲个人价值梦想实现、不以物质或经济标准去判断就业，而是以政治地位和社会地位作为第一因素，将"一生交给党安排，哪里艰苦哪安家"，单纯注重社会发展与国家需要等"精神追求"。社会转型双轨制时期，在社会转型和市场经济深入发展的社会环境下，大学生就业开始注重"高收入"的物质利益追求，"经济地位"成为首选标准，就业跟着市场需求走，倾向于"哪里实惠哪里去，哪里钱多哪安家"，就业观呈现功利化倾向。社会主义市场经济体制初步确立之后，面对日益竞争和完善的就业市场，大学生就业谋求高回报、职业规划的短期化，向往以个人发展为目标、以经济利益为导向、以地区选择为保障的就业岗位，"有业不就""有业懒就"现象时有发生，就业观功利色彩明显。因此，在大学生就业观念经济趋向强化、经济意识普遍增长的情况下，就业观教育的重点就是引导大学生形成理性就业观念和合理评价标准，把物质需求与精神追求结合起来、把个人价值与国家需要联系起来。

（四）从"一元定向"到"自由发展"，大学生选择更为务实

随着政策变化、产业演进和新社会需求的诞生，全新的职业类型和就业方式不断涌现，这既体现了社会经济的新动向和新风向，也为个人就业选择带来了更多的新可能和新机遇。新中国成立以来大学生就业观演进实现了大学生就业选择从"一元定向"到"自由发展"的转变，大学生就业范围越来越广阔、途径越来越多样、导向越来越务实。计划经济时期，由于大学生属于社会精英，就业分配是"一个萝卜一个坑"，大多到国家机关、国营大厂和科教文卫等部门从事管理和科研工作，"铁饭碗""一岗定终身""一步到位"的求稳怕

变就业观念根深蒂固，个人在就业上更多的是依赖国家政府，谈不上真正意义上的就业选择。社会转型双轨制时期，随着社会经济结构变化以及利益群体分化，大学生就业稳定性和就业偏好发生改变，曾经被认为可有可无、不受重视的商业、服务业等第三产业受到青睐，越来越多的大学生打着"第一职业求稳定，第二职业求发财"的口号"骑马找马"，人才流动逐渐活跃起来。社会主义市场经济体制初步确立之后，新职业种类层出不穷，传统职业种类消亡和迁移方兴未艾，大学生就业将"一次就业"转变为"多次就业"，将"自主择业"转变为"自主创业"，开始根据个人的潜能、兴趣、价值观和需要而"爱一行，干一行"，就业呈现务实化自由发展趋势。新时代是就业岗位和就业模式更新更加频繁、更加快速的时代，以往的"终身就业"模式不复存在，大学生一次性学习"充电"、一辈子工作中"放电"的时代已成为历史，这就需要在就业观中增强本领恐慌意识和终身学习意识。

（五）从"服从需要"到"个性发展"，大学生理想更趋多元

就业理想是生活的奋斗目标，对人生择业起着重要作用，大学生只有树立崇高的就业理想，把个人的前途与祖国和民族的前途结合起来，才能坚定正确的人生方向、形成奋进的精神动力。新中国成立以来大学生就业观演进实现了大学生就业观念从"服从需要"到"个性发展"的转变，大学生就业理想更为聚焦自身发展、更趋于多元化。计划经济时期，国家是以标准化的培养程序培养政治化的人，在奉献精神、集体主义强大的思想政治工作的影响下，大学生坚定地认为"什么是理想，革命事业就是理想；什么是幸福，为人民服务就是幸福"，心甘情愿服从党和政府、祖国和人民的一切需要。社会转型双轨制时期，国家开始以市场为导向服务大学生就业，在"经济理性人""优胜劣汰"的影响下，大学生经历着就业理想的迷茫探索，待遇好坏、收入高低、注重实惠等功利性指标成为就业理想的重要标准，这种转变是多元化的开始。社会主义市场经济体制初步确立之后，国家为保障个人的自由全面发展，逐步实行"个性化的私人订制"人才培养，尊重个人的就业选择，在"先就业再择业""创

业也是就业"等观念影响下，大学生不断进行就业理想的理性化、多元化建构。新时代，越来越多的大学生将命运掌握在自己手里，敢做"不一样的烟火"，将个性发展视为就业观念的重要表达，各种具体化、多元化的就业理想成为他们具有活力与创造力的最好证明。

"变化"是"不变"的形式和内容，牢固坚持大学生就业观演进中的"不变"，同时又对大学生就业观演进中的"变化"保持客观分析，在"不变"的大框架下把握"变化"，在对"变化"的理解中深化对"不变"的把握，这才能深刻理解新中国成立以来大学生就业观的生成逻辑。进入新时代，大学生在就业过程中面临着物质追求和精神追求、自我价值和社会价值、长远利益和当前利益、个人理想和社会现实的冲突，只有教育引导大学生基于就业现实出发，把握时代的基本特征，遵循就业政策的发展方向，坚定把"小我"融化到"大我"中以感受奋斗理想的意义，才能以"不变"应"万变"。

第三章 新时代大学生就业观的
实践基础与时代诉求

大学生的价值观念体现着时代变迁的印记，就业观的形成发展与时代紧密相连，是时代变化的"晴雨表"。时代在不断向前发展，党的十九大报告中对中国所处的历史方位进行了科学判断，"中国特色社会主义进入新时代，意味着近代以来久经磨难的中华民族迎来了从站起来、富起来到强起来的伟大飞跃"①。大学生作为新时代当之无愧的"脊梁"，只有始终坚定就业信念之基、补足就业认知之钙，才能把稳就业思想之舵，在就业实践中将个人成长成才与社会发展进步、与国家民族命运紧密相连。大学生就业观的形成与时代背景和社会环境密不可分，正确认识新时代下大学生就业观面临的新影响、新挑战、新诉求，有助于大学生强化使命担当和凝聚青春力量，以个人事业发展和梦想追求推进伟大事业、实现伟大梦想。

第一节 新时代大学生就业形势的"新"与"旧"

个人的命运都跟社会与时代紧密相连，新时代大学生唯有明确新时代的历史方位才能找准就业发展的方向，唯有把握新时代的趋向大势才能赢得个人美好的未来。新时代不仅代表社会发展进入一个新的历史方位，还预示着崭新的

---

① 《习近平谈治国理政》第三卷，外文出版社 2020 年版，第 8 页。

发展机遇，大学生就业形势也在悄然变化中呈现三"旧"四"新"。大学生就业"新"趋势与就业难"旧"问题存在辩证关系，"新"趋势是基于新时代根据"旧"问题提出的新办法和新方案，"新"趋势并不是凭空而来的，是对"旧"问题的探索和尝试。新时代就业难"旧"问题的解决，要求大学生必须顺应新时代发展"新"趋势，转变思维、解放思想、大胆革新，构建具有新时代特征的科学理性就业观。

一、新时代大学生就业的三个"旧"问题

我国高度重视大学生就业，百万大学生背后是千万个家庭，而千万家庭背后又是亿万百姓，大学生就业不仅关系着个人生活改善、人生尊严和价值实现，更关系着家庭希望、百姓幸福，关系着一个国家的稳定和发展。进入新时代，党和政府一直把大学生就业放在首位，坚持以实现大学生的就业理想、满足大学生的发展需要、维护大学生的就业权益作为大学生就业工作的根本出发点和落脚点，顺应大学生对美好生活的向往和需要，以体面而光荣的劳动就业满足大学生对美好生活的追求。当前，国家将就业放在"六稳""六保"首位，实施就业优先战略和更加积极的就业政策，大学生就业环境显著改善、就业渠道逐渐增多、就业空间不断拓展、就业机会大大增加，但不容忽视的是大学生就业难的"旧"问题始终存在，就业供需矛盾持续加剧、就业结构不平衡更加突出、就业准备不足愈发普遍。

（一）新时代大学生就业供需矛盾始终存在

我国高等教育已经慢慢从"精英化"走向普遍化、大众化，大学毕业生规模逐年攀升，据教育部统计，2021 年大学毕业生人数再创历史新高，飙升至 909 万人，同比增加 35 万人，仅仅 10 年间，大学毕业生人数就增长了 229 万，就业总量压力长期存在，如图 3—1 所示。新时代大学生就业供需矛盾不能仅仅简单地归结为供过于求，而是由于教育人才过剩与社会人才短缺并

存、高校专业设置与市场发展需求不符所造成的人才培养与人才需求对接契合度问题。

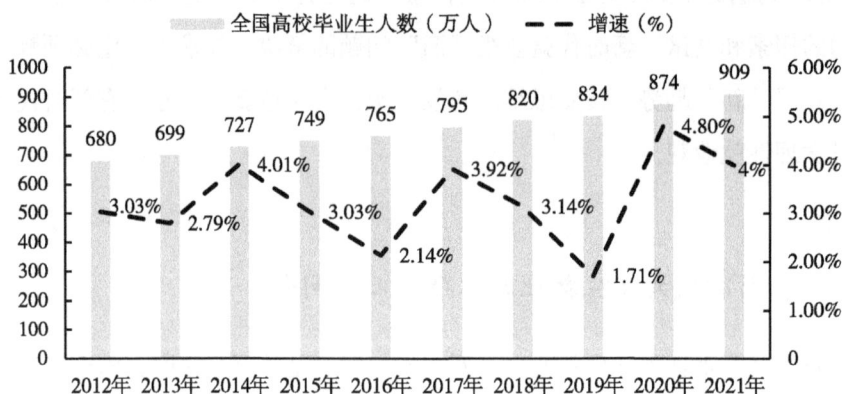

图 3—1　2012—2021 年全国高校毕业生人数趋势图

资料来源：根据国家统计局数据整理

1. 教育人才过剩与社会人才短缺并存造成大学生就业供需矛盾

服务国家、造福社会一直是教育的重要功能，高校通过源源不断地向社会输送高素质人才来满足社会发展需求，为托举起民族复兴伟业奠定人才之基。然而，当前大学生在向社会输送就业的过程中呈现出一种反常现象，基于供给侧视角来看，高等教育事业的飞速发展培养和凝聚了大批人才，正如图 3—1 所示，一方面大学生毕业人数一直持续攀升，20 多年来不断刷新纪录，大量适龄劳动力涌入就业市场；另一方面"一岗难求""四处碰壁"的就业难现象比比皆是。基于需求侧视角来看，人是社会科技创新发展的关键因素，大量劳动就业岗位对人才求贤若渴，用人单位频频向高学历群体大学生抛出就业"橄榄枝"，多地推出降低落户门槛、提供各种补贴等人才政策，"一将难求""抢人大战"的选材难现象同样比比皆是。由此可见，大学生就业供需矛盾不是单纯的就业需求侧总量有所下降，而是人才培养供给与需求不相匹配所造成的错位。因此，高校要以社会需求为"风向标"，与时俱进育新才，将大学生内在活力的充分涌流、发展动力的竞相迸发与国家经济社会发展创新紧密相连。

2.高校专业设置与市场发展需求不符造成大学生就业供需矛盾

专业设置、产业结构和经济发展三者间存在动态联系，专业设置与市场发展需求接轨度越高，高校向社会输送人才的质量和稳定性也越好，有利于经济发展和人才储备。然而，当前我国高校专业设置普遍存在滞后性和趋同性，基于供给侧视角来看，专业设置关系到人才培养与社会需求的一致性，专业所设与学生所学、所能、所愿一旦跟不上市场需求的变化，"热进冷出"就会导致大学生就业出现"滞销"现象。基于需求侧视角来看，我国进入经济新常态，经济结构调整引发就业市场变化，原有传统产业和行业因去产能、去库存对人才需求量骤减，而一些新职业、新工种紧跟时代步伐和社会发展需要涌现出大量"对口"人才需求。因此，高校专业设置要以市场需求为"风向标"，动态调整更新专业培养方案以匹配就业的现实问题，避免人才培养对市场供需矛盾缺乏有效回应而造成的大学生就业供需矛盾。

（二）新时代大学生就业结构中的不平衡问题

就业结构反映的是劳动力在国民经济各部门、各行业、各地区、各领域的分布构成情况，其合理与否不仅关系着经济发展的方向、速度和活力，而且对社会生活的发展和稳定具有重要意义。新时代，经济高速发展和产业结构优化升级下的大学生就业难，并不能简单归结为就业岗位的不充分，结构不平衡已经成为当前就业领域最为突出的问题。劳动力市场需求是经济发展下的引致需求，地域间经济发展不平衡和产业间结构优化必然导致劳动力的就业结构发生相应变化。

1.不同地域间存在大学生就业结构不平衡问题

我国地区经济发展差异明显，特别是东西部发展、城乡发展的差距较大，由此引发大学生就业存在"地域差"现象。基于区域发展视角来看，地区经济发展的不平衡引发就业需求和人才分布的不平衡，一方面，北京、上海、广州和东部沿海发达城市就业机会多、生存环境好、经济回报高、发展空间广，吸引大学生就业的"磁力"效应明显，甚至出现了不少"宁要都市一张床，不要老家一套房"的"北漂""蚁族",大学生竞相就职、扎堆就业现象多。《2020年中国大学生就业报告》显示,2019届本科生选择一线城市就业的比例为20%,一线城市就业满意度为72%,就业最满意的城市是上海、北京。另一方面,一些经济发展相对落后的西部、基层和艰苦边远地区工作环境和条件差、经济回报低,人才流动慢,缺乏就业吸引力,甚至个别大学生认为"回老家是无能的表现",大量工作岗位出现"门前冷落鞍马稀"的景象。我国城乡发展的不平衡,特别是农业农村发展的不充分问题突出,由此带来大学生就业"城市情结"严重。基于城乡发展视角来看,一方面,城市劳动力市场招工火爆热闹,待遇好、企业多、地位高,劳动力供给大于需求,大学生青睐选择城市发展;另一方面,农村劳动力市场招工鲜有人问津,加之户籍限制、社保差别,大学生即便在城市找不到工作,也不肯"屈就"去农村寻找。因此,大学生就业要做好长远发展与短期利益的平衡,增强目标规划意识,不能盲目注重地域发展,应适应环境磨砺锻炼,寻求长远发展;要做好社会发展与个人发展的平衡,增强社会责任意识,不能单纯以个人利益为衡量标准,应主动到西部、到基层和艰苦地区建功立业,充分发挥个人价值。

2. 不同产业间存在大学生就业结构不平衡问题

产业结构直接影响劳动就业结构。基于产业结构调整视角来看,产业结构的迭代升级必然导致就业结构的变迁调整,第三产业成为吸纳第一、二产业劳动力就业的重要阵地,就业结构正逐步从之前第一产业占绝大多数的"金字塔型"向第三产业比重不断上升的"倒金字塔型"转变,如图3—2所示。2019年4月,国家发展改革委发布产业结构调整指导目录,鼓励类新增"人力资源与人力资本服务业""人工智能""养老与托育服务""家政"等4个有利于满足人民美好生活需要和推动高质量发展的行业,限制类删除工艺技术落后的"消防"行业,淘汰类新增严重浪费资源、污染环境的"采矿"行业,产业结构调整由工业主导向服务业主导转变的趋势进一步凸显,为大学生就业指明了发展方向。基于新兴产业发展视角来看,以数字技术和智能制造为代表的新业态、新模式、新行业催生了众多新型就业岗位,平台经济、共享经济等新兴行业人才需求增长最为强劲，已成为稳就业的蓄水池、促就业的新引擎。2020年3月，人力资源社会保障部发布了虚拟现实工程技术人员、供应链管理师、网约配送员、人工智能训练师、无人机装调检修工等16种新职业，主要集中于新兴产业和现代服务业两大领域，在满足经济社会发展需要和人们对美好生活需求的同时，为大学生提供了更多职业发展、实现梦想的机会。产业结构的调整和变革促使就业途径、方式、渠道等出现多元化和多样化转变，因此，新时代大学生如果还停留在"精英就业"的老路显然已不通，应提升对整体就业形势的认知、突破传统"保险箱""铁饭碗"等就业思想束缚。

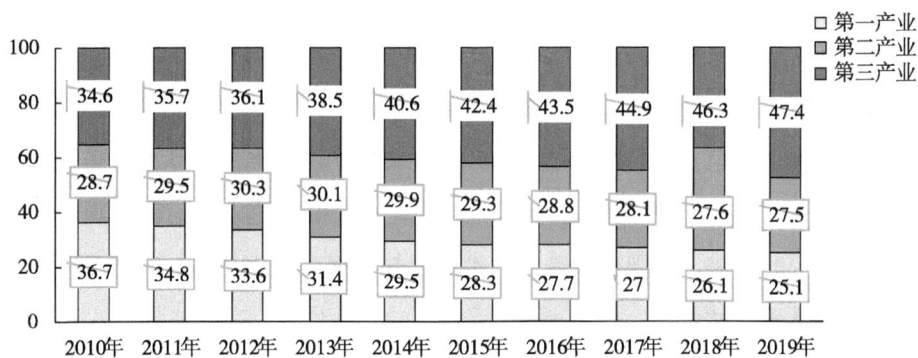

图3—2 2010—2019年就业人员成产业构成图

资料来源：根据国家统计局相关数据绘制

（三）大学生就业准备不足问题

就业是大学生人生发展中的重要转折点，既是大学生离开校门跨向社会、认知社会的第一步，也是大学生完成从"自然人"向"社会人"角色转变的关键阶段。俗话说"不打无准备之仗"，作为就业主体的大学生要想在就业市场的激烈竞争中脱颖而出，其思维认知和能力储备是关键。然而，部分学生缺乏对就业形势准确判断和把握，个人定位模糊，就业期望不切实际，普遍存在就业观念有偏差、就业能力不匹配等现象。

1.大学生就业观念与市场实际需求存在偏差

就业观是解决大学生就业难问题的思想关键，其影响着就业质量高低。在求职就业的道路上，大学生从昔日的"天之骄子"到如今常被认为"眼高手低"，根源于其自身未能实现"精英"思维的转变，就业观念与市场需求存在差距，对"个人能做什么"和"市场需要什么"缺乏深入思考，表现出就业的功利化倾向和从众心理。部分大学生"铁饭碗"观念根深蒂固，偏重工作稳定、收入丰厚、前途光明、社会地位高的体制内就业，盲目追求进国有单位、从事公务员或白领等"高贵"的职业，甚至出现了专门的"考碗族"。部分大学生消极等待思想突出，面对就业难的现实消极悲观、自甘落后，长期的无所事事造成个人自信心、进取心、意志力消磨殆尽，甚至出现了"啃老族""闲逛族""观望族"。部分大学生囿于职业等级观念，将职业岗位分为高低贵贱、三六九等，自视为高学历而妄自尊大、自鸣得意，片面追求光鲜亮丽的体面工作而轻视基层岗位上的劳动，甚至出现了"懈怠就业族"。部分大学生秉持刚性就业观念，期望"终身一次就业"，岗位选择、职业追求过于理想化，一旦无法实现主观设定的心仪工作，宁可"有业不就"。因此，高校要注重大学生就业观念与市场需求的与时俱进，正视就业现实，解放思想束缚，树立全面、动态、可持续发展的科学理性就业观。

2.大学生就业能力与岗位实际需求不相匹配

能力素质是个人核心竞争力的体现，其作为大学生顺利就业的"敲门砖"，与岗位需求的匹配度越高，成功就业、高质量就业的概率也就越大。随着时代的发展，科技进步日新月异，市场竞争日趋激烈，大学生就业能力比文凭学历越发显得重要。当前大学生就业能力不足，主要表现为专业能力不适应工作需求、创新能力跟不上行业发展和就业缺乏求职能力和技巧。扎实的专业能力是大学生立足职场的基石和根本，然而，高校知识教育和专业能力培养都具有滞后性，学生大多是校内课堂培养的"理论派""学院派"，独立操作能力、知识应用能力、问题解决能力等相对较差，与工作实践需求不匹配。创新能力对个人发展至关重要，是大学生从容应对就业难、实现高质量就业的"法宝"，然而，高校创新教育处于创新意识培养探索阶段，创新前沿领域的涉及和成果转化不多，未能实现专业"对接"，与行业发展需求不匹配。良好的求职能力和技巧是大学生能力素质的体现，有助于大学生成功完成自我推荐、顺利获得就业岗位，然而，高校未开设专门的求职能力课程，只是对即将毕业的大学生开设相关辅导讲座，大学生就业所需的表达能力、沟通能力、资料撰写等能力有欠缺，人职匹配的理想岗位不易实现。因此，高校要更注重大学生就业能力与岗位需求的与时俱进，增强危机意识、本领意识、学习意识，坚持学以致用、知行合一，以能力储备提升来促进就业质量和就业满意度的提高。

二、新时代大学生就业的四个"新"趋势

一代青年有一代青年的历史机遇，新时代大学生成长于全面深化改革和全方位对外开放的时代，国家发展目标和政策在追求经济发展的同时，更加追求民生、追求以更高就业质量为核心的发展方向。一代人有一代人的长征路，对应时代的要求和担当，新时代大学生就业应运而生，呈现出就业方式灵活化、自主创业多元化、就业形态个性化、就业关系平台化的"新"趋势。这个"新"趋势为每个大学生提供了走好自己"长征路"的途径，也为民族复兴、人民幸福中国梦的实现插上了翅膀。

（一）新时代大学生就业方式灵活化的新趋势

新时代是科技进步日新月异、人工智能飞速发展的时代，原有固定时间、场所、方式、工作内容的就业约束被打破，身处其中的大学生在生活特点、就业方式、思维意识等方面都发生了深刻变化，通过更为多样灵活化的方式就业成为新趋势。灵活就业作为稳就业、增收入的一个重要抓手，其优势逐渐凸显，符合当前社会经济态势，得到国家的鼓励和支持。2020 年 7 月 28 日，国务院印发实施《关于支持多渠道灵活就业的意见》，明确提出"个体经营、非全日制以及新就业形态等灵活多样的就业方式，是劳动者就业增收的重要途径"，清理取消对灵活就业的不合理限制，并从 5 方面提出 14 条促进保障灵活就业的措施，灵活就业成为稳就业的新引擎。

在灵活就业被大力提倡的背景下，灵活化的就业方式正在以更为丰富多彩的形式迅速发展，"副业刚需"渐渐成为新宠，"直播带货"快速火遍全网，越来越多的大学生不再满足"专一职业"的就业方式，成为拥有多重职业和身份的"斜杠青年"。随着互联网技术逐步成熟，经济结构不断调整，现代企业组织管理和经营方式的快速变革引发了就业方式的深刻变革，越来越多的"无接触"工作只需要联网的手机或电脑就可以完成，严格的坐班打卡制度在时代发展面前被打破。线上工作、远程就业、自主就业等新型的、灵活化的就业方式开始进入各行各业和各个地区，这一方式可以很好地摆脱空间和时间的限制，在劳动力结构调整中发挥着重要作用。当前，微商电商、网络主播、临时客服、网约车司机、兼职配送等灵活就业者越来越多，灵活化的就业方式既为大学生提供了大量岗位，对全社会而言，也有助于实现企业降低成本与个人创收发展的双赢。以网络直播为例，《2020年春季直播产业人才报告》数据显示，受疫情影响，2020年春节复工后一个月内，企业整体招聘职位数与招聘人数分别同比下降 31.43% 和 28.12%，直播行业人才需求量却逆势上扬，招聘职位数在一个月内同比上涨 83.95%，招聘人数增幅更是达 132.55%，成为灵活就业的蓄水池。正是基于可松散、可兼职，可合伙、可单干的多形态、多模式、多种类的新工作方式即灵活化的就业方式，不断得到大学生越来越高的认可度和参与度，成为未来发展的必然和趋势。机遇总是伴随着挑战而来，灵活化的就业方式在为大学生带来自由工作、自在生活的同时，也极大地提高了对个体"迎接不稳定"的心理承受能力、"成为多面手"的适应能力、"平衡生活与工作"的自律意识等多方面要求。基于此，新时代大学生应端正对灵活就业的认识，转变就业心态和就业观念，主动契合、积极适应时代变化与社会发展，找准市场需求点发挥自身优势特长，同时遵守社会相关制度规定保障自身权益。

（二）新时代大学生自主创业多元化的新趋势

新时代是激励大学生担当作为、干事创业的黄金时代，国家出台各种帮扶政策引导大学生积极主动投身"草根创业""科技创业"浪潮，开拓创新、创业兴业，解决就业困境。如今，创新是新时代的主流，创业是大学生的潮流，一批大学生"创客"在时代浪潮中脱颖而出，成为双创英雄，将多元化自主创业"新鲜事"变为就业"新趋势"。在整体经济形势较为艰难的当前，创业企业作为市场新生力量，能够不断扩大就业渠道和增加岗位供给，对激活经济、带动就业、稳定就业等起着重大作用。《2020年中国大学生就业报告》显示，越来越多的大学生加入自主创业大军中，以2019届毕业生为例，本科生自主创业比例为1.6%，高职毕业生自主创业比例为3.4%，并且随着毕业时间的延长，自主创业比例持续上升。国家重磅举措助力大学生群体开展形式多样化的创业，充分发挥自主创业在扩大就业方面的"发动机"作用，2020年4月，印发《关于推动返乡入乡创业高质量发展的意见》，号召大学生返乡创业，用选择和坚守为乡村振兴注入新鲜血液；7月15日，国务院常务会议部署深入推进大众创业万众创新，通过专项创业资金、提供双创场地、开展创业培训等重磅举措重点支持大学生群体就业创业；7月30日，国务院办公厅印发《关于提升大众创业万众创新示范基地带动作用　进一步促改革稳就业强动能的实施意见》，通过构筑产学研融通创新创业体系，加强双创示范基地"校＋园＋企"创新创业合作，采取市场化手段将大学生自主创业积极性和创造性调动起来、激发出来、释放出去。

在"大众创新、万众创业"的时代背景下，创业成为越来越多大学生的主动选择、理性选择，生存型创业逐渐淡出，机会型、兴趣型创业渐成主流，自主创业多元化趋势更加明显。创业人群日趋多元化，除毕业生之外，越来越多的在校大学生也加入"创客"大军，这主要得益于国家实施弹性学制、建立创新创业学分积累与转换机制、在线开放课程的学习认证和学分认定等举措的全面推广和实施，直接调动了大学生创业的积极性和主动性。创业平台日趋多元化，各种风险投资、创业大赛、连锁加盟活动逐渐活跃，创业孵化器从边缘行业发展为备受社会关注的热门行业，为创业者提供保姆式、一站式、全方位、可选择的综合型创业平台，大大提升了大学生自主创业成功率。创业模式日趋多元化，越来越多新产业和新技术的出现，使大学生创业告别了从前白手起家的单一模式，概念创业、网络创业、兼职创业等多元模式不断涌现，让创业更为简单、高效、便捷和低成本，带动更多大学生愿意尝试自主创业。创业项目日趋多元化，越来越多的大学生立足社会所需，不断探索更"接地气"的项目，有的专注高校学生旅游市场，通过网络平台进行品牌宣传，运营旅游主题俱乐部；有的搭乘"互联网+"快车，打造校园商业圈，线下搭建校内物流网做好上门服务，线上建立网上商城满足多样化需求，O2O平台项目做得如火如荼；有的基于专业特长和优势，将理论与实践、专业与创业相结合，通过返乡创业带农民走上致富路。基于此，新时代大学生要把"个人创富"与"国民创福"相结合，树立理性、实干的自主创业观念，将社会实际需求"痛点"转化为创业干事的契机和活力，将国家政策红利转化为自主创业量和质的共同提升。

（三）新时代大学生就业形态个性化的新趋势

新时代为人的全面发展、自由发展提供了前所未有的发展机遇和有利条件，就业发展目标和政策重点由追求人口对经济发展所带来的红利（人口红利）转向关注经济发展为人口所带来的红利（红利人口），为大学生在就业过程中追求个性发展提供了更大可能和更多保障。新时代，我国社会主要矛盾已经转化为"人民日益增长的美好生活需要和不平衡不充分的发展之间的矛盾"[1]，这表明大学生的发展需求已经超越吃饱穿暖等基本生存需求，更高质量就业不再是单纯追求基本物质保障，而是实现自由选择、价值实现、个性发展等多样化精神追求。与此同时，新旧动能转化带来多层次和多元化的市场需求，各行各业顺势催生和发展出新职业、新业态，客观上满足了大学生就业更高的发展需求，助推个性化就业形态成为"新"趋势。2020年7月15日，国家发展改革委等多部门发布《关于支持新业态新模式健康发展激活消费市场带动扩大就业的意见》，首次明确提出在线教育、互联网医疗、无人经济、副业创新等15个新业态新模式，以往"闻所未闻"的新业态、新职业打开了更多就业新"风口"，激发了大学生就业个性化发展的创新动力和创造活力。

---

① 《习近平谈治国理政》第三卷，外文出版社2020年版，第18页。

在新技术蓬勃发展的背景下，数字经济浪潮让众多领域成为大学生新个体经济发展的"试验田""练兵场"和"培育室"，以往一些难登大雅之堂、不被传统认可的职业岗位得到新契机。2020年7月，人社部联合阿里钉钉发布《新职业在线学习平台发展报告》，全景呈现了新职业发展趋势，数据显示：80后和90后占比83%，本科和专科学历占比74%，不难看出，大学生群体成为新职业、新个体经济的主力军（如图3—3和图3—4所示）。新职业中，数字化管理师、无人机驾驶员、人工智能工程技术人员、农业经理人、物联网工程技术人员受到更多青睐，"00后"偏爱电子竞技师，这既体现出新兴产业快速发展的活力，也折射出大学生更加个性化的就业观。新时代下诞生新职业、催生新就业，越来越多大学生更加注重工作内容与兴趣爱好之间的平衡，将新零售领域的"淘女郎"或体验师、泛娱乐领域的网络视频主播或网络文学创作、新制造领域中的人工智能训练或机器人操作等更具鲜明个性化的新职业和新工种视为就业创业心仪目标。

新职业、新个体经济等新业态的出现为大学生进入就业创业市场提供了方向性的引领，既有利于就业形态朝着更为灵活、更具个性化、更富创造活力的方向发展，也为个人对美好生活的持续追求带来更多可能。基于此，新时代大学生要正确处理个性发展与社会发展、短期收获与长期发展的关系，理性选择新职业和新产业，为在就业现实中创造条件不断促进个人的全面发展而努力。

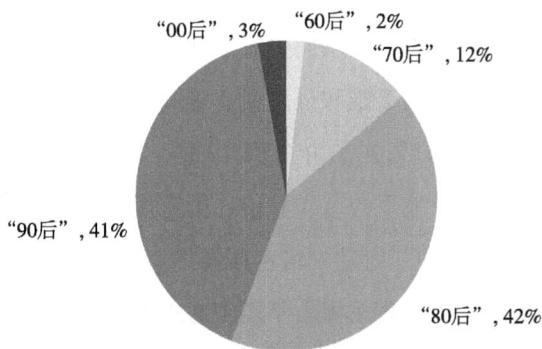

图3—3 新职业学习人员年龄分布图

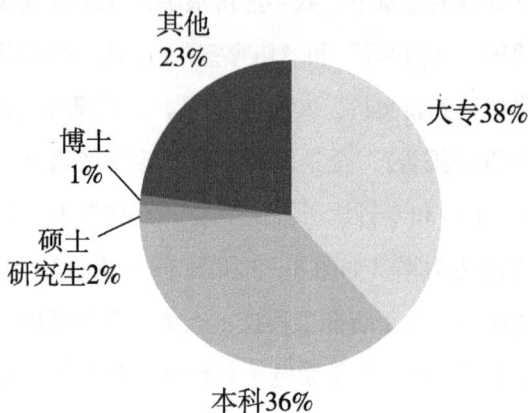

图3—4　新职业学习人员学历分布图

（四）新时代大学生就业关系平台化的新趋势

　　新时代开启了共享未来、合作发展的新征程，随着新技术和新应用的出现，大学生就业打破传统以"单位"为依托的固定就业关系模式，建立以互联网"平台"为载体的共享用工关系新模式。共享用工是共享经济的体现形式，通过互联网平台把处于闲置状态的人作为资源进行岗位匹配和劳动使用权有偿让渡，盘活了人力市场存量，实现了人力资源更为合理、更为高效的配置，如图3—5所示。疫情期间，基于互联网平台的共享用工成为一种调剂用工余缺的有效方式，实现人员冗余企业"闲得慌"和人员紧缺企业"用工荒"有效对接，缓解了劳动力市场的供需失衡，从而引发了就业关系平台化的"新"趋势。共享用工有效地解决了企业用工难和员工就业难问题，正在从稳就业、保就业的"权宜之计"变成"长久之计"，2020年3月17日，国务院常务会议明确提出"支持发展共享用工、就业保障平台"；4月份，国家发展改革委、中央网信办印发《关于推进"上云用数赋智"行动　培育新经济发展实施方案》，鼓励发展共享用工等灵活就业新模式，充分发挥数字经济蓄水池作用；9月30日发布的《人力资源社会保障部办公厅关于做好共享用工指导和服务的通知》，共享用工方式获官方认可和支持。

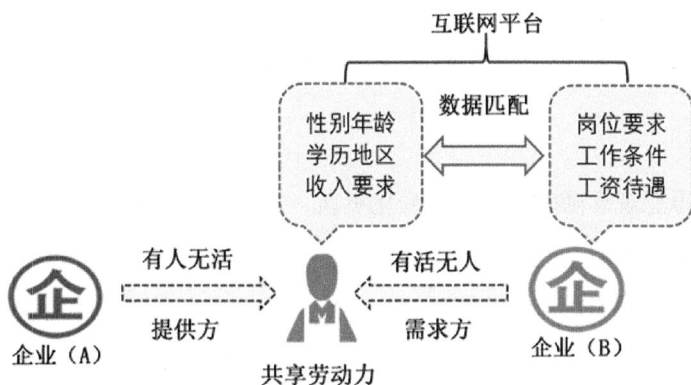

图 3—5　共享用工关系模式图

在共享经济飞速发展的背景下，以数字技术为依托的人力资源信息整合、数据筛选、智能搜索和精准配对缩短了信息交流的时空距离，降低了沟通成本，实现了集人力成本优化和人力资源共享为一体的共享用工模式。当前，越来越多的大学生更愿意从事灵活性强与自主程度高的工作，通过信息技术直接与一个或若干个工作任务直接对接，成为在第三方共享用工平台上寻求多元化零工的"斜杠青年"和自主创业者。共享用工的发展将工作场所的企业就业向互联网模式下的平台就业转变，就业的场所任意化、形式灵活化、时间碎片化、利益共享化导致就业关系的平台化、复杂化和不稳定，提出了许多新问题、新诉求。共享用工的雇佣模式打破传统劳动关系制度的刚性约束，就业关系正在由"公司＋员工"的固定化雇佣向"平台＋个人"的灵活化共享演变，"哪里需要哪里去""哪里就业哪里去"，重链接、弱约束的就业观念正在悄然生成。基于此，新时代大学生要与时俱进，摆脱传统就业观束缚，以更加开放、包容、创新的观点去认识共享经济，积极参与共享用工，主动将实现个人价值的追求诉诸于共享经济之中，同社会发展需求紧密结合，以多元观念释放就业需求。

第二节　新时代大学生就业观的现实挑战

人的思想观念随时代发展而变化更新，从新中国成立以来大学生就业观的演变可以清晰地看到时代变迁的历史轨迹，新时代大学生唯有遵循历史前进逻辑、顺应时代发展潮流，才能从容面对现实考验，实现更高质量就业。中国特色社会主义进入新时代，我国社会主要矛盾发生变化，人民对美好生活的需要日益广泛，大学生对就业也有着更多更高层次的需求。这意味着，肩负时代重任、背负殷殷期望的大学生又一次站在历史的新起点上，犹如秀木初生，必然面临飞速发展的国内形势、日趋复杂的国际环境对就业观念的多维影响与挑战。机遇与挑战并存，光荣与梦想同在，要长成傲然挺立的参天大树，大学生必须树立远大理想、坚定理想信念，扎根现实社会沃土经得起各种考验。

一、飞速发展的国内形势

大学生是时代发展的"晴雨表"，也是国家民族未来发展的后备力量，要勇立时代潮头，在就业实践中将就业理想变为现实、让就业本领发挥价值，做新时代的有梦之人、追梦之人、圆梦之人。面对当前飞速发展的国内形势，大学生若没有坚定的信仰、崇高的理想，不仅不能把握新时代的发展机遇，还有可能被现实挑战迷惑。因此，新时代大学生就业要筑牢思想阵地，在高度不确定性、经济多元发展和科技发展变革中，运用马克思主义的立场、观点和方法应对新挑战、解决新问题。

（一）经济多元发展引发价值观念转变

随着中国特色社会主义进入新时代，我国经济发展也进入了新时代，基本特征就是我国经济已由高速增长阶段转向高质量发展阶段。党的十八大以来，我国经济规模不断跃上新台阶，高质量发展持续推进，新发展格局加快构建，新的就业增长点不断涌现，为稳定和扩大就业打下了坚实基础。尤为突出的是，伴随着经济转型升级、供给侧结构性改革以及高质量发展的持续推进，新产业新业态新商业模式日新月异，大数据工程技术人员、无人机驾驶员、网约配送员、互联网营销师等新职业新岗位不断涌现，大学生就业结构持续优化。

　　我国经济社会结构自改革开放以来发生深刻变化，"逐步实现了从传统农业社会向现代工业社会、从传统计划经济体制向社会主义市场经济体制、从封闭型社会向开放型社会、从'一元社会'向'多元社会'的变迁与发展"①。进入新时代，经济在增速下降的同时顺利实现就业目标，究其根本在于产业结构战略性调整和转型升级的加快推进，尤其是带动就业能力最强的服务业占比不断提高。2013 年我国第三产业增加值占 GDP 比重达 46.1%，首次超过第二产业，成为国民经济第一大产业，2016 年第三产业增加值占比首次突破 50%，2020 年第三产业增加值占比达到 54.5%。基于此，劳动力的就业结构必然发生着相应变化，以服务业为主导的产业结构带动就业人口向第三产业转移，第三产业吸纳就业人口比重从 2010 年的 34.6% 提高至 2019 年的 47.4%，如图 3—1 所示。产业结构升级实现了行业发展从实体化到线上化、智能化的变迁，如图 3—7 所示，大数据、云计算、人工智能等为代表的新兴行业催生大量自主创业者和自由职业者，引发大学生就业方式的多元多样化发展。"观念的东西不外是移入人的头脑并在人的头脑中改造过的物质的东西而已"②，思想观念是建立在一定经济基础之上，并对其产生反作用的上层建筑。当前产业结构升级调整不仅驱动了经济多元发展，必然引发激荡着大学生价值观念的重新定向，这是经济变革与意识形态互动的过程。产业结构优化升级带来大学生新旧就业观念的碰撞以及就业价值标准的变迁，因此，新时代大学生要借势而为，转变原有不合时宜的就业观，把握"新"中之"机"，实现个人思想观念的深刻变化

---

① 于瑶、李红权：《社会转型期利益分化对政府治理的挑战及应对》，《东北师大学报（哲学社会科学版）》2018 年第 6 期。

② 《马克思恩格斯选集》第 2 卷，人民出版社 2012 年版，第 93 页。

和价值观念的深度变迁。

图 3—6　近 20 年来我国行业发展变迁示意图

（二）科技革命发展重塑思维认知方式

当今世界进入一个前所未有的"大科技"时代，技术创新空前密集活跃，新发现、新发明呈现非线性、爆发式增长，"科技是国之利器，国家赖之以强，企业赖之以赢，人民生活赖之以好"[①]。进入新时代，科学技术创新越来越成为推动经济社会发展的主要力量，经济高质量发展离不开创新动能的强大驱动，生活水平持续提高离不开科学技术的重要支撑。总之，"科学技术从来没有像今天这样深刻影响着国家前途命运，从来没有像今天这样深刻影响着人民生活福祉"[②]，新一轮科技革命正在改变着人们的工作、生活以及社会的运行方式，也必然对个人认知和思维方式带来前所未有的影响。

马克思以朴素而又深刻的理论揭示了科技创新对社会经济发展的动力作用，正如恩格斯在马克思墓前的讲话中所提及的，"在马克思看来，科学是一种在历史上起推动作用的、革命的力量"[③]，"机器的采用，化学在工业和农业中的应用，轮船的行驶，铁路的通行，电报的使用……过去哪一个世纪料

[①]　《习近平谈治国理政》第二卷，外文出版社 2017 年版，第 267 页。

[②]　《习近平谈治国理政》第三卷，外文出版社 2020 年版，第 245—246 页。

[③]　《马克思恩格斯选集》第 3 卷，人民出版社 2012 年版，第 1003 页。

想到在社会劳动里蕴藏有这样的生产力呢"①。纵观历史，以蒸汽机为标志的第一次科技革命解放了人力，以电力的广泛应用为标志的第二次科技革命实现了人类生活方式从机械化到电气化和自动化的转变，以原子能、电子计算机、空间技术发明和应用为主要标志的第三次科技革命打破了人与人在空间层面的隔阂，基于深度学习、赋予机器以"智力"的人工智能技术正在引领新一轮的科技革命，推动移动互联网时代向万物互联时代的过渡。人工智能作为产业变革的战略性技术，正在重塑新型的生产力、新型的产业形态、新型的生活方式和新型的交往方式，推动生产力发展革新、促进产业结构优化升级，固定在一种职业、一个岗位甚至一道工序的传统工作方式发生转变，为实现个人全面发展提供了更多可能。技术变革促进新技术与社会生产深度融合，推动产业结构升级和职业岗位流动，传统职位被新技术部分替代，"知识型员工"组成了关键的经济群体。② 为应对新的现实挑战，大学生应顺应科技革命潮流，及时转变就业认知和思维方式，树立机遇意识和危机意识，既要术业有专攻、精通专业领域的职业技能和技术创造，又要广泛涉猎、自由发展其他志趣与技能，把握"变"中之"机"，在科技创新创造中完成自我实现。

二、日趋复杂的国际环境

"每一个单个人的解放的程度是与历史完全转变为世界历史的程度一致的"③，"历史向世界历史的转变"是马克思主义历史观所揭示的人类社会发展的重要规律和必然趋势，也是"我们的时代"的根本特征和基本标志。进入新时代，各个国家、各个地区之间相互依存的程度正不断加深，世界日益成为你

① 《马克思恩格斯选集》第 1 卷，人民出版社 1995 年版，第 277 页。
② 参见［美］乔舒亚·弗里曼：《巨兽：工厂与现代世界的形成》，社会科学文献出版社 2020 年版，第 318 页。
③ 《马克思恩格斯选集》第 1 卷，人民出版社 2012 年版，第 169 页。

中有我、我中有你的命运共同体，人们的生活和生存方式更趋于"共性"。"一体化的世界就在那儿，谁拒绝这个世界，这个世界也会拒绝他"①，经济走向多元、政治趋向多极、文化趋于多样的全球化既让大学生充分感受到了国际视野所带来的红利，也让他们体会到了社会发展现实与个人期望和诉求间的差距和矛盾，给个人思想观念带来巨大冲击和挑战。

（一）经济全球化冲击大学生价值观念

经济全球化是生产力发展的客观要求，世界各个角落小到个人家庭、大到主权国家都在这张大网之中同呼吸、共命运，其发展趋势不可逆转。经济全球化的益处显而易见，时间和空间距离的压缩、财富的自由流动、资本的有效配置、开放的国际市场为个人发展提供了更广阔的就业机会，成为满足人们美好生活需要的必由之路。经济全球化在实现了经济发展、财富积累一体化的同时，带来了生活方式、思想观念的激烈碰撞和冲击，必然引发大学生价值观念急剧变化和调整。

经济全球化是一把"双刃剑"，在经验、技术和雄厚资金大量涌入的同时，西方发达资本主义国家的政治制度、价值观念乃至腐朽的文化和生活方式也进入视野。西方价值取向方面以务实为标准，注重以自我为中心，视个人为第一位，鼓励个人利益、个人价值最大化的追求，个人的生存方式及生存质量单纯取决于个人自身；伦理道德方面以个性为导向，西方提倡自我张扬、崇尚个人单打独斗的英雄主义，家庭观念、集体观念较为淡漠，认为唯有表现自我才能实现个人价值；行为规范方面以功利为衡量，重利轻义、强调绝对自由，以个人权利为基准，以追求私利为目标。大学生群体作为经济全球化过程的亲身参与者、体验者，他们年轻阳光却又涉世不深，他们满腔热血却又急躁冲动，在社会变革急剧变动、西方思潮不断涌入的背景下极易被错误思想和舆论所引导，造成主体性的迷失、价值的失落、人际关系的异化等问题。青年是整个社

---

① 《习近平谈治国理政》第三卷，外文出版社 2020 年版，第 118 页。

会力量中最积极、最肯学习、最有生气、最少保守思想的力量，是各种阶级思想影响、努力争夺的主要对象。① 在经济全球化浪潮中，大学生要顺应时代潮流、结合时下国情，兴其利而避其害，辩证处理个人价值与社会价值，成为具有全球视野和世界眼光的新时代国际人才。

（二）世界多极化挑战大学生政治定力

世界多极化是大国间经济、政治高度发展和力量对比此消彼长的必然产物，有助于世界和平与发展的推进，已成为国际政治格局发展趋势。中国以"人类命运共同体"的基本理念开拓了新的世界图景，世界各种力量的分化组合和大国关系不约而同地主张世界向多极化方向发展。国际格局变化和国际地位提升让中国在国际上谋求了更多发言权、发挥了更大影响力，同时也为大学生走出国门、增长见识铺平了道路，国际舞台上涌现出越来越多中国大学生的身影。

进入新时代，中国日益从世界边缘走向舞台中央，话语权不断提升，但是国家民族之外的集团和团体的兴起和发展，霸权主义、强权政治的阴霾一直笼罩着世界政治格局的变迁过程，地区性争端和焦点问题不断产生，国际环境日趋复杂，国外意识形态的渗透向校园发展。当前，越来越多的大学生打破了区域和国界的限制，前往国外交流学习、应聘到跨国公司工作，在异国的生活方式和价值理念影响下，其对国家和国土的依赖感、传统的民族认同感被跨国界的生存环境所打破。面对更加隐蔽的名利声色、"糖衣炮弹"诱惑干扰，新时代大学生要努力运用马克思主义立场、观点、方法观察分析复杂形势与局面，积极主动地化解风险、应对挑战，着力巩固马克思主义在意识形态领域的指导地位，增强辨别是非的能力，保持"乱云飞渡仍从容"的政治定力，做到"风雨不动安如山"。

---

① 参见强卫、姚望、邱进：《中国共产主义青年团工作大辞典》，北京燕山出版社1991年版，第2页。

（三）文化多元化引发大学生价值困惑

文化是国家的灵魂和软实力，是每个人的精神家园，孕育着民族生命力、凝聚力和创造力。在全球化浪潮下，文化变成了当代国际竞争中的新焦点，世界范围的文明交流互鉴日益广泛而深入，不同国家、不同民族文化在不断"碰撞"中实现了多元态势发展。"后物质主义价值观促使大学生就业观逐渐趋向追求个性、自由开放和多元化"①，伴随着中国对外开放的大门越开越大，一方面促进了文化交流与互鉴，另一方面文化冲突、文化竞争愈演愈烈，形形色色的西方文化思想入侵如同一剂毒药在慢慢侵蚀着一些大学生的思想和观念，在一些大学生中也引发了信念缺失、精神空虚、价值虚无、享乐拜金等问题。

当前，本土文化和外来文化、主流文化和非主流文化、先进文化和落后文化、大众文化和精英文化相互激荡，无疑会对处于"三观"形成过程中的大学生产生潜移默化且足够深远的影响。习近平总书记在《摆脱贫困》一书中指出，"在改革、开放过程中，有大量的外国东西涌入，其中有不少腐朽、没落的东西，首当其冲、最易受影响的是青年"②。信息化、网络化的普及为大学生大胆借鉴、吸收世界一切优秀文化成果搭建广阔平台的同时，也给享乐主义、拜金主义和个人主义等腐朽、有害、不良文化渗透提供了机会渠道，造成大学生文化的迷失和价值的冲突，在生活方式、思维方式、思想观念等方面表现出更多困惑。多元文化碰撞冲击强烈，社会急剧转型，传统家国文化、集体意识弱化，西方个人本位价值观助长了大学生的自我中心意识，"牺牲""奉献"等价值追求被"自我实现""个人价值"所取代，"礼让""和为贵"等价值取向被"竞争""优胜劣汰"所取代，大学生内心的矛盾和冲突日益加强。在世界多元文化的冲突与融合中，新时代大学生要坚守民族优秀文化的价值理念与基本精神，坚持民族特色文化的发展传承和弘扬宣传，增强政治敏锐性和政治鉴别力，筑牢思想防线。

---

① 刘鼎申：《后物质主义价值观对大学生就业观的影响与对策研究》，《青年与社会》2019 年第 13 期。

② 习近平：《摆脱贫困》，福建人民出版社 1992 年版，第 146 页。

总之，国内形势飞速发展、国际环境日趋复杂，变化中的当今世界和变革中的当代中国就是新时代最大、最真实的"实际"。大学生就业观不能"以不变应万变"，而应使就业观念与时代特征、世界潮流和创业实践相结合，以与时俱进的就业观去面对变化中的世界和变革中的中国。

第三节　新时代大学生就业观的时代诉求

新时代是国家的时代、民族的时代，也是每个青年学生的舞台，伴随着中国特色社会主义新坐标、新节点的确定，大学生思想观念必然发生更迭变化。"时代是思想之母，实践是理论之源"[①]，思想观念永远也不会脱离它生成和反映的时代，大学生就业观的时代诉求是时代发展演变轨迹的见证，是思想着的时代的镜像。新时代大学生既见证了时代日新月异的发展，也在青春的变奏中折射出时代的变迁，呈现出宏观层面的社会变迁与新生代个体的成长历程交织而成的画面。推进伟大事业的新时代动员令已从国家、社会和个人三个维度指明了奋斗前进的方向，大学生要捍卫理想信念阵地，拧紧思想"总开关"，防止精神之"钙"流失，建设好就业观思想阵地，做新时代的践行者、生力军和奋斗者。

一、实现中华民族伟大复兴中国梦的践行者

新时代是中华民族伟大复兴中国梦实现的时代，这一梦想凝聚着几代人的夙愿与期盼、熔铸了几代人的热血与奋斗，斗转星移，奋斗至今。在实现中国梦的历史机遇面前，决定社会走向、影响发展进程的永远是历史合力，"历

---

① 《习近平谈治国理政》第三卷，外文出版社 2020 年版，第 21 页。

史是这样创造的：最终的结果总是从许多单个的意志的相互冲突中产生出来的，而其中每一个意志，又是由于许多特殊的生活条件，才成为它所成为的那样"①。大学生与国家相互依存、密不可分，承载着民族希望和未来，"中国梦是我们的，更是你们青年一代的"②，实现梦想的征程离不开朝气蓬勃的大学生，他们是新时代的筑梦人、追梦人、圆梦人。

在实现中华民族伟大复兴的旗帜下，中国梦激励着一代又一代青年学生听党召唤、跟党奋斗。在血雨腥风、战火纷飞的革命年代，大学生不顾个人安危，投笔从戎报效国家，视革命事业为个人前程，以抛头颅洒热血的牺牲精神投身民族独立和人民解放战争，捐躯赴国难、视死忽如归，谱写了为祖国事业鞠躬尽瘁死而后已的赞歌。在意气风发、激情燃烧的建设时期，大学生不计个人私利，上山下乡服务群众，视祖国需要为个人梦想，以战天斗地的大无畏精神投身社会主义建设，向困难进军、向荒原进军，展现了在新中国的广阔天地忘我劳动、艰苦创业的风采。在波澜壮阔、生机勃勃的改革年代，大学生不受身份羁绊，视现代化建设为个人事业，以"敢饮头啖汤"的勇气投身改革开放，走出体制跳入商品经济、市场竞争"大海"，铸就了为祖国繁荣富强开拓奋进、锐意创新的青春精彩。在疫情防控的非常时期，大学生不退不让不缺席，挺身而出逆行而上，视疫情防控为个人责任，以越是艰险越向前的青春信念坚守在抗疫一线，义无反顾、不畏风险，书写了把"小我"之水融入"大我"海洋的青春担当……这些理想信念、热血汗水、奉献付出都融入民族独立、国家富强和人民幸福的中国梦之中。

历史的接力棒传到新时代大学生手中，如何不负青春韶华？如何不负前辈努力？如何不负人民期待？如何不负时代召唤？"历史把那些为共同目标工作因而自己变得高尚的人称为最伟大的人物；经验赞美那些为大多数人带来幸福的人是最幸福的人"③，新时代大学生就业不仅仅关乎个人成长成才，更关乎整

---

① 《马克思恩格斯文集》第 10 卷，人民出版社 2009 年版，第 592 页。

② 《习近平谈治国理政》第一卷，外文出版社 2018 年版，第 49 页。

③ 《马克思恩格斯全集》第 1 卷，人民出版社 1995 年版，第 459 页。

个社会的发展与国家和民族的进步。因此，大学生能否从就业中获得真正意义上的幸福、能否实现自身价值以及在何种高度上实现人生价值都取决于其自身能否主动认识到时代赋予的使命担当，取决于其自身能否自觉选择为增进国家、民族以及世界人民福祉的就业实践。对于处在人生发展黄金期、关键期的大学生来说，站在"两个一百年"奋斗目标的历史交汇期的人生机遇中，他们应责无旁贷地将"小我"融入"大我"，选择能够与中国梦同呼吸、共命运的就业方向，让个人青春在实现中华民族伟大复兴的历程中闪光。

二、建设社会主义现代化强国的生力军

新时代是取得全面建成小康社会和现代化强国最终实现的攻坚时刻，这一征程是坚持和发展中国特色社会主义的战略安排，体现了中华民族的最高利益和根本利益。"九层之台，起于累土"，中国特色社会主义现代化建设的实现不是一蹴而就的，需要一个长期探索、接续奋斗、稳步推进的过程，从而将富强民主文明和谐美丽的远景蓝图变为生动现实。建设社会主义现代化强国需要一代又一代优秀人才的支撑，"青年一代有理想、有本领、有担当，国家就有前途，民族就有希望"[1]，大学生是时代进步的奋进者、开拓者，同时也是时代发展的献身者。

时间之河川流不息，青春力量一脉相承，大学生是推动社会主义现代化建设事业的生力军，一代又一代大学生在选择自身职业、投身就业实践时，均完成了不同的阶段任务和目标。在新中国成立之前，大学生就业理想是为国家真正"站起来"而不懈奋斗，为中华之崛起而读书，成为振臂救国的先锋，投身爱国运动、建国事业。在改革开放历史背景下，大学生就业理想是为国家真正"富起来"而贡献力量，成为打破思想束缚、解放社会生产力的排头兵，领跑现代化建设"新长征"。在新时代的历史方位下，大学生就业理想是为国家真

---

[1] 《习近平谈治国理政》第三卷，外文出版社 2020 年版，第 54 页。

正"强起来"而绽放光彩，成为有理想、有本领、有担当的时代新人，投身现代化建设新征程。在疫情复工复产的特殊时期，大学生理性调整职业定位和就业目标，从基层做起、从地方做起，先就业再创业、边工作边创业，为提振经济发展贡献青春力量。不同时代、不同时期大学生就业的理想愿景尽管不尽相同、具有时代性特征，但最终在任务的指向性上有着高度的同一性，都是将个人的人生梦想和青春激情绽放在社会主义现代化国家建设的征程之中。新时代需要在继往开来中持续推进社会主义现代化建设，大学生要发挥最容易接受新事物、最容易产生新思想、最容易发现新问题的独特优势，"让勤奋学习成为青春飞扬的动力，让增长本领成为青春搏击的能量"①。当前，"十四五"规划乘势而上开启全面建设社会主义现代化国家新征程，国家大力倡导"青年优先发展"理念，深入实施科教兴国战略、人才强国战略、创新驱动发展战略，向新时代大学生挂出高质量发展的"作战图"、吹响投身国家经济社会发展的"冲锋号"。奋斗目标令人向往，时代号角催人奋进，置身于国家现代化建设蒸蒸日上、青年学生大有可为的美好时代，大学生要在构建新发展格局中找准个人就业理想与社会发展现实相结合的人生坐标、奋进目标，用青春无畏的精神彰显有力有为的姿态。

三、追求美好生活实现全面发展的奋斗者

新时代是全体中国人民共创美好生活、逐步实现共同富裕的时代，这一目标追求不仅是实现中华民族复兴之梦、强国之梦，更是实现每个人自由而全面发展的幸福生活之梦，体现了中国特色社会主义的本质要求。"只有在共同体中，个人才能获得全面发展其才能的手段，也就是说，只有在共同体中才可能有个人自由"②，个人美好与集体美好是辩证统一、互促互进的。对大学生个体

---

① 《习近平谈治国理政》第二卷，外文出版社 2017 年版，第 378 页。
② 《马克思恩格斯选集》第 1 卷，人民出版社 2012 年版，第 199 页。

而言，自由而全面发展与美好生活的向往既是一种源于现实社会发展的美好理想，也是超越现实引领未来的美好希望，这已成为他们生产生活的强大动力。

进入新时代，人的需要不断向高层次、多层次发展变化，"已经得到满足的第一个需要本身、满足需要的活动和已经获得的为满足需要而用的工具又引起新的需要"①，个人从对"物质文化需要"跃升为"美好生活需要"。高质量就业是新时代人民美好生活需要的重要组成和根本基础，也是党和国家时时关注的民生重点问题。马克思在《青年在选择职业时的考虑》中指出，"人只有为同时代人的完美、为他们的幸福而工作，自己才能达到完美"②。也就是说，在追求美好生活的就业实践中，不能将集体与个体割裂，个人要自觉将个体美好的实现融入集体美好的追求之中。大学生个体是现实的人，是生理的、心理的、伦理的存在，其对美好生活的向往和追求不仅是物质文化生活方面，而且"在民主、法治、公平、正义、安全、环境等方面的要求日益增长"③。因此，在就业实践中，新时代大学生对美好生活的向往和追求就是个人才能得到发挥、需要得到满足、人格得到完善、尊严得到认可，即尽可能使个人处于自由而全面发展的状态。"历史告诉我们，每个人的前途命运都与国家和民族的前途命运紧密相连。国家好，民族好，大家才会好"④，美好生活的实现是每一个人参与其中的"接力赛"，新时代大学生正在通过就业行为、就业实践、就业观念折射出对自由而全面发展的个人美好追求。"历史只会眷顾坚定者、奋进者、搏击者，而不会等待犹豫者、懈怠者、畏难者"⑤，新时代大学生就业早不是以往的父母之命、师长之言、单位之荐，而是个人之愿和个人所想，要立足于平凡的岗位为国家与民族贡献力量、书写出不平凡的人生，让人类社会美好前景不断在中国大地上生动展现。

---

① 《马克思恩格斯选集》第 1 卷，人民出版社 2012 年版，第 159 页。
② 《马克思恩格斯全集》第 1 卷，人民出版社 1995 年版，第 459 页。
③ 《习近平谈治国理政》第三卷，外文出版社 2020 年版，第 9 页。
④ 《习近平谈治国理政》第一卷，外文出版社 2018 年版，第 36 页。
⑤ 《习近平谈治国理政》第三卷，外文出版社 2020 年版，第 54 页。

新时代正经历着我国历史上最为广泛而深刻的社会变革，这就必须以更大决心冲破各种不适宜经济社会发展的思想观念的束缚、跳出条条框框的限制，自然不可避免地造成社会整体价值体系的变革重组、带来大学生就业观念的冲击挑战。就业观作为个人理想、价值和信念的重要体现，是大学生立身处世、成就事业、幸福人生的"定海神针"，其具有鲜明的阶级性与意识形态性，"统治阶级的思想在每一时代都是占统治地位的思想。这就是说，一个阶级是社会上占统治地位的物质力量，同时也是社会上占统治地位的精神力量"[①]。大学阶段是个人价值观、就业观形成的关键时期，大学生能否树立对中国特色社会主义的信心，坚定成为中华民族伟大复兴中国梦的践行者、社会主义现代化建设新征程的生力军、美好生活中实现全面发展的奋斗者，事关党和国家的事业是否后继有人，事关中国特色社会主义事业能否兴旺发达。意识形态是宏观的，个人观念是微观的，"意识形态领域不存在真空，马克思主义不去占领，反马克思主义必定去占领；社会主义不去占领，资产阶级和其他非无产阶级思想必定去占领"[②]，建设好新时代大学生就业观思想阵地是"集中力量办大事"的思想保证，是民族复兴、社会进步和美好生活坚实的意识形态基础。

---

① 《马克思恩格斯选集》第1卷，人民出版社2012年版，第178页。

② 马振清：《思想政治教育前沿问题研究》，国家行政学院出版社2013年版，第122页。

第四章　新时代大学生就业观现状的实证调查与分析

大学生就业观的形成和发展是一个动态的思想变化过程，伴随时代变迁和社会进步而不断发生改变。"没有调查是不可能有发言权的"[①]，对新时代大学生就业观进行研究要以开放性、动态性、历史性和综合性的眼光进行现实审视，通过全面深入的调查研究掌握大学生就业的真实思想动态。就业观作为一种价值认知，无法直接测量、触摸和掌握，故研究采用定量研究的问卷调查法与质性研究的个人访谈法相结合的科学方法，对新时代大学生就业观新发展、新特征、新问题进行深入分析，为大学生就业观培育奠定基础。

第一节　新时代大学生就业观现状的数据分析

数据分析着重于客观事实的静态描述，通过对调研所得的大量数据资料进行初步整理和归纳，进而描述出事物的集中趋势和分散趋势。新时代大学生就业观现状的统计分析数据来源于 37 所高校 6171 份调研问卷，数据分析采取描述与论述相结合的方式，融入思辨性的探讨，实现数据描述与价值判断的有机结合。

调研遵循"明晰研究目的→确定研究框架→区分研究对象→多样调研方法

---

① 《毛泽东选集》第三卷，人民出版社 1991 年版，第 791 页。

→梳理调研数据→开展研究思考"的总体思路，选取了北京（6所）、天津（6所）和河北（25所）共计37所不同层次的高校开展了问卷调查，并选择了30位来自不同年级、专业、院校的大学生进行了个体访谈，问卷调研所涉及的新时代大学生是指现阶段正在高校就读的全日制学生，包括本科生和专科生。基于区分度会受到被试团体同质性程度影响的考虑，问卷调研采用了分层抽样的方法。第一层次依据高校性质差异，研究选取了37所高校，其中包括北京大学、首都师范大学、北京交通大学、北京科技大学、对外经贸大学、华北电力大学、南开大学、天津医科大学、天津中医药大学、河北工业大学等10所"双一流"建设高校，天津财经大学、燕山大学、河北大学、河北师范大学、河北农业大学、河北科技大学、华北理工大学、河北北方学院、保定学院、邢台学院、河北工程大学、承德医学院、河北科技师范学院、沧州师范学院、唐山师范学院等15所非"双一流"建设本科高校，河北师范大学汇华学院、河北科技大学理工学院、燕山大学里仁学院、保定理工学院等4所民办高校（本科），天津现代职业技术学院、天津商务职业学院、唐山职业技术学院、河北建材职业技术学院、秦皇岛职业技术学院、河北机电职业技术学院、河北工业职业技术学院、河北交通职业技术学院等8所高职（高专）院校。第二层次依据高校地理位置，研究选取的37所高校分布在北京、天津和河北三个省市，北京大学、首都师范大学等6所位于北京市，南开大学、河北工业大学、天津现代职业技术学院等6所位于天津市，河北大学、河北师范大学、华北理工大学、承德医学院等25所位于河北省9个地市，从一线大城市到直辖市，到省会城市，再到地（县）级市，考虑到了地域的差异性。第三层次依据高校办学类型，研究选取的37所高校既有综合类、理工类院校，也有农林类、财经类、医药类、师范类院校，详见表4—1。调研采用自编问卷《新时代大学生就业观现状调查问卷》（详见附录1），问卷包括个人基本信息、就业观现状及影响因素三个部分。

表4—1　调研问卷样本分布统计表

（单位：人，%）

样本分类		人数	百分比
学历	本科	3904	63.3
	专科	2267	36.7
性别	男	2340	37.9
	女	3831	62.1
所在年级	一年级	1229	19.9
	中间年级	2038	33
	即将毕业	2904	47.1
政治面貌	中共党员	679	11
	共青团员	4930	79.9
	群众	550	8.9
	其他	12	0.2
所在院校	"双一流"建设高校	1510	24.5
	非"双一流"建设本科高校	2122	34.4
	民办高校（本科）	462	7.5
	高职（高专）院校	2077	33.7
院校类别	综合类	1749	28.3
	理工类	1905	30.9
	财经类	743	12
	师范类	577	9.4
	医药类	595	9.6
	农林类	406	6.6
	其他	196	3.2
院校位置	直辖市	2055	33.3
	省会城市	1092	17.7
	地级市	2916	47.3
	县城	108	1.8

本次调研利用"问卷星"在线填写回收，共计收回 6767 份，获得有效问卷 6171 份，有效率 91.19%，问卷有较高的回收率以及较强的事实说服力，随后根据题目类型将问卷结果导入 SPSS25.0 进行分析。问卷有效性筛选进行了两轮，首先，通过设置填答时间（低于 3 分钟，高于 40 分钟），并综合考虑三个量表题目（20 题、28 题、30 题）选择高度一致因素，对原始问卷进行筛选，共剔除无效问卷 488 份。在此基础上，通过考查三道选择存在逻辑冲突题目（10 题、15 题、19 题）对问卷进行筛选，共剔除无效问卷 108 份。以第 10 题"是否担任学生干部"多选题为例，A 选项"校级学生组织干部"、B 选项"院/系学生组织干部"、C 选项"班级学生组织干部"、D 选项"没有当过学生干部"，若选择 D 则不应该出现同时选择 A、B、C 任何一个选项，否则视为逻辑冲突。

个人访谈综合考虑性别、年级、所学专业、就读高校、政治面貌、家乡等因素，选取确定 30 人为访谈对象（详见附录 2），主要涉及文史哲、农林、理工、医学、财经和师范 6 个大类。具体实施过程如下：首先，在文献研究和调研数据分析的基础之上，结合个人对研究问题的思考，制定了《新时代大学生就业观访谈提纲》（见附录 3），经专家论证后修改调整使用；其次，采用半开放式的访谈形式对 30 名访谈对象进行访谈，为确保受访者消除顾虑、敞开心扉、毫无保留地表达个人真实情况，访谈前都与其签订了保密协议（附录 4），交流中访谈者避免使用评价性、诱导性口吻进行提问；最后，使用软件 Nvivo 对访谈笔记、录音等资料进行转录和整理分析，受访者名字都以编码代替，论文中受访者观点的直接引用都已征得个人同意许可。

一、就业的形势政策认识

形势政策认知是大学生就业观形成的起点和基础，是个人对"关于就业我已经了解什么"的问题回答，这直接关系到大学生能否顺利实现就业。充分了解和正确认知社会形势，全面掌握和灵活运用就业政策，有利于大学生更好地应对新挑战、抓住新机遇，以实现高质量就业。基于此，调研主要考查大学生的就业形势认知、就业政策认知和自主创业认知三个方面。

（一）大学生对就业形势的判断日趋合理和客观

调研数据显示，认为当前就业形势"比较严峻""非常严峻"的比例分别为24%、8.4%，也就是三分之一大学生认为就业形势严峻，详见图4—1。突如其来的新冠疫情对经济发展和就业格局造成了前所未有的冲击，就业形势迅速收紧，调研中75.99%的大学生认为"疫情加剧了就业的不确定性和难度"，详见表4—2。同时，平台经济业态、新职业、共享经济、网红经济等新业态和新行业呈现快速崛起的良好势头，由此带动了一大批新职业岗位、新工作方式，调研中75.88%的大学生敏锐地感知到"新业态、新职业为就业提供了新机遇和新平台"，详见表4—2。由此可见，新业态将会成为大学生就业新选择，这就要求大学生要积极转变传统就业观念、就业思路，不能只关注"好地方""好岗位"，要摆正"姿态"，准备好迎接新业态，适应就业"新潮"。

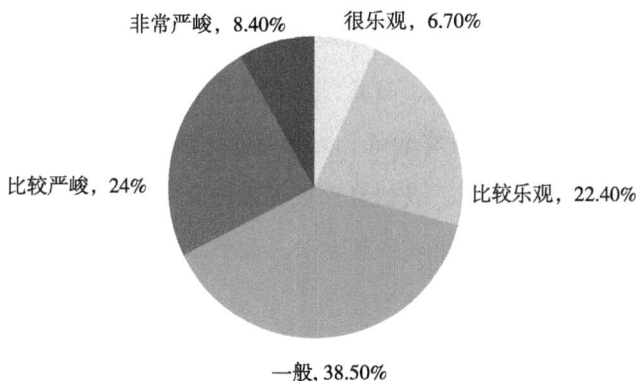

图4—1　大学生对当前就业形势的总体感觉

大学生对就业形势的判断日趋合理和客观这一点，在个人访谈中也有所体现，不同类型高校的学生对于就业形势的认识都表现出更为理性、更为客观：

表4—2　大学生就业形势政策基本判断分布

(单位：人，%)

形势政策基本判断	疫情加剧了就业的不确定性和难度		新业态、新职业为就业提供了新机遇和新平台		大学生就业创业政策能有效缓解就业难	
	人数	百分比	人数	百分比	人数	百分比
非常赞同	1919	31.1	1653	26.79	1367	22.15
比较赞同	2770	44.89	3029	49.09	2626	42.55
中立	1324	21.45	1359	22.02	1922	31.15
不太赞同	128	2.07	102	1.65	207	3.36
很不赞同	30	0.49	28	0.45	49	0.79
合计	6171	100	6171	100	6171	100

编号18[1]：现在就业形势不乐观的，找工作机会虽然不少，但是竞争更多，尤其是作为女生，恐怕会更难。当然，疫情肯定会对就业产生影响，应该更多的是一些不利的方面。虽然我自己平常会通过平台做些自己喜欢的兼职，但这个很多人都容易上手，要想把这个做成自己的事业还是需要有更多的拓展。

编号02[2]：就业肯定是越来越难的，而且越来越"卷"，等到我毕业的时候恐怕还会更为艰难。而且，现在疫情啥时候可以结束，谁都没法预见，这个对我们大学生有影响，对家里的产业、对社会整体都是有影响的。大的形势环境之下，我们自己慌慌张张肯定是没有用的，我当初选择这个专业，就是希望能够有一技之长，能够以自己的专业立足社会，能够面对这越来越不容易的就业形势。

---

[1]　女，大一，共青团员，非学生干部，非"双一流"建设高校就读，商务英语专业，独生子女，父亲公务员、母亲教师。

[2]　男，大二，共青团员，学生干部，"双一流"建设高校就读，工程管理专业，独生子女，父母从事个体经济。

编号28①：现在就业形势太难了呗，对我们这些专科学生更是不友好，之前看到很多毕业的师兄师姐找工作屡屡受挫，甚至有的毕业了还是打零工。疫情对就业非常有影响，想去参加招聘会、去公司面试都会受到一定限制，不如以前方便。不过，现在网络很发达，好多事情能借助网络解决。我觉得，疫情下网络的使用也创造了一些机会，例如，现在平台上接单，我做的东西好、有市场，那就不会说单纯用学历来衡量我是不是能完成订单，而是看我的能力、我做的东西。

编号16②：就业整体上肯定是更难了，经常听父母说到一些案例，特别是考公（考取公务员）。现在疫情，大家肯定都对稳定工作有青睐，问题是招聘的人数不一定有大的涨幅，甚至还可能缩水，那自然就业压力大得很。

（二）大学生对就业政策的理解和认知还有所不足

调研数据显示，大学生普遍认同国家政策在就业中的积极引导作用，64.7% 的大学生认为"就业创业政策能有效缓解就业难"，但是也有 31.15% 的大学生对此持中立态度，详见表4—2。通过对"大学生了解的基层/西部就业项目、就业服务和就业政策"的调研发现，大学生对就业政策的认知尚有不足，大学生志愿服务西部计划（50.8%）、大学生村官计划（41.73%）和应征入伍服兵役（40.72%）成为大学生最为熟知的项目政策，可见，大学生对诸多就业项目的了解度只在半数左右，甚至 19.85% 的学生对所有政策都不了解，详见图4—2。因此，必须做好国家层面和学校层面的宣传讲解工作，特别是高校要将宣传解读工作纳入规范化、常态化轨道，不断扩大大学生就业创业政策知晓度，切实打通政策落地"最后一公里"。

---

① 男，大三，中共党员，学生干部，高职（高专）学院就读，计算机网络专业，非独生子女，父母打工。

② 女，大四，中共党员，学生干部，非"双一流"建设高校就读，思想政治教育专业，非独生子女，父母公务员。

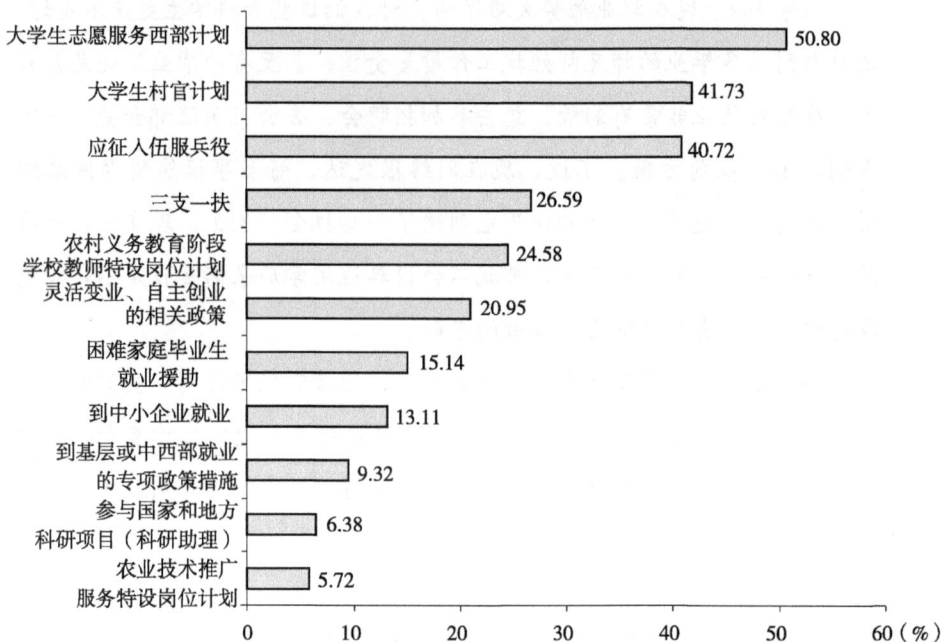

图4—2　大学生了解的基层/西部就业项目、就业服务和就业政策

大学生对就业政策的理解和认知还有所不足这一点，在个人访谈中也有所体现，不同类型高校的学生对于就业政策的认知大都流于表面、限于个人兴趣：

编号01①：就业政策知道一些，嗯，我要考研，会更关注这方面的政策。不过，对于我们这些考研的来说，也就是看看要考学校的招生政策吧，这个国家层面没听说过有什么针对性的政策。您说的"三支一扶"、应征入伍，我是知道的，我还参加过学校组织的宣讲会，但没有深度了解过，具体有啥政策我也不是很清楚。这个政策，辅导员老师开会会说一些，大多是自己网上找吧，有时候我也会跟已经毕业的同学问问。

_____

① 男，大三，中共党员，学生干部，"双一流"建设高校就读，国际关系专业，非独生子女，父亲打工，母亲务农。

116

编号16①：我个人对就业政策还是很关注的，也特别希望能够多了解一些就业相关的政策。现在我知道得比较多的就是支教方面的就业政策，不过，也都是局限于怎么申报，报名条件我大概能说出来。您刚才问我的关于西部支教的待遇和后期培育，我不是很清楚，应该是机会多、锻炼多，具体的我也想再找老师们问问，做好个人的发展规划。我大多是通过上网查询官网、泡泡论坛啥的了解政策，有时候开班会辅导员老师会传达文件政策。要想了解得再深入细致些，跟已经前往西部支教的师兄师姐确认应该会更便捷。

编号25②：我对就业政策不是很了解，关注度也没那么高，因为老早就明确自己要考教师编。教师考编的政策我知道得多一些，妈妈就是老师，她会经常给我分析，告诉我应该做什么准备。其他应征入伍、三支一扶啥的，我知道，学校就业部门也会经常组织宣讲活动，跟我关系不大，就没有更多参与。宿舍同学也会经常讨论交流一下，因为快毕业了嘛，多看看了解清楚政策肯定会对找工作有帮助。

编号29③：我是知道一些就业政策的，很快就要毕业了，肯定是关注。我现在是专科生，希望能够继续上学，但是也有可能找工作，考不上就只能先工作，即便先工作，我也希望能有份稳定的工作，这肯定是要关注政策的。国家对我们专科生的政策也不少，要是早一点能有老师给我们分析分析，解读一下就好了。考公务员、参军入伍啥的可能对专科生不那么友好，网上能搜到的大都是对本科生的明确政策。我们大三就开始实习了，老师开会不怎么讲政策，学校不经常回去，有没有政策宣讲活动我不清

---

① 女，大四，中共党员，学生干部，非"双一流"建设高校就读，思想政治教育专业，非独生子女，父母公务员。

② 女，大四，中共党员，学生干部，民办高校（本科）就读，工商管理专业，独生子女，父亲公务员，母亲教师。

③ 女，大三，共青团员，非学生干部，高职（高专）院校就读，数字媒体专业，独生子女，父母打工。

楚，就是有也很难说特意回去参加。

（三）大学生对自主创业的认识日趋理性

"创新是社会进步的灵魂，创业是推动经济社会发展、改善民生的重要途径"①，随着我国经济转型升级，自主创业成为越来越多个人实现自身价值、融入社会的一种全新就业方式。面对严峻的就业压力，自主创业有助于大学生把兴趣与职业紧密结合，不仅解决了个人就业问题，而且有利于缓解国家就业压力，为其他人创造新的就业机会，所以说，创业是大学生就业的重要增长点。基于此，调研设置了量表题和选择题，从价值意义认知和实践开展意愿两个方面进行考查。

1. 大学生对自主创业价值意义的认知和理解多元化、趋于理性

正确认知创业对个人的意义和价值有助于大学生明确个人应该做什么、选择什么，进而规划个人发展。"近年来创业被大学生视为实现自我价值的重要途径"②，但是自主创业单靠短期的热情远远不够，通过对"大学生创业比找工作更容易"的认同调研发现，37.06%的学生不认同创业更容易，37.58%的学生持中立态度，越来越多的大学生能够正视创业的重重困难，正在从充满激情、热血沸腾回归理性心态，详见表4—3。通过对大学生自主创业价值认同调研发现，如果视"非常赞同"和"比较赞同"为认同的话，42.34%的学生认同"创业能够更好实现个人价值"，40.82%的学生认同"创业能够为社会创造更多价值"，36.28%的学生认同"创业能够更快积累财富"，大部分学生认同创业有利于实现个人价值、创造社会价值以及产生经济价值，特别是创业在个人价值的满足实现以及为社会创造价值方面的意义更为突出；同时，近半数学生对"创业能够更好实现个人价值""创业能够更快积累财富""创业能够为

---

① 习近平：《在祝贺 2013 年全球创业周中国站开幕式上的讲话》，《人民日报》2013 年 11 月 9 日。

② 罗涛：《金字塔底层的创业机会与价值实现：以城市外来工创业的多案例为线索》，《江汉学术》2019 年第 4 期。

社会创造更多价值"持中立态度，恰恰反映出大学生不再一味盲目跟风，对创业成功率低、风险性大、对个人能力要求高有了冷静和深入的思考；仅9.95%的学生对"创业能够为社会创造更多价值"持异议，不难看出，绝大部分大学生已经认识到创业不仅可以解决自身的就业问题，而且能够缓解国家沉重的就业压力，可以推动社会的进步与发展；13.21%的学生对"创业能够更好实现个人价值"持异议，与大学生创业意愿调研数据基本一致（图4—3），其中不乏对创业困难的深刻认知，也体现了创业教育的不够深入；17.03%的学生对"创业能够更快积累财富"持异议，这说明越来越多学生不再把创业与财富画等号，体现出大学生自主创业认知逐步走向成熟，详见表4—3。

表4—3　大学生自主创业价值意义的认同调研

（单位：人，%）

自主创业价值意义	大学生创业比找工作更容易		创业能够更好实现个人价值		创业能够更快积累财富		创业能够为社会创造更多价值	
	人数	百分比	人数	百分比	人数	百分比	人数	百分比
非常赞同	651	10.55	875	14.18	822	13.32	869	14.08
比较赞同	914	14.81	1738	28.16	1417	22.96	1650	26.74
中立	2319	37.58	2743	44.45	2881	46.69	3038	49.23
不太赞同	1836	29.75	674	10.92	865	14.02	490	7.94
很不赞同	451	7.31	141	2.29	186	3.01	124	2.01
总计	6171	100	6171	100	6171	100	6171	100

2. 大学生有意愿开展自主创业实践但自信心不足

"大学生自主创业意愿"调研数据显示，大学生能够理性地从自身的实际出发理解并从事创业活动，32.76%的大学生将创业视为一种将想法付诸实践的活动，会边工作边进行创业实践；12.22%的大学生将创业视为一种实现个人梦想和价值的方式，会为了实现自我价值选择创业；10.92%的大学生将创业视为简单的维持生存的经营活动，会在就业难时考虑创业，详见图4—3。可见，不少学生的创业意向是在严峻就业形势下的无奈之举，属于被动型创业，而非自己的主动选择。

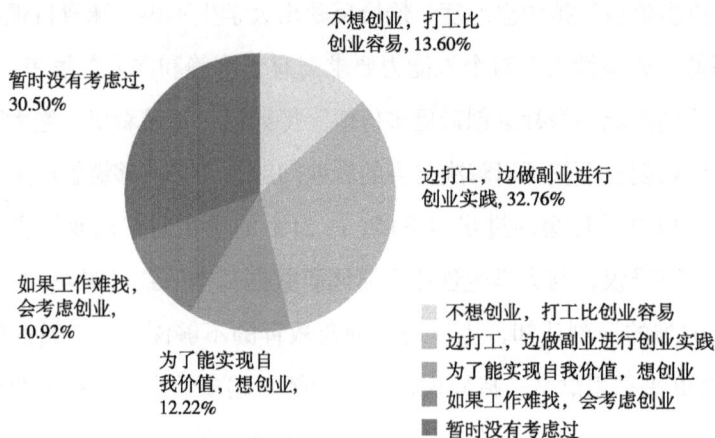

图4—3　大学生自主创业意愿调研

　　基于此，对 13.6% 不想创业的大学生进行"不想创业因素"调研，发现大学生创业自信心不足，七成以上学生认为个人难以胜任，近六成学生害怕创业失败，"缺乏好的创意""缺乏启动资金""不掌握知识方法""缺乏技术支持""不了解国家相关政策"也成为制约学生创业的重要因素，其中，"家人反对"占比仅为 10.13%，详见图 4—4。不难看出，当前全社会已经形成了支持创业的宽松环境和氛围，资金短缺不再是创业最大障碍，但是创业认知不够深入，创业方法掌握不足、创业政策了解不多、创业实践辅导有所欠缺。

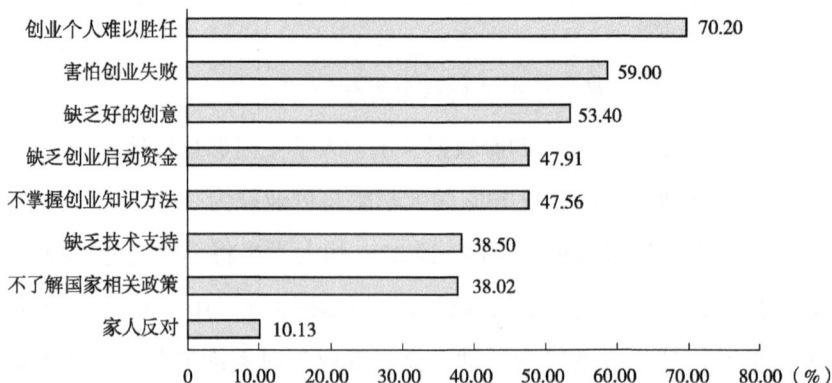

图4—4　大学生不想创业因素调研

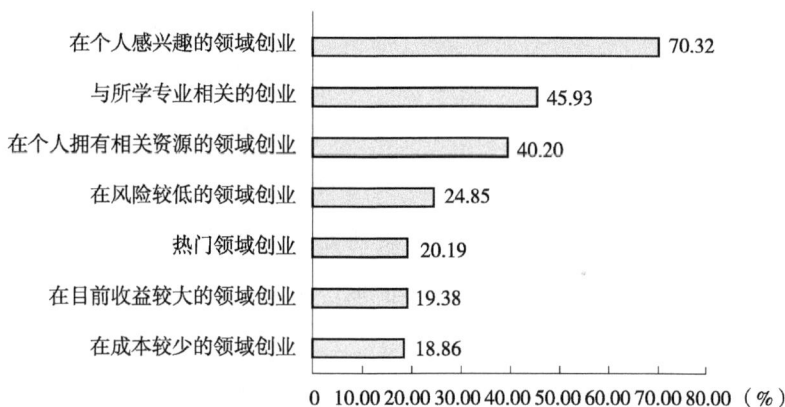

图4—5　大学生创业类型调研

通过对有创业意愿的大学生进行创业类型调研发现，在市场瞬息万变的时代，"把兴趣当成创业的出口"已成为大多数人的选择，70.32%的学生将兴趣视为创业投资的最好理由，首选在个人感兴趣的领域创业，这成为大学生创业者克服困难、开拓进取的不竭动力；45.93%的学生选择与所学专业相关的领域创业，反映出高校的创业教育应强化与专业教育的紧密结合，大学生群体创业与其他创业者相比最突出的优势就在于其专业创新能力；40.2%的学生选择在拥有相关资源领域创业；24.85%的学生选择在风险较低领域创业；20.19%的学生选择热门领域创业；19.38%的学生选择在收益较大领域创业；18.86%的学生选择在投入成本较少领域创业，这说明大学生自主创业选择趋于理智和冷静，如图4—5所示。

大学生对自主创业的认知日趋理性这一点，在个人访谈中也有所体现，不同类型高校的学生对于自主创业大都会根据各自情况而持客观务实的态度：

编号04①：暂时我个人不考虑创业，毕业能找到一份稳定的工作就

---

① 男，大四，共青团员，非学生干部，"双一流"建设高校就读，车辆工程专业，非独生子女，父母务农。

很知足了。创业不是个容易的差事，谁都想自己当老板，老板哪有那么好干。我身边也有同学在读书的时候尝试做自己的公司，失败了，而且读书的成绩受到了影响，得不偿失。不会过多想创业，关键也是咱没有那些社会资源，年轻人创业要有好的项目，有自己的团队，特别是要有钱，有资金支持，这个不是想想就能够有的。我自己是不会轻易考虑创业的，风险大，成功率很低，劳心费力的结果很可能是一无所获。

编号14[1]：我就业规划的方向是创业，而且我一直利用寒暑假和日常闲暇时间去爸爸的公司帮忙，多了解运营、管理、市场啥的。其实，大学期间，我参加过创新创业比赛，还拿过省里的一等奖。大一的时候，我就开始和几个志同道合的朋友合伙做过花店、书店、甜品店和工作室，哈哈，都没能盈利，最终还是黄了。怎么说呢，我对创业有喜爱，也想通过自己打拼做成一番事业，不过，真的是理想很丰满、现实太骨感，确实太难了。现在吧，我还是想创业，但是也不排斥找工作，要是毕业能进入业内有名气的大表演公司或者进学校当老师，也挺好，到时候就学几年东西、积累些人脉资源再出来创业。

编号21[2]：我很希望自己能够成功创立自己的公司，自主创业是个人价值的体现，是年轻人最值得做的事情。不过，创业很难、很艰辛，需要努力，也需要一点运气。我现在也一直在为这个奋斗，计划毕业的时候先把公司这个摊支起来，推进看看，给自己三年时间，实在是不行，那就听家里人的话，再找工作，或者考编啥的。还好，父母比较通情达理，也算是支持我，但是，我肯定不会任性的。创业的路不好走，这恐怕是毕业最难走通的路。

---

[1] 男，大三，共青团员，非学生干部，非"双一流"建设高校就读，舞蹈表演专业，独生子女，父亲经商，母亲公务员。

[2] 男，大四，中共党员，学生干部，民办高校（本科）就读，社会工作专业，独生子女，父亲公务员，母亲教师。

编号28①：我现在就算是迈出了创业的第一步，付出了很多，也有收获，个人认为很值得。但是，真要问我怎么看待创业这条路，我想奉劝同学们不要轻易选择创业，要理性评估自己的资源，合理设置个人发展规划，要知道创业可不是轻轻松松就能够风生水起的。

二、就业的目标规划认识

发展规划是基于就业态度而进行的就业目标与规划设计，是个人在激烈的职业竞争中脱颖而出并保持立于不败之地的基础。就业不是盲目地"撞大运"，不打无准备之仗方能立于不败之地，行之有效的就业发展规划有助于个人正确认识自身的个性特质、现有与潜在的资源优势。基于此，调研从就业基本态度和就业规划设计两个方面进行考察。

（一）大学生就业基本态度积极向上

就业是关系大学生个人发展前途、家庭和谐幸福以及社会稳定发展的大事，也是对大学生综合素质特别是心理素质的一次考验。所以说，心态和理念是就业观的具体体现，直接影响着大学生能否顺利就业、正确择业。基于此，调研设置了量表题和选择题，从就业观念和就业心态两个方面进行考查。

1.新时代大学生就业理念得到转变

根据社会经济发展情况，大学生能够主动转变就业观念。理念是行动的先导，正确的理念带来正确的行动，正确的行动才会有正确的结果。通过"要想找到好工作就必须转变传统就业观念"认同度的调研发现，如果"非常赞同"和"比较赞同"作为衡量观点的认同度的话，近六成的大学生认识到新形势、新时期、新背景下转变传统就业观念的紧迫性和重要性，33.84%的学生对此

---

① 男，大三，中共党员，学生干部，高职（高专）学院就读，计算机网络专业，非独生子女，父母打工。

持中立态度，仅有 0.79% 的学生持反对态度，详见图 4—6。通过"我愿意去西部、农村、基层工作"认同度的调研发现，如果"非常赞同"和"比较赞同"作为衡量观点的认同度的话，近半数学生赞同从基层、从低层做起、从普通岗位干起，43.93% 的学生对此持中立态度，也有 11.17% 的学生不同程度上持反对态度，详见图 4—7。对比"大学生最想去的工作地点"调研数据，仅有 1.75%的大学生会主动选择"急需人才的边远或农村地区"，详见图 4—15。由此可见，就业观念从认知到认同再向践行的转变并非一朝一夕之事，教育要注重将

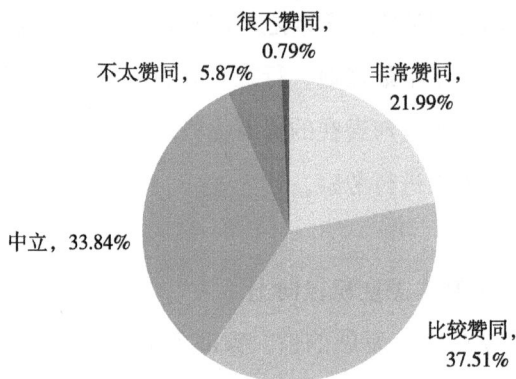

图 4—6　大学生转变就业观念调研

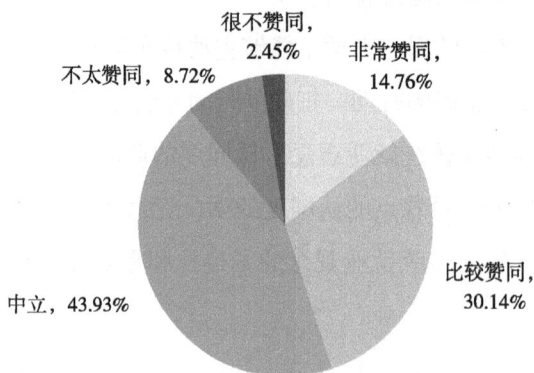

图 4—7　大学生基层工作认同度调研

责任意识、担当意识等家国情怀的核心要素内化为学生个体的行为准则和就业观，引导学生把事业的火种撒播于基层、把腾飞的支点选定在基层、把个人的梦想放飞在基层。

通过"大学生应该先就业，后择业，再创业"认同度调研发现，如果视"非常赞同"和"比较赞同"为认同的话，53.87%的学生认同就业是提高社会生存能力、实际工作能力和职业发展能力的过程，并愿意分步分阶段实现职业流动和个人价值，仅有不足2%的学生持反对态度，三分之一的学生持中立态度，详见表4—4。通过"工作岗位只有分工不同，没有高低贵贱之分"认同度调研发现，在就业过程中大学生对"平等"的观念有更多的理解、包容和认同，如果视"非常赞同"和"比较赞同"为认同的话，近七成学生认同"工作无贵贱，行业无尊卑"，仅有不足5%的学生对此观点有异议，详见表4—4。的确，"三百六十行，行行出状元"，任何职业都没有高低贵贱之分，任何人只要对自己的职业充满热情、尽心尽力，就可以在平凡的岗位上做出不平凡的业绩。

表4—4　大学生就业心态理念调研

（单位：人，%）

就业理念	大学生应该先就业，后择业，再创业		就业过程个人应越挫越勇		尽管就业起点低，只要努力也会有美好未来		工作岗位只有分工不同，没有高低贵贱之分	
	人数	百分比	人数	百分比	人数	百分比	人数	百分比
非常赞同	1266	20.52	1434	23.24	1356	21.97	1981	32.1
比较赞同	2058	33.35	2509	40.66	2506	40.61	2332	37.79
中立	2192	35.52	1847	29.93	1921	31.13	1586	25.7
不太赞同	554	8.97	339	5.49	294	4.77	196	3.18
很不赞同	101	1.64	42	0.68	94	1.52	76	1.23
总计	6171	100	6171	100	6171	100	6171	100

2. 新时代大学生就业心态渐趋务实和理性

积极乐观的就业心态有助于大学生顺利地接受就业考验挑战、果断地处理就业矛盾冲突，通过大学生就业心态调研发现，近半数学生持积极乐观的态度，愿意"先就业，从基层做起，逐步向目标奋进"，这与大学生"愿意去西部、农村、基层工作"的认同度调研数据（图4—7）相互印证；近四成学生热衷于考研深造，这已成为一种新的趋势，提升就业竞争力与学历为考研重要动机；4.88%的学生反映出迷茫、困惑的状态，面对就业不确定如何发展，这体现了部分学生就业心态的不稳定；4.67%的学生找不到满意工作就暂不就业，这体现当前大学生能够理性、冷静思考就业问题的一面，也在一定程度上助推了"慢就业"现象的发生；2.77%的学生选择自主创业，与当前"大众创业，万众创新"的时代热潮比较而言，大学生作为创新创业生力军的引领作用有待更好发挥；2.72%的学生对就业持无所谓的态度，这种"随缘""佛系"的就业心态易导致消极就业、被动就业；0.89%的学生"不就业"或"懒就业"，以财富和物质作为衡量标准将个人生活绑定于他人之上，完全丧失个人梦想和价值，这一心态是必须旗帜鲜明进行批判的；0.21%的学生"缓就业"，既不升学也无意求职，甘愿成为"温室里的花朵"，这种做法是不可取的，详见图4—8。

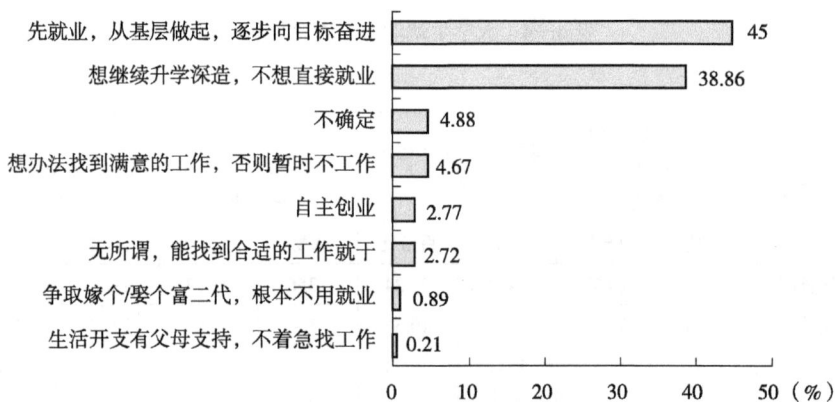

图4—8　大学生就业心态调研

就业过程中难免会遇到挫折困难和迷惘彷徨，大学生能否坦然面对问题、及时自我调适既是个人心理承受能力的体现，也是关系个人前途和社会稳定发展的重要一环。调研中，有三分之一的学生认为当前就业形势较为严峻（见图4—1），通过对这部分学生"如何面对严峻就业形势"调研发现，能够自信、乐观并积极准备就业的大学生不足一成，仅为 8.95%，六成以上大学生存在一定程度的焦虑，22.2% 的学生根本不知道如何面对严峻的就业形势，详见图 4—9。通过就业受挫承受调研发现，大学生有一定的心理承受能力和抗压能力，能够冷静面对现实困难、接受就业理想和现实的差距，如果视"非常赞同"和"比较赞同"为认同的话，六成以上的学生认同"就业过程个人应越挫越勇""尽管就业起点低，只要努力也会有美好未来"，近三分之一的学生持中立态度，5% 左右的学生缺乏正向认同，详见表 4—4。培养良好的就业心态、提升受挫承受力是就业观教育的重要内容，引导大学生以冷静和坦然的态度客观地认识形势、分析自我，在实践中不断提升自己，成为一个"被岗位所需要的人"。

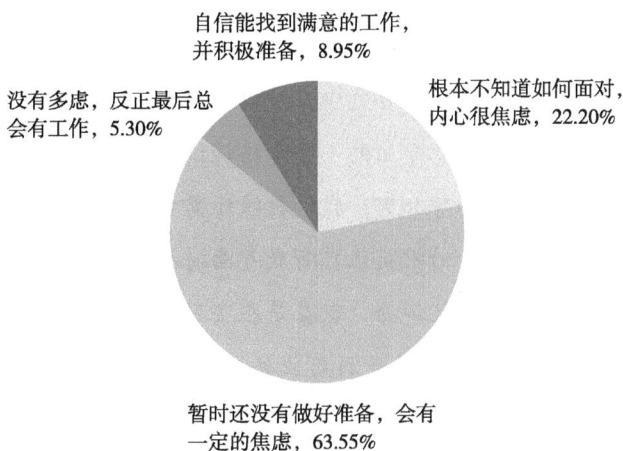

图 4—9　大学生"如何面对严峻就业形势"调研

大学生就业基本态度积极向上这一点，在个人访谈中也有所体现，不同类型高校的学生大都能够认识到就业形势的严峻性，并对未来就业持有乐观向上的积极态度：

编号 01①：毋庸置疑，就业整体形势肯定是越来越难的，想要有个好

---

① 男，大三，中共党员，学生干部，"双一流"建设高校就读，国际关系专业，非独生子女，父亲打工，母亲务农。

的前途恐怕也是越来越卷。不过，就业的个体差异还是挺大的，不能因为整体上难，个人就不努力，或者说就丧失信心。我关注考研，我看不少师兄师姐都成功上岸啊，有不少还去了清北，跨专业的成功率也不低的。找工作也是这个道理，大的环境我们很难凭借一己之力改变，但是我们可以让自己更努力些。

编号18[①]：现在就业肯定是很难，不过，也大可不必心灰意冷，踏踏实实从基层做起来还是很有希望的。入学教育阶段，老师安排了我们专业的很多学长做分享，听了这些发生在自己身边真实的奋斗故事，我感觉动力满满。我现在年级低，早点规划，脚踏实地学本领，业余时间做些兼职锻炼，相信毕业的时候会有属于自己的奋斗平台。

编号20[②]：我现在是大三，知道找工作不容易，特别是对我们这种民办学校的学生来说，恐怕机会更少。所以，我这几年一直坚持参加更多的实践活动，一直坚持考取专业的一些资格认证，我相信个人能力是公司考察的重点。不管就业形势如何，我们打铁还需自身硬，只要踏踏实实从基层好好干，这几年上学的收获让我有底气面对越来越难的就业形势。

编号30[③]：我今年就毕业，现在是在实习阶段，已经感受到严峻的就业形势，受到疫情影响，很多酒店业务缩水。对于我们学习酒店管理专业的学生来说，更是需要从基层干起，即便如此，也会遇到不少挫折挑战。怎么说呢，我的理想方向是做名教师，现在有必要先找一份工作，后面个人再努力、再规划吧，只要有目标，只要自己始终奋斗，这都是有希望的。

---

① 女，大一，共青团员，非学生干部，非"双一流"建设高校就读，商务英语专业，独生子女，父亲公务员、母亲教师。

② 男，大三，中共党员，学生干部，民办高校（本科）就读，材料科学与工程专业，非独生子女，父母务农。

③ 女，大三，中共党员，学生干部，高职（高专）院校就读，酒店管理专业，非独生子女，父母打工。

（二）大学生就业目标规划意识强但行动弱

1. 大学生就业发展规划大多停留在想法阶段

发展规划不是应变之策，而是大学生结合时代特点，根据自身优势和兴趣，确定最佳的就业奋斗目标，并为实现这一目标做出行之有效的安排。通过"大学阶段就应明确个人就业目标和职业发展"的认同调研发现，大学生普遍认同在大学阶段应明确个人就业目标和职业发展方向，如果"非常赞同"和"比较赞同"视为对大学生就业发展计划性认同的话，超六成大学生对此表示赞同，仅有 2.64% 的大学生持反对态度，详见表4—5。

表4—5 大学生就业目标规划认同调研

（单位：人，%）

目标规划认同	大学阶段就应明确就业目标和职业发展		找工作无须计划，计划赶不上变化		找工作更多时候就是随大流	
	人数	百分比	人数	百分比	人数	百分比
非常赞同	1294	20.97	575	9.32	397	6.43
比较赞同	2450	39.7	1400	22.69	873	14.15
中立	1986	32.18	2726	44.17	2350	38.08
不太赞同	278	4.51	1024	16.59	1743	28.25
很不赞同	163	2.64	446	7.23	808	13.09
总计	6171	100	6171	100	6171	100

然而，思想上的重视并不能代表行动上的主动，通过"大学期间实习/见习经历次数"调研发现，六成以上的大学生从未参加过任何实习或见习活动，18.31% 的学生参加过 1 次实习或见习活动，12.56% 的学生参加过 2 次实习或见习活动，参加 3 次及以上活动的学生比例仅为6.92%，详见图4—10；通过"目前拥有职业资格证书"调研发现，八成以上学生没考取过任何职业资格证书，14.28% 的学生拥有 1 个职业资格证书，拥有 2 个及以上职业资格证书的比例仅为5.13%，详见图4—11。由此可见，大学生能够认识到就业发展计划的重要性，但缺乏相应的实践经历和行动积淀，发展规划的科学性和可行性大

打折扣，自然也谈不上对就业行为发挥方向指引和激励促进作用。

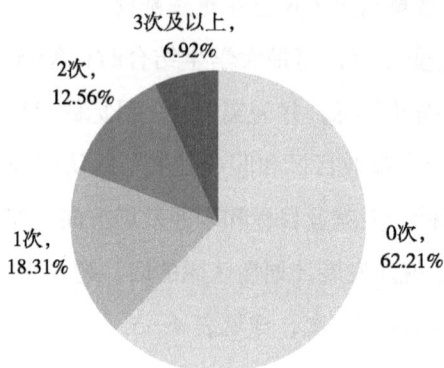

图4—10　大学生实习/见习次数调研

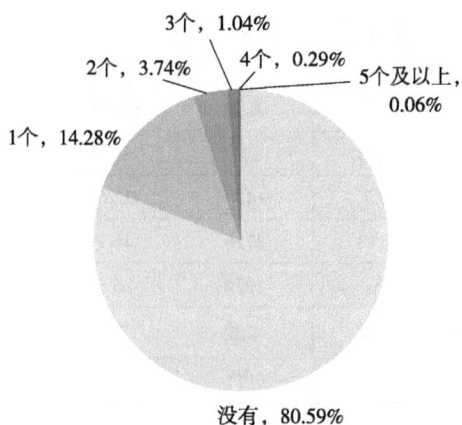

图4—11　大学生拥有资格证书调研

大学生就业发展规划大多停留在想法阶段这一点，在个人访谈中也有所体现，不同类型高校的学生大都认可规划对于个人成长发展的重要性，但缺乏将其转化为实践的行动能力：

编号02①：我们学校是开设大学生职业生涯规划这方面的课程的，进

_____

① 男，大二，共青团员，学生干部，"双一流"建设高校就读，工程管理专业，独生子女，父母从事个体经济。

行规划确实也是有必要的，有规划肯定要比没有规划的蛮干要有方向。我个人是定了发展的大体方向，但要是说为这个自己追求的方向做了什么准备，我还真没有想过。有时候，计划赶不上变化，我也就没有多想。

编号12①：我是有职业规划的，打一入学我就明确要考取公务员，而且我还做了学生干部，也是想着多锻炼个人能力。其他方面我没有细致规划过，也没有您说的走入社会实践的经历，嗯，也没有想过这个事。马上就大四了，确实应该多关注一下，也应该早点做准备，现在考公（考取公务员）很难的。

编号22②：学校有关于职业规划的必修和选修课程，我也都上过这些课，确实觉得规划挺重要也挺应该的。我想考研的决定也是当初课程学习中确定下来的，不过，现在考研一年比一年难，招生的政策也会有调整，对于学校啥的我不敢规划，走一步说一步吧，能考上啥就算啥。

编号29③：我在学校上过职业生涯规划的课程，一上大学就有目标、有规划对个人发展肯定是好。我也想过好好规划，可是个人的想法一直都在跟着大环境变啊变。我最初选择数字传媒的专业，就是想学习一技之长，找个喜欢的工作。现在疫情让就业难上加难，我想了想还是考研吧，因为这几年一直也没做学生干部、没参加过啥实践活动、没考资格证啥的，找份合适的好工作不现实了。

2. 大学生就业选择存在随波逐流的现象

第一份工作对大学生个人成长发展至关重要，应综合个人职业发展规划、自身兴趣爱好以及专业技能，选择能够展现自身优势和技能的工作才能更好地

---

① 男，大三，中共党员，学生干部，非"双一流"建设高校就读，政治学与行政学专业，独生子女，父母公务员。

② 女，大四，中共党员，学生干部，民办高校（本科）就读，通信工程专业，非独生子女，父母务农。

③ 女，大三，共青团员，非学生干部，高职（高专）院校就读，数字媒体专业，独生子女，父母打工。

发挥个人价值、服务社会。通过大学生就业目标调研发现，大学生普遍存在盲目跟风、随意选择的倾向，如果"非常赞同"和"比较赞同"作为衡量观点的认同度的话，20.58%的学生找工作更多时候就是随大流，对此持反对态度的学生比例仅为13.09%，近四成学生保持中立；近三分之一的学生认为"找工作无须计划，计划赶不上变化"，对此持反对态度的学生比例仅为7.23%，近半数学生保持中立，详见表4—5。不难看出，大学生普遍缺乏明确的奋斗目标和清晰的就业规划，这为频繁跳槽、就业"闪辞"埋下隐患，也容易导致个人职业生涯停滞和职业发展瓶颈难以突破。

大学生就业选择存在随波逐流的现象这一点，在个人访谈中也有所体现，不同类型高校的学生大都存在不同程度盲目跟风就业的情况：

编号04[1]：我个人对找工作没有啥特别的想法，边走边看吧，现在本来就业就难，我又没啥突出的特长。现在参加招聘会多，很多时候就是跟着同学们一起吧，大家投哪个试试，我就也投着试试，没准儿就成了。我们这个车辆专业，大部分也就是进入车间，我觉得也行。

编号15[2]：就业的事情我有想过，现在形势不好，挺难的，我身边的同学们也经常讨论。大家的情况都差不多吧，我也没啥特别的想法，反正我们宿舍的这几个同学都考研。我想了想，确实也不知道怎么做好，不如就先跟着大家一起准备考研吧！

编号24[3]：我是觉得要考研的，学校和专业都没有啥优势，上学应该是比较好的出路。嗯，有考研的这个想法吧，其实也不是说我自己有多坚定，现在就业形势严峻啊，女生不好找工作，英语这个专业也还挺尴尬

[1] 男，大四，共青团员，非学生干部，"双一流"建设高校就读，车辆工程专业，非独生子女，父母务农。

[2] 男，大二，共青团员，非学生干部，非"双一流"建设高校就读，电气工程专业，独生子女，父亲经商，母亲务农。

[3] 女，大三，中共党员，学生干部，民办高校（本科）就读，商务英语专业，独生子女，父亲公务员，母亲教师。

的。我们班里的同学大部分都是选择要继续上学，我也不反感学习，先考上研究生再说，最起码这是比较大众的选择，应该不会错。

编号27①：我从来都没想过继续上学，身边的大学同学、中学同学大都是找工作啦，也挺好的啊！而且，我们这个专业实用性强，适合找工作，我自己又做了这么多年学生干部，也积累了不少经验。哈哈，现在我就是在身边同学带动下，从网上接单，干点兼职啥的，也能养活自己。像我这样的情况还是挺多的，跟着大部队走，有伴。其他的选择没过多考虑，我就跟着大家一样就行。

三、就业的价值取向认识

价值意义认知是大学生就业观形成的核心，是大学生个人对"为什么就业"的思考，决定着其就业方向和职业选择。基于此，调研主要考察大学生的就业目的意义认识和价值取向两个方面。

（一）大学生就业目的意义认知偏重个人价值和短期价值

调研数据显示，新时代大学生对就业重要性的认识比较到位，如果把"非常赞同"和"比较赞同"视为衡量大学生对调研问题的赞同度，83.6%的大学生认为"就业是民生之本和发展之基"。大学生就业目的意义主要从横向和纵向两个维度进行考察，从横向来看，根据对象视角划分为个人目的意义和社会目的意义；从纵向来看，根据时间视角划分为短期目的意义和长期目的意义，也可以表述为短期生存目的意义和长期发展目的意义；基于两个维度交叉形成四类目的意义，将短期的个人目的意义表述为"就业是谋生手段"，将短期的社会目的意义表述为"就业奠定了家庭经济基础"，将长期的个人目的意义表

---

① 男，大三，中共党员，学生干部，高职（高专）院校就读，云计算技术与应用专业，非独生子女，父母务农。

述为"就业出于兴趣与爱好",将长期的社会目的意义表述为"就业为了更好服务社会",如图4—12所示。

	个人	社会
短期	谋生的手段	奠定了家庭经济基础
长期	出于兴趣与爱好	更好地服务社会

图4—12　大学生就业目的价值类型

　　横向比较而言,个人目的意义(谋生手段、出于兴趣与爱好)与社会目的意义(奠定家庭经济基础、服务社会)的赞成度基本持平,与此同时,对此持中立态度的比例较高,有9.84%的大学生不太赞同"就业是出于兴趣与爱好",详见表4—6。可见,越来越多的大学生在就业服务社会的同时要求个人价值的实现,这恰恰体现了大学生在追求个人全面自由发展过程中面临的挑战和冲突,亟待教育给予关注和引导。纵向比较而言,新时代大学生就业目的比较务实,偏重短期内生存目的意义,赞同"就业是谋生手段""奠定了家庭经济基础"的比例分别为70.33%、68.28%,明显高于长期发展目的意义,详见表4—6。"先就业求生存,再择业谋发展"符合当前就业形势,也在一定程度上体现了新时代大学生能够理性、客观、发展地看待就业。就业观教育中应加强理想信念教育,避免新时代大学生过于侧重短期物质生存而忽略长远发展。

表4—6　大学生就业目的意义倾向

(单位:人,%)

就业目的的意义	就业是谋生手段		就业奠定了家庭经济基础		就业出于兴趣与爱好		就业是为了更好服务社会	
	人数	百分比	人数	百分比	人数	百分比	人数	百分比
非常赞同	1722	27.91	1612	26.12	993	16.09	1494	24.21
比较赞同	2618	42.42	2602	42.16	1920	31.11	2454	39.77

续表

就业目的意义	就业是谋生手段		就业奠定了家庭经济基础		就业出于兴趣与爱好		就业是为了更好服务社会	
	人数	百分比	人数	百分比	人数	百分比	人数	百分比
中立	1657	26.85	1808	29.3	2651	42.96	2047	33.17
不太赞同	147	2.38	114	1.85	522	8.46	137	2.22
很不赞同	27	0.44	35	0.57	85	1.38	39	0.63
合计	6171	100	6171	100	6171	100	6171	100

大学生就业目的意义认知偏重个人价值和短期价值这一点，在个人访谈中也有所体现，不同类型高校的学生大都存在一定程度上的重视经济物质利益、注重个人眼前利益的情况：

编号05[①]：我们找工作，无非就是让我们的生活质量过得更好一些，也能让我们的生活过得更精彩一点。对我自己而言，我工作肯定是希望能够赚到更多的钱，改善家人的生活，自己这么多年学习啥的就值得了。

编号14[②]：我现在创业是为了什么？嗯，首先肯定是为了家人，为了让爸爸妈妈不再这么辛苦，我自己能够独当一面，能够顺利地接好爸爸这摊事情。当然，创业也算是我的一个梦想，一件喜欢做的事情吧。我从小就很崇拜我爸，他很威风，手底下管理着那么多人，我觉得我也可以做到。通过自己努力创业，能够让家人生活稳定，也能够让自己圆梦，这就是我的选择。

编号16[③]：我选择西部支教，是因为这是我自己的梦想。我喜欢做老

---

① 男，大三，共青团员，非学生干部，"双一流"建设高校就读，材料科学与工程专业，非独生子女，父母务农。

② 男，大三，共青团员，非学生干部，非"双一流"建设高校就读，舞蹈表演专业，独生子女，父亲经商，母亲公务员。

③ 女，大四，中共党员，学生干部，非"双一流"建设高校就读，思想政治教育专业，非独生子女，父母公务员。

师，喜欢拿着粉笔，喜欢站在讲台上的感觉。做自己喜欢的事情，成为自己欣赏的人，这是我最大的动力。当然，不仅仅是因为我喜欢、热爱教师这份职业，我也是从心底觉得教书育人是有价值和意义的事情。特别是，大一暑假，我参加学校组织的社会实践活动，我走进大山，感受到了大山里的孩子对知识的渴求，而我又能帮助他们。我之所以坚定选择西部支教，就是因为，我喜欢这份职业，有自己的梦想和追求，现在又能把自己热爱的与别人需要的联系起来，那就更自然地应该做好。

编号26[①]：我是因为喜欢部队，喜欢军装，向往军营生活，所以义无反顾选择应征入伍。而且，我高考成绩不理想，只能上一个专科学校，日后想着上研究生啥的，太难了。现在政策好，我去当兵，既可以在部队考军校，回来还有好的政策，还能有机会继续读书，这很吸引人啊！

（二）大学生就业价值取向更为务实和理性

价值取向是就业的行动准则和追求目标，体现了个人"对就业有什么样期待"，成为就业选择和就业行为的指导思想和价值前提。正确的价值取向有助于大学生把握人生航向，将个人成长融入推动国家发展和民族振兴的时代洪流中，矢志为实现远大理想而不懈奋斗。基于此，调研从关注因素、期望偏好两个方面进行考察。

1.大学生就业时关注因素具有务实化和理性化特点

调研数据显示，大学生就业时"非常关注"的因素首位为工资福利（47.4%），个人发展空间（45.73%）、职业稳定性（43.51%）、职业发展前景（42.39%）和个人发展机会均等（40.05%）紧随其后，均达到40%以上，详见表4—7。

---

① 男，大一，共青团员，非学生干部，高职（高专）院校就读，数字媒体应用专业，非独生子女，父母务农。

表4—7　大学生就业时考虑因素关注程度

（单位：%）

考虑因素	非常关注	比较关注	一般	不太关注	很不关注
工资福利	47.4	42.59	9.17	0.62	0.22
工作地点	36.03	47.46	14.6	1.54	0.37
工作创造的社会效益	27.74	45.01	23.69	2.72	0.84
工作自由度	34.09	47.59	16.28	1.65	0.39
工作新鲜感	28.75	42.31	25.23	2.88	0.83
工作休闲时间	36.82	45.47	16.06	1.31	0.34
单位性质	31.82	45.16	20.24	2.25	0.53
单位规模品牌	25.59	47.76	23.58	2.45	0.62
职业社会地位	23.93	42.54	29.38	3.50	0.65
职业发展前景	42.39	46.58	10.16	0.63	0.24
职业稳定性	43.51	44.34	11.1	0.74	0.31
职业挑战性	24.94	42.75	27.78	3.45	1.08
专业对口	24.53	39.62	27.92	6.33	1.6
个人兴趣爱好	33.56	44.30	19.3	2.16	0.68
个人发展空间	45.73	43.70	9.76	0.57	0.24
个人发展机会均等	40.05	45.37	13.3	0.86	0.42

若"非常关注"和"比较关注"作为衡量大学生就业考虑因素的关注度的话，达到80%以上的因素分别为工资福利（89.99%）、个人发展空间（89.43%）、职业发展前景（88.97%）、职业稳定性（87.85%）、个人发展机会均等（85.42%）、工作地点（83.49%）、工作休闲时间（82.29%）和工作自由度（81.68%），详见图4—13。可见，新时代大学生就业观趋于理性、务实，工资福利、个人发展空间、职业发展前景成为就业时考虑的关键因素。按照马克思主义的需求理论，物质生活资料是人的首要需求，因此，大学生把工资福利作为最现实、最急切的问题放在首位，以便在短期内取得回报也是情理之中，势在必行。与此

同时，绝大多数大学生并没有仅停留在物质层面上，他们自我实现的需要也很强烈，就业从关注基本生存到关注自我发展、全面发展、长远发展，越来越注重个人发展空间和职业发展前景。

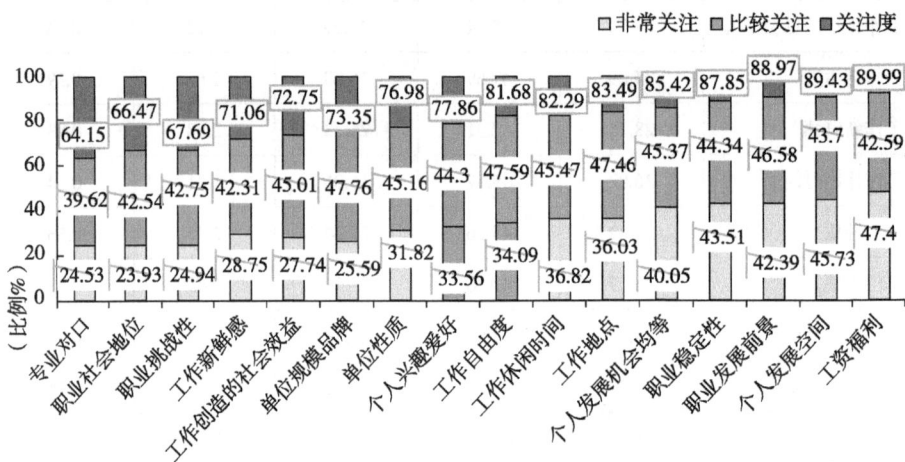

图4—13 大学生就业时考虑因素的关注度排名

2.大学生就业期望偏好具有务实化和多元化特点

就业期望偏好是大学生就业理想的直接体现，调研主要通过理想工作因素、工作地点和工作单位三方面进行考察。从"大学生理想中的工作包含因素"数据发现，八成以上大学生将"收入高"视为理想工作应具备的因素，七成以上大学生将"有晋升空间""福利保障全面""时间自由"视为理想工作应具备的因素，可见，大学生就业注重物质保障、谋求个人发展，这恰好与大学生就业时关注因素的调研结果相互印证，详见图4—14。2020年4月初，中国青年报经济部、社会调查中心联合问卷网针对应届毕业生（2002人参与）进行的一项调查结果显示，超六成受访应届毕业生选择"求稳"。

从"大学生最想去的工作地点"数据发现，和以往公众的普遍印象不同，大学生未来工作地点不再"死磕"一线城市，43.62%的大学生选择"竞争压力小但有一定发展潜力的中小城市"，21.96%的大学生选择"竞争激烈、经济

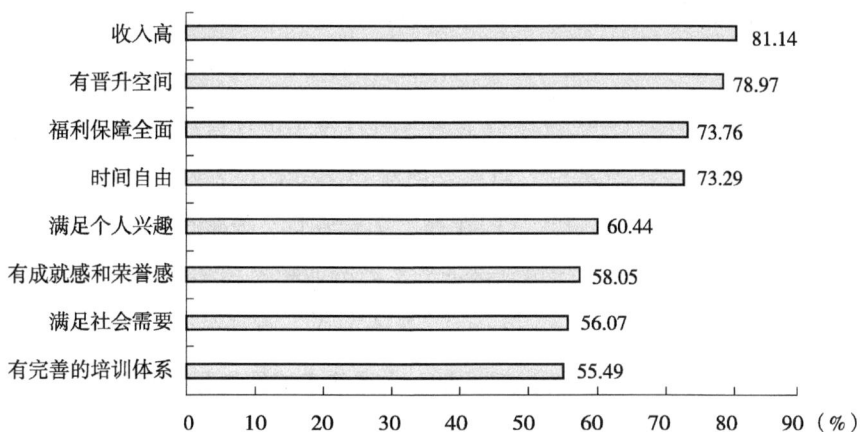

图4—14　大学生理想中的工作包含因素排名

发达的大城市"，13.73% 的大学生不再纠结于就业地点选择，而是将更多关注点放在具体工作岗位，但仅有 1.75% 的大学生主动选择"急需人才的边远或农村地区"，详见图 4—15。

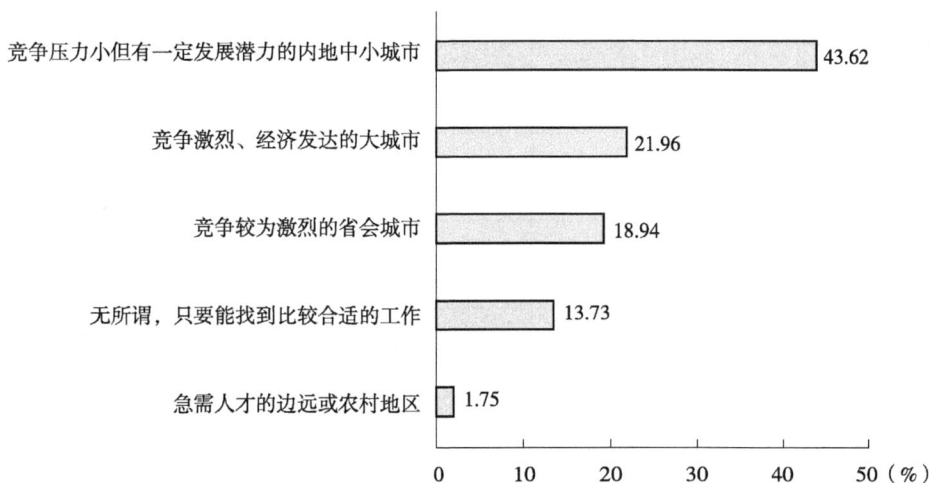

图4—15　大学生最想去的工作地点排名

从"大学生最想去的工作单位"数据发现，大学生就业选择趋于多元化，详见表 4—8。数据显示，事业单位以及国有企业"铁饭碗"还是更受青睐，28.18% 的大学生将事业单位（如学校/研究机构/医院等）列为首选，排在其后的是国有企业（26.5%）；事业单位和国有企业工作相对稳定，福利待遇好、社会认可度高，基本上不会有失业的风险，特别是受疫情等因素影响，这些"铁饭碗"热度就更高；12.2%的大学生就业选择哪里都行，就业的随意性较大；党政机关和群团组织就业遇冷，占比分别为11.13%、1.01%，这些工作虽然稳定、社会地位高，但因竞争大、门槛高、工资较低、发展受限，工作挑战性低，吸引力有所降低；大学生灵活就业、柔性就业越来越多，选择自由职业和自主创业的比例分别为3.74%、3.66%，平台经济、直播经济等新业态和新行业的发展颠覆了传统雇佣关系，新就业方式将基于工作任务而非劳动关系，这成为大学生基于自我价值实现的主动选择。

表4—8　大学生最想去的工作单位排名

（单位：人，%）

理想的工作单位	人数	百分比
事业单位（如学校/研究机构/医院等）	1738	28.18
国有企业	1635	26.50
哪里都行	753	12.20
党政机关	687	11.13
私营企业	382	6.19
自由职业者	231	3.74
自主创业	226	3.66
外资企业	199	3.22
集体企业	157	2.54
部队	78	1.26
群团组织（如工会/共青团/妇联/科协等）	62	1.01
其他	23	0.37
合计	6171	100

　　大学生就业价值取向更为务实和理性这一点，在个人访谈中也有所体现，不同类型高校的学生大都会将工资待遇、兴趣发展等务实需求作为重点衡量指标：

编号04①：找工作最先考虑的肯定是收入待遇，首先，我必须能养活自己、养活家里人。工资高点就行，哪怕岗位辛苦一些，离家远点，我都可以接受的。其次，我希望能够有更多自主的时间，虽然我的专业大概率就是在车间上班，但是，还是希望能够少加班、不加班。我对北上广等城市没有啥情结，无所谓吧，只要待遇好，稳定，我倒是觉得小城市可能自由度更大些。

编号19②：对于我来说，理想工作的重要标准首先就是工资收入，这个挺关键的。谁不想找一个待遇好的工作呢？而且，我是女孩子，我希望单位能够有好的福利待遇，比如说产假啊、公积金啥的，这样有个保障。其次，我希望这份工作是符合我个人兴趣爱好的，能够有很好的发展空间，这样就能够把喜欢的事情干成有成绩的事业，尽管很难吧。我个人挺喜欢大城市，大城市机会多，工资待遇也更好啊！

编号20③：我希望的好工作应该是挣得多、体面，这样父母会特别开心。当然，我也希望能够通过自己的表现多创造一些社会价值，毕竟，我是好不容易从村里读书走了出来，这么多年的付出肯定是希望能够成为一个对社会有用的人。我对城市没有过多考虑，只要工作好，挣得多，去哪里都行。嗯，去一些基层和边远山区，我也是愿意的，也许会有一些意想不到的发展机遇吧。

编号26④：我选择去当兵，是因为喜欢，打一小，我就想成为一名军人，这是我一直以来梦寐以求的追求。特别是，现在国家需要我们大学生

---

① 男，大四，共青团员，非学生干部，"双一流"建设高校就读，车辆工程专业，非独生子女，父母务农。
② 女，大三，中共党员，学生干部，非"双一流"建设高校就读，针灸推拿专业，独生子女，父母打工。
③ 男，大三，中共党员，学生干部，民办高校（本科）就读，材料科学与工程专业，非独生子女，父母务农。
④ 男，大一，共青团员，非学生干部，高职（高专）院校就读，数字媒体应用专业，非独生子女，父母务农。

能够贡献力量，那我们肯定更是义不容辞啊。现在国家政策也好，对自己发展来说这也是首选。

四、就业的道德规范认识

道德规范是就业过程中的行为规范和思想原则，是个人面对就业"怎么办"的回答，其既是对普遍行为的制约，也是对个体行为的约束。对道德原则和规范的自觉遵守体现了一个人良好的品德修养，也决定着个人能否在其职业生涯中有所建树、发挥价值。若每个大学生在就业过程中都能自觉践行和遵守道德规范，必将有力地促进行业的兴旺发达，亦有利于推动社会的和谐构建。基于此，调研设置了量表题和选择题，从道德诚信素养和法律规则意识两个方面进行考察。

（一）大学生就业道德诚信素养受功利化现实影响明显

如何正确认识成功、奋斗实现成功体现了个人道德素养，通过"成功是有捷径的"调研数据发现，只有15.59%的大学生能够坚定明确持反对态度，20.98%的大学生表示"不太赞同"，35.67%的大学生持中立态度，如果用"非常赞同"和"比较赞同"作为衡量这一观点的赞成度的话，近三分之一的大学生赞成为成功寻找捷径，详见图4—16。

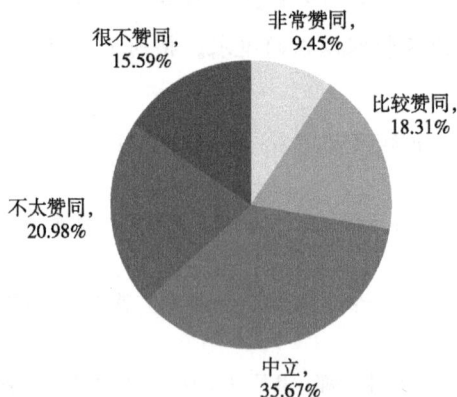

图4—16 大学生"成功是有捷径的"的观点认同调研

诚实守信是中华民族的传统美德，更是个人立身和立业的发展前提和品质保障。通过"大学生关于就业诚信失范行为认同"调研发现，为了获得一份好工作，大学生不同程度地存在诚信缺失现象，明确反对求职过程中简历"掺水"、找关系走后门、脚踩"多只船"的学生不足两成，占比分别为16.61%、15.44%、13.37%，而对此持中立态度的学生占到三分之一以上，甚至有近一成学生对诚信失范行为表示非常赞同，详见表4—9。

表4—9　大学生关于就业诚信失范行为认同调研

（单位：人，%）

诚信失范 行为认同	求职过程中对个人简历"掺水"		求职过程中找关系走后门		求职过程中个人脚踩"多只船"		违反就业协议没什么大不了	
	人数	百分比	人数	百分比	人数	百分比	人数	百分比
非常赞同	513	8.31	532	8.63	589	9.54	472	7.65
比较赞同	939	15.22	1006	16.30	1268	20.55	660	10.70
中立	2165	35.08	2365	38.32	2317	37.55	1382	22.40
不太赞同	1529	24.78	1315	21.31	1172	18.99	1704	27.60
很不赞同	1025	16.61	953	15.44	825	13.37	1953	31.65
总计	6171	100	6171	100	6171	100	6171	100

大学生就业道德诚信素养受功利化现实影响明显这一点，在个人访谈中也有所体现，不同类型高校的学生大都会不同程度地受到当前不良社会风气的影响：

编号05[①]：社会上的一些风气对我个人还是有影响的，现在不管干啥，大家都会下意识地要找找人。我找工作也希望能有长辈给我联系联系，现在找工作挺难的，好的工作肯定竞争更激烈，我们大家之间的差距又有多大呢？您说的协议违约、简历"掺水"啥的，我能理解，我想到时候我找

---

① 男，大三，共青团员，非学生干部，"双一流"建设高校就读，材料科学与工程专业，非独生子女，父母务农。

工作，肯定也想办法把简历做得好好的，没准儿，我也会同时跟几个公司都签约，比较比较总比没有比较选择要好吧？

编号 13[1]：我刚进大学，没有过多考虑过就业的事情。但是，您说的简历多投、"掺水"啥的，我经常听到。嗯，怎么说呢，我觉得这是大学生的被动之举。就业难、竞争大，大家都想如愿以偿找到自己心心念念的工作，好工作更是抢破脑袋。所以，要是能找找熟人，能多签几个 offer，还是可以理解的。

编号 22[2]：我现在就面临着毕业，身边同学找工作的不少，大家也是各显神通，这个无可厚非。现在每个岗位刷人刷得都很厉害，简历就能决定你是否有面试的机会，适当夸大一些还是能接受的。不过，要是黑白颠倒，我个人不同意。您提到的求职找关系、托人，这个是有的，我本人对这个肯定是反对，但怎么说呢，内心里谁都希望自己有熟人能够帮帮自己的。

编号 27[3]：我们就是毕业班，身边有不少同学都在找工作，好多岗位都是几十甚至上百人竞争。确实，也有人给自己的简历上加素材，没做过学生干部说做过，没考过六级说考过，等等吧。这个事还是有点普遍的，我本人能够理解这种行为，但肯定是不支持。嗯，我自己是不会这么做的，自己是什么样就是什么样，即便侥幸得到工作，后期也会有能否胜任的问题。

（二）大学生就业法律规则意识逐渐增强

就业道德规范观不仅包含诚信意识、自律意识和辨别是非的能力，而且涉

---

[1] 男，大一，共青团员，非学生干部，非"双一流"建设高校就读，电气工程及其自动化专业，独生子女，父亲公务员，母亲打工。

[2] 女，大四，中共党员，学生干部，民办高校（本科）就读，通信工程专业，非独生子女，父母务农。

[3] 男，大三，中共党员，学生干部，高职（高专）院校就读，云计算技术与应用专业，非独生子女，父母务农。

及法律意识、维权意识和自我保护的能力。当前就业形势严峻，部分企业利用大学生急于就业心理，利用大学生因缺乏社会经验往往会忽略自身合法权益的薄弱环节，侵犯大学生合法权益时有发生。通过"如何处理就业过程遇到的个人权益受侵犯"法律意识调研发现，8.75%的学生会不知所措，9.79%的学生选择无奈接受，八成以上学生能够有意识地维护自身平等就业权和公平待遇权，其中71.74%的学生知道通过"向相关部门投诉并寻求帮助"以维护自身合法权益，详见图4—17。

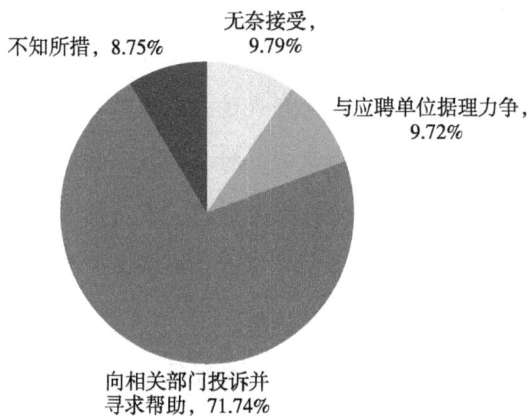

图4—17　大学生"如何处理就业过程遇到的个人权益受侵犯"法律意识调研

就业协议书是学校、毕业生以及用人单位三方依照相关法律签订的一个协议，明确了各自承担的责任和义务，是一种合同形式的协议，其效力是受到法律保护的。调研发现，近六成大学生意识到就业协议书的法律属性和重要性，22.4%的学生持中立态度，如果用"非常赞同"和"比较赞同"作为衡量这一观点的赞成度的话，18.35%的大学生赞成就业协议的随意签约、毁约，详见表4—9。大学生是具有完全民事行为能力的成年人，要充分了解就业中所应当遵循的契约、领悟法律中所蕴含的伦理道德精神和自律精神，做诚实守信之人，自觉约束自身行为。因此，就业观教育应加强对大学生知法懂法的法律意识培养，从而增强大学生守法用法的权益保护能力，进而实现依法就业、文明就业和理性就业。

大学生就业法律规则意识逐渐增强这一点，在个人访谈中也有所体现，不同类型高校的学生大都能够认识到在就业择业过程中以法律法规进行维权的必要性：

编号05①：大一我们就开设了思修课程，老师有专门讲过法律方面的问题，这个很有必要，而且也很实用。现在的社会是法治社会，我们大学生找工作最容易遇到被坑、被骗的问题，那必须寻求法律规定来保护我们自己、维护我们的利益。我也希望学校考虑给毕业生开设一些这方面的专题讲座，我们太单纯，进入社会需要有法律武器保护我们。

编号11②：必修课上，有老师讲过法律方面的问题。虽然对内容记得不知是否牢靠了，但我还记得老师说过就业过程中容易遇到的一些被侵权的情况，还列举过一些生动的案例，对我们找工作有用。如果我遇到一些侵权的行为，我肯定会想办法找有关部门、有关的人寻求帮助，包括会联系学校、给辅导员老师打电话。只不过，有很多时候，我们不知道一些行为算不算侵权，毕竟我们没有经验嘛。

编号21③：我在创业的过程中，发现很多时候太需要法律的保护。现在是讲理、讲法的社会，不管遇到啥问题，都可以通过正规的途径反映，一定会得到合理的解决。大学生本来就属于弱势群体，我们遇到事情，不能失声，更多的时候是应该寻求父母、寻求老师的帮助，面对不公平、不合理，我们都有发声的责任和义务。

编号29④：就业遇到麻烦事，我第一个想到的是父母，还有老师。之

---

① 男，大三，共青团员，非学生干部，"双一流"建设高校就读，材料科学与工程专业，非独生子女，父母务农。

② 男，大四，共青团员，非学生干部，非"双一流"建设高校就读，城市管理专业，非独生子女，父母公务员。

③ 男，大四，中共党员，学生干部，民办高校（本科）就读，社会工作专业，独生子女，父亲公务员，母亲教师。

④ 女，大三，共青团员，非学生干部，高职（高专）院校就读，数字媒体专业，独生子女，父母打工。

前，在思修老师的课上，讲过一些案例，通过努力是可以维护自己利益的。我是女生，不知道真正遇到这些事情会是如何，不过，我肯定会跟大人说，肯定不会忍气吞声的。

五、相关社会问题的认识

经济全球化的飞速发展使物质产品极大丰富的同时，拜金主义、享乐主义、功利主义、个人主义、消费主义等价值观念也不断涌入，思想的解放、价值的多元正在深刻地影响着新时代大学生的现实抉择与价值判断。价值判断力既体现个人基本素养，也决定着一个国家的精神气质，面对当前诸多就业相关社会问题的困扰，新时代大学生的价值分析判断力会是怎样的呢？为此，调研设计了"'有业不就'现象可以理解""'慢就业'现象可以理解""大学生毕业卖菜、当保安可以理解""对'996'工作制的看法""啃老族'现象可以理解"等几个观点对大学生认识就业相关社会问题的能力进行现状考察。

大学生作为思想活跃、充满个性、勇于尝试的群体，对就业相关的问题有着更敏锐的嗅觉和一定的分析判断能力。"有业不就"是指大学生不缺少就业机会但因各种原因暂时未落实就业或不打算就业的现象，通过调研发现，47.03%的学生对此现象持理解宽容态度，38.19%的学生保持中立，14.78%的学生在不同程度上持异议。"慢就业"是指大学生毕业后不急于求职或深造而是暂时处于充电待定状态的现象，通过调研发现，51.49%的学生对此现象持理解宽容态度，39.52%的学生保持中立，8.99%的学生在不同程度上持异议，详见表4—10。在当前复杂严峻的就业形势下，大学生对"有业不就"和"慢就业"的认识并没有出现一边倒，而是能够以客观包容的态度看待问题，这是值得欣慰的。当前，我国经济社会发展进入提质增效、优化升级的新发展阶段，就业作为国家全面发展格局中的重要组成部分也必然会出现新特征、新现象，"慢就业""有业不就"成为当前就业新形势的一种反映，折射着大学生就业观多元化的改变。虽然"慢就业""有业不就"不等于"不就业""懒就业"，需要用开放包容的胸怀理性辩证看待，但是这些现象亟待学校和社会做出"快思考"，引导学生在放慢步伐中更为坚定地前行，以实现更高质量的就业。

表4—10 大学生对就业相关社会现象的认同调研

（单位：人，%）

就业相关社会现象	"有业不就"现象可以理解		"慢就业"现象可以理解		"啃老族"现象可以理解	
	人数	百分比	人数	百分比	人数	百分比
非常赞同	997	16.16	989	16.03	346	5.61
比较赞同	1905	30.87	2188	35.46	609	9.87
中立	2357	38.19	2439	39.52	1486	24.08
不太赞同	725	11.75	461	7.47	1857	30.09
很不赞同	187	3.03	94	1.52	1873	30.35
总计	6171	100	6171	100	6171	100

"啃老族"是指有工作谋生能力却放弃就业机会、赋闲在家靠父母供养的年轻群体，通过调研发现，仅有5.61%的学生对此非常赞同，9.87%的学生比较赞同，24.08%的学生保持中立，如果以"很不赞同"和"不太赞同"表示对这一观点的否定的话，那么，有高达60.44%的学生认为这一行为不值得提倡，详见表4—10。就传统观点来看，人们以经济独立作为长大成人的标志，"啃老族"虽然具有谋生能力，却仍未"断奶"，这种"长大不成人"的现象不仅是社会面临的共同尴尬，也成为人们口诛笔伐的谴责对象。当前，大学生"啃老族"被视为"新失业群体"，并且正在从一种"家庭现象"演化成"社会问题"，这与调研中大学生主观上的反对形成鲜明对比。其实，"啃老"有时不是一个人主观的选择，相反，很多时候是社会环境和经济环境影响下的一个缩影，当大学生遭遇"毕业即失业"的就业现实后，就会对"啃老族"现象有更多的理解和宽容。

此外，大学生对当前有争议的职业观点有较为冷静的认知。职业无高低、行业无贵贱，只是社会分工不同，通过"大学生毕业卖菜、当保安"的认同调研发现，如果以"非常赞同"和"比较赞同"作为衡量观点的认同度的话，50.45%的学生能够以平常心看待职业选择，37.29%的学生保持中立，12.27%的学生在不同程度上持有异议，详见图4—18。就业观实际上是社会的一种整体价值观，当今社会是一个多元的社会，是一个充分尊重个性发展的社会，也是一个可以实现多元价值的社会，每个人都有就业的权利，每个人也有择业的权利，个人实现价值的路径自然应该多姿多彩。关于"996"工作制的法律和道德争论一直持续升温，通过调研发现，7.28%的学生非常赞同，12.9%的学生比较赞同，47.69%的学生持中立态度，如果以"很不赞同"和"不太赞同"表示对这一观点的否定的话，有32.13%的学生认为这一制度不值得提倡，详见图4—19。分析问题是建立在认识问题的基础之上的，"996"不是奋斗的代名词，更不能直接与奋斗画等号，新时代下新机遇和新业态层出不穷，大学生对美好生活、品质生活、幸福生活的追求与向往都需要依靠奋斗去"变现"。但是，要定义好"奋斗"二字的时代内涵，在强调依法依规和人文关怀的基础上，通过快乐劳动让一切创新创造的源泉充分涌流。

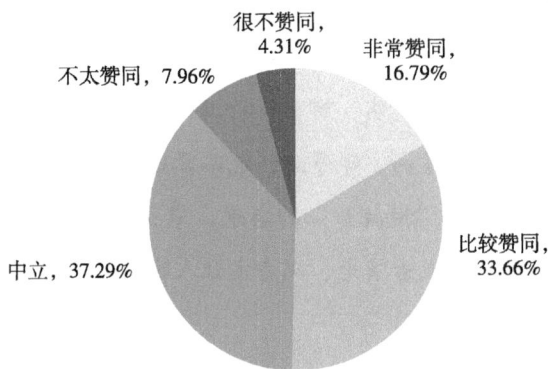

图4—18 "大学毕业卖菜、当保安"认同调研

针对当前社会上出现的种种就业现象，大学生都有着各自大相径庭的不同认知，在个人访谈中也有所体现，以"慢就业"现象为例，不同类型高校的学生都予以了高度关注，但对此现象呈现出不同甚至说截然相反的认识：

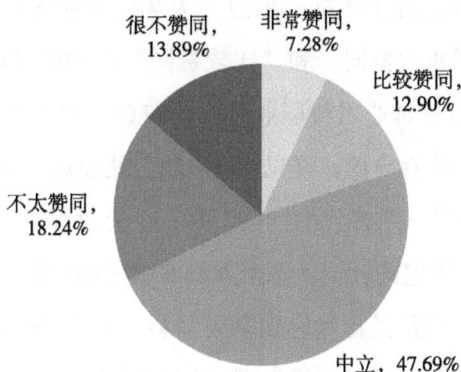

很不赞同，13.89%　　非常赞同，7.28%

比较赞同，12.90%

不太赞同，18.24%

中立，47.69%

图4—19　"996"工作制看法调研

　　编号07①："慢就业"现象，我知道，我也是挺支持大学生有这种选择的。其实，很多时候大人们有误解，"慢就业"并非不就业，也不是"毕业即失业"，而是我们对于自己的人生有着非传统的规划。我家里有一个姐姐，很优秀，985高校毕业，就是经历了人生一段过渡期，不停给自己加油，找到了喜欢的方向，现在发展挺好啊。我毕业的时候，也许也会选择"慢就业"，这个情有可原。

　　编号12②：我们大学生缺乏实践和工作经验，有时候专业不对口或专业面太窄，选择"慢就业"也不是不可以，这也是一种选择嘛。我不反对，但是也谈不上支持吧。其实，有合适的工作，大部分人都会选择抓住机会马上就业，那没有合适的，等等看，也不算是错。

　　编号24③：我对"慢就业"的态度，中立吧！要分情况、看原因的，单纯为了逃避就业，或者啃老，那肯定让人瞧不起。要是说，真的是为了

----

① 女，大三，中共党员，学生干部，"双一流"建设高校就读，中国汉语言文学专业，非独生子女，父母打工。

② 男，大三，中共党员，学生干部，非"双一流"建设高校就读，政治学与行政学专业，独生子女，父母公务员。

③ 女，大三，中共党员，学生干部，民办高校（本科）就读，商务英语专业，独生子女，父亲公务员，母亲教师。

提升自己，借助这个机会找到自己真心喜欢的事业，也未尝不可。当然，还要看是不是有选择这个的条件，要是家里经济压力大，贸然选择"慢就业"，我是不赞同的，总不能这么大了，还一直依赖父母吧？

编号30①：我不是太理解这个"慢就业"，总觉得就是在逃避责任。我身边也有一些所谓很"佛系"的同学，但是，我们专科生，学的这些专业都是应用型的，不趁着现在赶紧找份工作，那后边难度更大。"慢就业"也是早晚需要就业的，我还是觉得应该趁着年轻早点干事，早点经历。

第二节　新时代大学生就业观现状的积极表现

进入新时代以来，随着经济结构和社会生活的深刻变化、网络信息技术的发展以及外来文化的涌入，大学生就业观念也在发生深刻变化，他们已经不再局限于传统的就业观念和渠道方式，对于就业的目的意义、价值标准有了新的认知和理解。面对新的就业形势，大学生就业观呈现出了积极变化，不少学生回乡创业成为职业农民、投身网络成为带货主播、运营平台成为自由职业者等，生动诠释了"观念一变天地宽"。正确而全面地认识和把握新时代大学生就业观的积极表现，是做好就业观教育引导工作的前提和基础。

一、就业竞争意识提升

竞争意识是一种锐气、一种积极的进取心、一种"不争第一，誓不罢休"的倔强，它给人们以直接现实的追求目标，赋予人们压力与动力，能最大限度

---

① 女，大三，中共党员，学生干部，高职（高专）院校就读，酒店管理专业，非独生子女，父母打工。

地激发人们的潜能，对个人发展和社会进步具有重要促进作用。当今世界是充满竞争和不确定性的现代社会，竞争影响着个人的意识、思想以及就业求职过程，大学生只有在就业竞争中客观地评价自我、激发自我和塑造自我才能使自己在人才市场中有的放矢、在竞争中处于不败之地。新时代背景下，在世界百年未有之大变局中、在我国社会主要矛盾的转化中、在我国经济发展阶段的转变中，社会主义市场经济体制改革对大学生增强竞争意识提出了迫切要求，也为大学生竞争意识的提升提供了客观环境。面对激烈与紧张的就业形势，增强竞争意识是大学生进入社会就业前最基本的心理准备。实证调研结果显示，三分之一以上的大学生认为当前就业形势日益严峻，近八成大学生认为"疫情加剧了就业的不确定性和难度"，越来越多大学生真切感受到了现实的残酷和竞争的无情，详见图4—1和表4—2。要想在不够理想的就业考验中实现顺利就业，大学生还必须善于竞争，改变传统"一切靠别人安排"的就业观念，在竞争中保持积极上进的良好心态。实证调研结果显示，面对日益激烈的就业竞争，新时代大学生在心态上是比较积极、健康、上进的，53.87%大学生赞同"大学生应该先就业，后择业，再创业"的观点，62.58%大学生坚信"尽管就业起点低，只要努力也会有美好未来"，63.9%大学生秉持"就业过程个人应越挫越勇"的态度面对竞争，详见表4—4。同时，参与就业竞争、赢得就业竞争的根本在于个人就业竞争力，与其临渊羡鱼不如退而结网，新时代大学生既然生活在充满竞争和不确定性的世界，那就要为就业早做"结网"的准备。这在个人访谈中也有所体现，不少学生尽管处于低年级，但是也表现出了强烈的就业竞争意识：

> 编号02[1]：现在就业竞争太激烈，不少应届生一毕业就要面临失业，就业一年比一年难，你看一个公务员岗位经常是几千、几百人争一个，太恐怖了！特别是疫情之下，有太多不确定、不稳定，我爸妈的生意都受到

---

[1] 男，大二，共青团员，学生干部，"双一流"建设高校就读，工程管理专业，独生子女，父母从事个体经济。

影响，很不好经营，太难了！而且，现在本科生"一抓一大把"，想找到自己喜欢的工作谈何容易啊！我的计划打算就是大学四年不断去提升自己，然后不断去积累，因为只有自身强，才是真的强。目前，我已经考了英语四级、计算机二级，参加了教师资格证的培训，嗯，如果顺利的话，我还计划报考工程监理执业资格证和安全工程师证。当然，英语六级、入党啊都是要努力的，年年拿奖学金、多多参加实习锻炼。就业竞争激烈，自己过硬才能在竞争中大展拳脚。

二、就业机遇意识增强

机遇即契机、时机或机会，通常被理解为有利的条件和环境。[1] 就业机遇为职业发展营造更安全、更自由、更有意义的良好环境，是个人成长进步的有利条件，因此，就业机遇意识不仅是一种思维方式，也体现了一种能力。职业变迁素来存在，机遇与挑战并存的新时代，新旧动能转换加快、职业变迁速度快、规模大，就业形态、人的精神和命运际遇等都催发了巨大变化，能否抢抓就业新机遇既是对大学生自信与勇气的考验，更是对大学生智慧与初心的检验。新时代背景下，新就业形态借助新技术革命与新动能的浪潮，利用互联网、云计算等信息技术，为更多社会成员提供了灵活就业的可能，成为就业新机遇、新力量和新潜能。"新时代属于每一个人，每一个人都是新时代的见证者、开创者、建设者"[2]，紧随时代变迁，大学生就业观经历了"服从分配"到"自主选择"的纵向转变，只有改变传统"一步到位""一成不变"的就业观念，将新时代的历史机遇及个人发展紧密结合，才能在危机中育就业新机、于变局中开就业新局。实证调研结果显示，在就业形势不断变化的过程中，新时代大学生渴望抢抓机遇的愿望相当强烈，53.87% 大学生赞同"先就业，后择业，再创业",愿意分步分阶段实现职业流动和个人价值;75.88%大学生认为"新业态、新职业为就业提供了新机遇和新平台",不断打破对传统"金饭碗""铁饭碗"的惯性追求,把握新就业形态"风向标";7.4%大学生主动选择"自由职业""自主创业",32.76%大学生赞同"边工作,边做副业进行创业实践",灵活就业、新形态就业、新取向就业正在成为越来越多大学生的就业新选择,详见表4—2、表4—4、表4—8和图4—3。总之,新时代大学生成长于中国"富起来"的历史进程之中,唯有树立机遇意识才能把握住发展大势、顺势而为,在就业竞争中赢得主动、赢得优势、赢得未来。这在个人访谈中也有所体现,无论是刚入学的新生,还是即将走入社会的毕业生,均表现出了强烈的就业机遇意识:

编号18[①]:现在的时代发展很快,很多行业变化也很快,我觉得就业机会还是很多的,自己将来做什么工作,就看到时候有什么样的好机会。当然,机遇对每个人都是均等的,能不能抓住就要看个人是不是能够积极主动地去争取,有没有足够硬的个人能力赢得机会。我专业是学英语的,可我喜欢美妆、喜欢穿搭,我自己就在小红书、抖音上都开设了账号,分享自己的日常,现在粉丝也不少,哈哈,还有点小外快。

编号28[②]:我创业成功主要就是机遇赶对了,还是挺偶然的。当时,我看到一个网络视频,然后对制作视频产生了很大兴趣,之后就在网络上拼命学习,上网课、泡论坛、贴吧发帖,嗯,凡是能接触联系的我都尝试。就这样有一年吧,通过努力接到了第一个单子,随后陆陆续续接到了许多单子,慢慢就创立了与自己兴趣爱好相同的一个社团。后来,学校有支持在校生创业的政策和机会,我就跟社团指导老师商量,进入孵化空间并注册了自己的公司,有一句话说得好"站在风口上猪都可以飞"。

---

① 女,大一,共青团员,非学生干部,非"双一流"建设高校就读,商务英语专业,独生子女,父亲公务员、母亲教师。
② 男,大三,中共党员,学生干部,高职(高专)学院就读,计算机网络专业,非独生子女,父母打工。

三、就业自主意识浓厚

自主意识，即感觉到我们能够支配自己的行为。[①] 自主意识就是人们掌握或主宰个人命运的一种主人翁意识，在就业活动中主要表现为，作为就业主体的大学生能够免受他人与外界的干扰和影响而对自身岗位选择和职业发展有清晰的自我认知、自我判断、自我定位以及自我激励。自主意识是一种独立自主支配个人心理与行为的能力，是现代人最基本的素质和必备的意识品格，体现了人独立思考、自行解决问题、自主选择命运的独特性，正是这一独特性构成了千差万别、丰富多彩的人生画卷。大学生是就业活动的主体，自主意识是其积极主动就业、寻找发展机会的一种自主自为的自觉意识，是大学生主体地位、主体能力和主体价值的具体表现，直接影响着就业质量。实证调研结果呈现出以下特点：首先，赞成工作的意义为"就业出于兴趣与爱好"的比例为47.2%，这说明工作不再只是满足个人基本生存的一种简单的经济活动，而是指向了更高阶的价值性意义，详见表4—6；其次，充分发挥自主意识是新时代大学生就业观中很重要的一个特点，大学生就业时"非常关注"的因素前五位分别为工资福利（47.4%）、个人发展空间（45.73%）、职业稳定性（43.51%）和职业发展前景（42.39%）、个人发展机会均等（40.05%），对个人发展空间和个人发展机会均等的关注度体现出大学生更加追求自我价值的实现、更期待个人自由全面地发展，详见表4—7；最后，42.34%的学生赞同"创业能够更好实现个人价值"的观点，详见表4—3，可见，大学生对自身作为实践活动主体的认识不断深化、驾驭外部世界的自主意识也不断强化。总之，从"自主择业"向"自主创业"的转变是继"统包统分"到"双向选择""自主择业"的又一次转变，意味着新时代大学生就业选择已经实现了由"外求"向"内求"、由"被动"向"主动"、由"就业"向"创业"的转变，这既是大学生自我发

[①]　参见黄晨：《自主意识是真实的吗？——兼评当前"认知革命"的贡献与局限》，《世界哲学》2015年第5期。

展和自我完善的现实需要，也成为大学生个体需求层次不断提升的确证。这在个人访谈中也有所体现，不少毕业生都表现出了浓厚的就业自主意识：

> 编号04①：目前，我已经成功通过两家公司的面试，还打算继续再找一找，找到更喜欢、更适合自己的公司。要是只能在这两家公司中做选择的话，我主要看公司能够给我个人提供什么样的发展空间，在个人发展和晋升上有没有明确的制度、通道，自己的能力和想法是否能受到企业重视，收入待遇不是自己最在意的，底薪能够满足温饱就能接受。我觉得人在一辈子里面，你干得最多的事情不是学习，也不是谈恋爱或者是跟父母在一起相处，陪自己时间最长的其实是工作。所以说，既然工作占据自己整个人生的大半时间的话，那就应该要选择一个能够让自己获得满足感的工作，所以说就是在工作中尽量去寻求一些兴趣，寻求一种自我满足感、自豪感会更好一些。

四、就业规划意识积极

规划是个人对目标任务乃至未来人生较为全面、长远的发展计划和整体安排，制定就业规划是为了更好地适应形势、实现目标、提升效率。就业对每个人来说都是件"人生大事"，就业规划作为职业生涯规划的一部分，是对就业目标乃至工作发展整体问题的考量，有助于增强大学生应对就业挑战的自信心、避免就业选择中的盲目行为。"凡事预则立，不预则废"，大学生就业规划意识越强，就业准备则越充分，就业竞争力也就越高，相应地其成功就业的把握性和高质量就业的可能性也越大。特别是在当前发展迅猛、竞争激烈的新时代，就业规划意识能够增强就业实践的预见性和主动性，是个人有效开展工作、推进事业的重要前提。实证调研结果显示，严峻的就业形势下，新时代大

---

① 男，大四，共青团员，学生干部，"双一流"建设高校就读，车辆工程专业，非独生子女，父母务农。

学生能够意识到就业规划的重要性，60.67%的大学生认为"大学阶段就应明确就业目标和职业发展"，这是体现了大学生对就业规划的认知及态度，详见表4—5。同时，就业规划应是对就业现实的如实反映，而非不着边际的空想，新时代大学生不仅要改变一味地"盲目趋高"或"委屈求低"的就业观念，更要立足于可实现的自身努力这一事实，为个人发展确立有理有力的就业目标、制定行之有效的行动方案。这在个人访谈中也有所体现，不少顺利就业学生的成长过程都体现出积极的就业规划意识：

> 编号16[①]："没规划的人生叫拼图，有规划的人生叫蓝图；没目标的人生叫流浪，有目标的人生叫航行"，从小我就梦想成为一名人民教师，所以选择了师范类院校中的思想政治教育专业。大一有专门的职业规划课程，是我们的辅导员亲自来上，就是在那个时候我给自己制定了个规划，向教师梦出发。先是课堂上主动成为老师的助理，还参加了学校的志愿服务团，定期去小学组织活动，随后考取了教师资格证，毕业这年校青协关于西部支教的宣传给了我一个好机会，我决定西部支教，这离我的教师梦更近了一步。

第三节　新时代大学生就业观现状的问题分析

德国教育家卡尔·雅斯贝尔斯认为，"学生到大学里来，是为了学习人文科学和自然科学，并为将来从事一门职业做好准备。尽管目标是明确的，情况也是清楚的，但是大学生们仍时常感到困惑"[②]。大学生就业观念上的困惑和问题究其根本源于快速变迁的现实社会，就业观教育虽不能直接改变社会根源，

---

① 女，大四，中共党员，学生干部，非"双一流"建设高校就读，思想政治教育专业，非独生子女，父母公务员。

② ［德］卡尔·雅斯贝尔斯：《大学之理念》，上海人民出版社2007年版，第65页。

但它可以影响人的观念和行为。新时代，世界之变、时代之变、历史之变正以前所未有的方式展开，百年变局加速演进，世界进入新的动荡变革期，外部环境不稳定、不确定、难预料已经成为常态，大学生就业思想波动频繁，各类就业观念在变化的过程中容易产生误区和偏差，环顾现状，部分学生存在着就业形势政策把握欠缺化、目的意义认识片面化、价值标准取向功利化以及就业道德规范主观化的情况。

一、形势政策把握欠缺化

就业形势政策对大学生就业发展选择具有重要意义，与大学生现在的就业准备和未来的就业选择直接挂钩，形势是个人制定就业目标规划的依据，政策是个人就业选择发展的"指向灯"。新时代就业形势政策已决定了大学生就业发展的最大环境、最大上限，制约着个人价值实现的宽度，决定着大学生顺利就业、高质量就业的几率，影响具体且深远。因此，准确认知就业形势和全面掌握国家相关就业政策是大学生顺利就业、高质量就业的起点和基石，若大学生困于"象牙塔"之内、成为"两耳不闻窗外事，一心只读圣贤书"的书呆子，不去了解就业政策导向指引、市场环境是否变化、就业形态是否变化、岗位需求是否改变、个人能力是否与职业需求匹配，那如何应对新挑战、抓住新机遇？如何实现就业理想与现实的对接？如何在激烈的市场竞争中实现高质量就业？实证调研结果显示，面对当前严峻就业形势，63.55%的学生有一定焦虑，22.2%的学生根本不知道如何面对，仅有8.95%的学生能够以自信、乐观的心态积极准备就业，详见图4—9，其实，新技术、新职业和新模式正在为大学生提供广阔的就业空间，这说明大学生对就业形势只是直观上的感知，缺乏对就业大局、外部变化和发展态势的了解和深度思考分析。同时，为有效缓解大学生就业难，国家先后出台了"三支一扶""大学生志愿服务西部机会""到基层或中西部就业""灵活就业、自主创业""参与国家和地方科研项目"等系列就业帮扶政策，64.7%的学生认为"就业创业政策能有效缓解就业难"，但是，政策认知度调研中 19.85% 的学生对所有政策都不了解，政策敏锐性不强、认知浅显，令人担忧，详见表 4—2 和图 4—2。可见，大学生正处于人生发展的可塑期，反应敏锐、善于思考，但是科学思辨能力、政治意识淡薄，缺乏对就业形势的深入分析和就业政策的全面了解。

当前，受经济下行和疫情的影响，就业形势更为严峻、就业市场遭受冲击，大学生就业观本应随着就业形势变化和就业政策导向而作出调整，一成不变反受其累，只有主动适应、快速调整才可能发现机遇并抓住机遇。新时代大学生形势政策把握欠缺化的原因是多方面的，需要个体、学校、政府共同努力改善。就大学生个体而言，要用发展的眼光看待问题，一成不变的静止就业观不能适应全面深化改革新时代不断发展变化的就业形势，脱离就业形势、片面认识就业形势都会束缚和制约个人就业。就学校教育而言，就业形势政策大多通过《形势与政策》课程或主题班会、主题讲座等形式开展，面对以不确定性为典型特征的大时局，短期集中的教育模式、教材为主的课程资源、力量薄弱的师资队伍正显现出愈来愈多的局限性，既越来越难以适应当下世情、国情、社情、民情的发展，更无法满足大学生就业观教育的需要。就政策宣传落实而言，一方面，政策影响面不够大，宣传形式单一，大多为资料传达和政策宣讲，忽略了大学生的主体性；宣传渠道单一，大多以校园阵地为主，网络媒体的作用得不到有效发挥；宣传时段单一，大多是每年毕业生离校前后，教育引导的连贯性和持续性差。另一方面，政策执行力度需加大，国家专项计划都需要制定一系列具体的配套政策，需要各级政府根据国家的通知精神制定相应的配套措施，经过细化和地方化的政策才更具可操作性和针对性，否则易沦为"一纸空文"。

二、目的意义认识片面化

就业目的意义既是个人就业行为的初心起点，又是个人就业发展的方向归宿，为就业实践提供力量源泉。就业目的是个人根据自身需要，借助意识、观念的中介作用预先设想的就业行为目标和结果，这是就业行为的依据，贯穿就业实践过程始终。就业意义是个人运用生产资料从事合法的社会劳动所创造的经济、社会等价值，这是就业行为的动力，对就业实践有导向功能。就有目的意义规定了就业实践和就业选择的根本方向，影响和制约着就业质量的高低、就业价值的大小。"就业是最大的民生"①，于国家而言，就业不仅具有创造财富的经济属性，更具托起民生幸福的政治意义；于社会而言，就业不仅能产生经济价值，更能创造社会价值；于个人而言，就业不仅是为了找到提供饭碗的岗位，更是谋求发展成长的平台。大学生作为国家未来建设的人才和各个行业的骨干，他们如何理解工作的意义？又是为了什么而工作？实证调研结果显示，大学生能够认识到就业关系到个人生存问题，并将就业视为谋生手段和财富积累的重要方式，对"就业是谋生手段""就业是为了奠定家庭经济基础""就业是为了更好服务社会""就业是出于兴趣爱好"观点的认同度分别为70.33%、68.28%、63.98%、47.2%，这反映出大学生就业目的意义认识偏重于经济价值、偏重短期价值，详见表4—6。大学生就业是社会稳定与发展的重要因素，这是政府、社会、高校、家庭及个人共同牵挂关心的大事，大学生只是单纯地认为就业是个人的事、仅是为了生存和财富积累，在就业目的意义认知上存在着一定的片面性，政治素养和思想修养有所欠缺。

"新时代中国青年处在中华民族发展的最好时期，既面临着难得的建功立业的人生际遇，也面临着'天将降大任于斯人'的时代使命"②。大学生作为青年群体中的中坚力量，是时代的开路先锋和时代责任的担当者，他们本应深刻理解把握新时代的特殊内涵，在时代使命感召下形成责任意识、具备担当精神，将个人发展与国家使命融合起来，在就业过程中实现个体价值与社会价值的统一。引发新时代大学生目的意义认知片面化的原因是多方面的，既有其自身错误观念对个体的束缚和限制，又涉及教育、文化的等外在环境因素的影

---

① 《习近平谈治国理政》第三卷，外文出版社 2020 年版，第 36 页。
② 《习近平谈治国理政》第三卷，外文出版社 2020 年版，第 330 页。

响。就个体观念而言，大学生就业观中"躲进小楼成一统"的逃避国家和社会责任的思想是个体本位的错误观念在作祟，没有在就业中充分满足国家和社会利益需求，结果不知不觉地造成片面认知就业目的意义。只有适度的个人利益的让渡才会有利于整体利益和长远利益的保证。就学校教育而言，大学生理想信念教育在节奏上明显滞后于社会经济发展，部分大学生就业过程中缺乏时代使命感和民族责任感，出现理想信念认知的"知行背离"、理想信念认同的"知行不一"、理想信念践行的"知易行难"现象，致使部分大学生只追求功利化的个人利益，产生经济至上的价值错觉，从而建构自我逐利的就业观念。"00"后大学生独生子女比重大，父母大多是以孩子为中心的教育培养模式，导致大学生"人人为我"的意识较强、"我为人人"的意识较弱，可见，大学生应该具备的家庭责任担当意识都较为淡薄。如果父母自身在工作过程中就缺乏责任担当意识，未能形成良好的示范效应，孩子作为父母的一面"镜子"，也可能会缺少国家和社会责任担当意识。

三、就业价值取向功利化

价值取向是价值哲学的重要范畴，是个体在面对或处理各种矛盾冲突、决策判断和关系处理时所持的基本价值立场和价值态度，对评价事物、唤起态度、决定和支配行为选择有突出作用。就业价值取向是在就业过程中指导个体对职业价值进行决策判断的倾向性意识和态度，反映了个体对就业工作美好生活的期望和向往，决定着个体的就业行为和目标。时代精神是大学生就业价值取向的"准星"，面对就业选择现实问题的焦灼，新时代大学生应始终以社会主义核心价值观为引领，抵住诱惑、明辨是非、分清善恶、抛弃社会糟粕思想，确立崇高的人生目标，自觉地为社会主义现代化建设的伟大事业而奋斗。实证调研结果呈现出以下特点：首先，大学生就业标准功利化，希望就业能给自身带来更直接的经济回报和更广阔的个人发展，就业关注因素前五分别是工资福利（47.4%）、个人发展空间（45.73%）、职业稳定性（43.51%）、职业发展前景（42.39%）和个人发展机会均等（40.05%），工作创造的社会效益（27.74%）的关注排名为第 12 位，详见表 4—7；其次，大学生就业期望功利化，更为关注收入待遇、物质条件，理想工作所包含的因素前三分别是收入高（81.14%）、有晋升空间（78.97%）、福利保障全面（73.76%），满足社会需要（56.07%）位列第七，详见图 4—14；最后，大学生就业目标功利化，过分强调工作的功利价值，喜欢稳定、清闲、福利待遇好的单位，不愿到条件比较艰苦的地区和领域工作，最想去的工作单位就是事业单位（28.18%）和国有企业（26.5%），基层就业和自主创业遇冷，详见表 4—8。可见，大学生就业价值取向明显地表现出注重现实和功利的特点，缺乏职业的社会价值及长远利益考虑，艰苦奋斗意识和基层服务意识淡化。

　　"青年的价值取向决定了未来整个社会的价值取向"[1]，探究大学生就业价值取向功利化的原因不仅是大学生全面发展与人生价值的实现所需，对于国家的发展和稳定有着重要的影响。新时代处于大变革、大发展、大调整时期，引发大学生就业价值取向功利化的原因是多维度的，既有其自身错误观念对个体的束缚和限制，又涉及教育、社会的等外在环境因素的影响。就个体观念而言，新时代大学生是跨世纪的青年，他们出生在中国发展的重要节点，成长于中国"富起来"的历史进程之中，在市场经济下充满不确定性的环境中，在实用主义和物质主义的生存状态中，感知到更多的是物质追求，而非"主义"和"理想"。加之，大学生处于价值取向逐渐成熟的重要人生阶段，其思想深度、是非判断、抵御诱惑能力都处于构建的重要时期，他们的就业价值取向很容易塑造，也很容易受到各种不良诱惑的侵蚀而遭到误导。就学校教育而言，"社会主义核心价值观为高校大学生就业观教育提供了重要的价值导向，是对多元价值取向的整合和消解"[2]，但在实际推进过程中，社会主义核心价值观融入大学生就业观教育的切入点选择不当，部分高校只是将两者进行"1+1"的内容

---

① 《习近平谈治国理政》第一卷，外文出版社 2018 年版，第 172 页。

② 陈章龙、周莉：《价值观研究》，南京师范大学出版社 2004 年版，第 227 页。

复制整合，缺乏二者在大学生就业观塑造上学理协同、逻辑协同、路径协同的关系挖掘；社会主义核心价值观融合大学生就业观教育的方式选择不当，"满堂灌""配给式""灌输法"等不能选、不可调的理论性讲授无法满足大学生就业过程中因人而异的各类问题和需求，缺乏有效的实践途径，未能让学生真正感受到社会主义核心价值观的实体存在，进而实现由"刻意为之"向"习以为常"的转变。就社会环境而言，外来价值观的冲击、不良社会现状和网络时代的不良信息影响着大学生学习、生活、就业以及对社会的认知，首先，全球化在为"00后"大学生创造了优越物质条件的同时，一些与中国传统和社会主义相悖的价值观念迅速渗透，部分辨别力不强的大学生精神文明建设意识出现松动，价值追求也变得扭曲，盲从享乐主义和趋于功利性，将"君子喻于义，小人喻于利"的传统价值追求抛之脑后；其次，成长于社会转型和经济转轨时期的"00后"大学生，"一切向钱看""唯利是图"的价值观在一定程度上造成了就业价值取向模糊和消极，倾向于物质享受和拜金主义；最后，"00后"大学生的成长过程也是中国互联网快速发展的过程，网络生存已成为他们生活的常态，在信息资讯发达且易于获取的同时，少数不法分子借机大肆宣扬西方各种腐朽价值观念，造成部分学生一定程度的价值观困惑和价值导向异化。

四、就业道德规范主观化

"精神的力量是无穷的，道德的力量也是无穷的"[1]，道德规范是由一定的社会物质条件和社会关系所决定，是用来调整人与人之间利益关系的行为准则，也是判断人们思想行为是非善恶的标准。就业道德规范是人们处理就业活动中各种关系、矛盾行为的准则，是判断、评价就业行为善恶的标准。就业道德规范既是个人品德素养的具体体现，也为个人工作后具备良好的职业道德修养打下基础。大学生是推进社会主义现代化建设的主力军，其就业道德规范不

---

[1] 《习近平谈治国理政》第一卷，外文出版社2018年版，第158页。

仅影响着自身的形象树立和就业发展，而且对建立公平公正、规范有序、和谐诚信的市场竞争环境有着不可忽视的影响。实证调研结果显示，为顺利赢得一份满意的工作，大学生就业道德规范存在主观化倾向，面对严峻的就业形势以及日趋激烈的就业竞争，大学生不得不为个人工作"出谋划策"，23.53%的人赞同求职过程中简历"掺水"；在通过正当手段无法获得预期的效果时，大学生萌生"另辟蹊径"的念头，24.93%的人赞同求职过程中找关系、走后门；为降低就业风险、获得个人效益最大化，大学生不计后果、不断"优中择优"，30.09%的人赞同求职过程中脚踩"多只船"，18.35%的人认为违反就业协议不是什么大不了的事情，详见表4—9。可见，大学生就业道德规范明显地表现出个人为中心的主观化特点，缺乏诚信意识和自律意识，易引发一系列道德问题。

新时代背景下，就业形势变得更为复杂、就业机会变得更为多样、就业考验也变得更大，就业道德规范是催人奋进、向上向善的力量，成为大学生面对诱惑保持定力、严守规矩的"价值坐标"。面对复杂的世界大变局，引发大学生就业道德规范主观化的原因是多维度的，既有个人自律意识的缺失，又涉及教育、社会等外在环境因素的影响。就个体维度而言，"广大青年人人都是一块玉，要时常用真善美来雕琢自己，不断培养高洁的操行和纯朴的情感"[1]，然而，不少大学生自制力弱、缺乏自省自律、具有盲目从众心理，易受朋辈错误示范影响，在就业过程中投机取巧、自作聪明、不断有意试探纪律边界。就学校教育而言，就业道德规范教育是一个相当薄弱、被边缘化的环节，高校德育中普遍存在着重思想政治素质教育轻道德品质教育、重日常行为规范教育忽视就业道德规范教育的现象。此外，大学生道德规范意识的形成并非一朝一夕之事，"青年要把正确的道德认知、自觉的道德养成、积极的道德实践紧密结合起来"[2]，当前学校教育大多是在宏观意义上加深大学生道德认知、增进大学生

---

[1] 《习近平关于青少年和共青团工作论述摘编》，中央文献出版社2017年版，第41页。

[2] 《习近平谈治国理政》第三卷，外文出版社2020年版，第337页。

情感认同，缺乏实践层面上持续不断地引导学生进行奉献社会和服务人民的体验和自省，难以达到主体认知和客观现实的统一。就社会环境而言，我国正处在社会主义市场经济快速发展阶段，市场化的思维模式促进了生产力的快速发展，也带来了诸多社会问题，然而与市场经济相配套的道德体系和法律体系正处在建立、健全和不断完善中，信用体系尚处在初步探索阶段，导致大学生在就业中出现道德认知模糊，诚信失范行为时有发生。

第五章 新时代大学生就业观的差异分析

马克思认为，"人创造环境，同样，环境也创造人"①。大学生就业观不是与生俱来的，而是在后天学习和生活环境中逐步形成的，因此，就业观的差异变化是大学生自身个体特征与各种自然社会环境共同作用的结果。环境"是指某种环绕在人们生活周围的，并对人们产生某种影响的客观存在，是人们赖以存在和发展的自然条件和社会条件的总和"②。不同的个体由于经济、教育、身份等因素导致生活环境、成长经历和思维方式的差异，自然形成了不尽相同的就业观念。新时代大学生就业观差异分析是基于37所高校6171份调研数据的统计样本，从人口统计变量和环境变量进行比较研究，进而揭示出个体、家庭、学校三个维度在何种程度、何种向度上影响着新时代大学生就业观的形成。

样本数据差异性的比较研究通过检测两个或多个数据集之间是否存在差异以及差异是否显著，判断样本间差异主要是随机误差造成的，还是本质不同，进而揭示总体的发展变化情况以及变化规律。差异性分析的原理是比较不同组别的均值，得出组间差异，根据适用场景的不同主要包括卡方分析（Chi—Square Analysis）、T检验（T-test）和方差分析（ANOVA）三种类型的差异性分析方法。卡方分析适用于研究分类数据与分类数据之间的差异关系，例如学历（本科、专科）与自主创业态度是否强烈之间的关系。T检验适用于研究

---

① 《马克思恩格斯选集》第1卷，人民出版社2012年版，第172—173页。
② 陈秉公：《思想政治教育学》，吉林大学出版社1992年版，第327页。

二分类数据与连续性定量数据之间的差异关系，本研究主要是使用独立样本 T 检验方法，例如不同学历（本科、专科）样本对自主创业难易度认识的差异情况。方差分析适用于研究多分类数据与连续性定量数据之间的差异关系，本研究主要是使用单因素方差分析方法，例如不同性质高校（"双一流"建设高校、非"双一流"建设本科高校、民办本科高校、高职高专院校）样本对自主创业认识的差异情况。

第一节　不同个体因素的差异分析

个体特征是个人所拥有的无法改变或暂时难以改变的体现个人身份和特色的一些特征，是人的独特性的具体体现。大学生就业观的形成与其个体特征有着密切联系，研究中的个体特征变量主要涉及学历、性别、年级和政治面貌四个维度。

一、不同学历因素的大学生就业观比较

受教育程度直接影响着个人的就业观，个人受教育程度越高，其就业观就更为积极理性，分析处理就业相关问题的能力也更强。本研究以学历因素将大学生划分为本科生和专科生两大类，对 37 所高校 6171 份有效样本进行差异分析，其中本科生 3904 人、专科生 2267 人，结果显示学历因素在就业形势政策观、对就业相关社会问题的认识以及就业目的的意义观（个人）等方面并不存在显著差异（p>0.05），下面仅分析学历因素与新时代大学生的就业目的意义观（社会）、就业价值取向观、就业道德规范观、就业目标规划观、就业态度和观念、自主创业难易认识、自主创业价值认识等方面之间的关系，如表5—1。

表5—1 不同学历大学生就业观的差异分析

维度	学历	均值	标准差	t	p
就业形势政策观	本科	9.06	2.10	−1.620	0.105
	专科	9.15	2.23		
就业目的意义观（个人）	本科	6.58	1.97	−1.933	0.053
	专科	6.68	2.21		
就业目的意义观（社会）	本科	6.53	2.04	−2.682	0.007**
	专科	6.68	2.22		
就业价值取向观	本科	4.98	1.63	6.020	0.000***
	专科	4.72	1.62		
就业道德规范观	本科	16.53	4.68	4.590	0.000***
	专科	15.92	5.30		
就业目标规划观	本科	8.07	1.81	−2.433	0.015*
	专科	8.19	1.94		
就业态度和观念	本科	11.49	3.31	11.700	0.000***
	专科	10.45	3.40		
自主创业难易认识	本科	3.21	1.06	11.831	0.000***
	专科	2.87	1.07		
自主创业价值认识	本科	8.19	2.49	13.438	0.000***
	专科	7.30	2.53		
对就业相关社会问题的认识	本科	14.37	3.24	0.350	0.726
	专科	14.33	3.87		

注：在独立样本 t 检验中，问卷量表赋值规律为 1 表示非常赞同，2 表示比较赞同，3 表示中立，4 表示不太赞同，5 表示不赞同；$p<0.05$ 为显著，p 值越小代表差异性越显著，***$p<0.001$、**$p<0.01$、*$p<0.05$。

不同学历大学生就业目的意义观（社会）差异性显著，本科生比专科生更为赞同"就业是民生之本、发展之基""就业是为了更好地服务社会"等观点，这在一定程度上说明，本科生对就业社会目的意义的认识较专科生要更为积极，如表5—1所示。

不同学历大学生就业价值取向观差异性显著，专科生更为赞同"我愿意去西部、农村、基层工作""相比实现自身价值的工作，我更愿意选择能为社会发展做贡献的工作"等观点，这在一定程度上说明，专科生所学专业实用性更强，更愿意脚踏实地从基层做起、通过生产一线的基础性和技术性工作实现价值、贡献社会，如表5—1所示。此外，不同学历大学生就业时各类因素关注度采用独立样本t检验，结果显示：不同学历大学生在工作单位规模和品牌、专业对口、个人兴趣和爱好、从事职业的发展前景、个人发展空间、休闲时间关注度上不存在显著差异（p>0.05），本科生在工资福利、工作地点方面的关注度大于专科生，专科生在单位性质、社会地位、工作创造的社会效益、发展机会是否均等、职业稳定性、职业挑战性、工作自由度、工作新鲜感方面的关注度大于本科生，详见表5—2。

表5—2 不同学历大学生就业时各因素关注度的差异分析

关注因素	学历	均值	标准差	t	p
工资福利	本科	1.61	0.67	−3.727	0.000***
	专科	1.68	0.72		
工作地点	本科	1.78	0.72	−6.163	0.000***
	专科	1.91	0.81		
单位性质	本科	1.98	0.82	4.939	0.000***
	专科	1.88	0.79		
社会地位	本科	2.17	0.84	3.455	0.001**
	专科	2.10	0.85		
工作创造的社会效益	本科	2.08	0.84	4.747	0.000***
	专科	1.97	0.83		
工作单位规模和品牌	本科	2.07	0.80	2.327	0.20
	专科	2.02	0.81		

关注因素	学历	均值	标准差	t	p
专业对口	本科	2.20	0.93	−1.115	0.265
	专科	2.23	0.94		
个人兴趣和爱好	本科	1.91	0.81	−1.461	0.144
	专科	1.94	0.84		
从事职业的发展前景	本科	1.70	0.68	0.509	0.611
	专科	1.69	0.71		
个人发展空间	本科	1.67	0.69	1.736	0.083
	专科	1.64	0.70		
发展机会是否均等	本科	1.78	0.74	2.868	0.004*
	专科	1.73	0.74		
职业稳定性	本科	1.72	0.72	3.319	0.001**
	专科	1.66	0.70		
职业挑战性	本科	2.21	0.87	9.857	0.000***
	专科	1.99	0.84		
工作自由度	本科	1.90	0.77	5.205	0.000***
	专科	1.80	0.75		
工作新鲜感	本科	2.11	0.86	7.378	0.000***
	专科	1.94	0.83		
休闲时间	本科	1.84	0.76	1.248	0.212
	专科	1.81	0.76		

注：在独立样本 t 检验中，问卷量表赋值规律为 1 表示非常关注，2 表示比较关注，3 表示一般，4 表示不太关注，5 表示很不关注；$p<0.05$ 为显著，p 值越小代表差异性越显著，***$p<0.001$、**$p<0.01$、*$p<0.05$。

采用卡方检验，不同学历大学生对就业心仪工作地点选择差异性显著（$x^2=23.310$，$p<0.001$），若将选择"竞争激烈、经济发达的大城市""竞争较为激烈的省会城市"视为对竞争意识具有偏好，本科生（42.44%）明显比专

科生（38.24%）更偏好前往竞争激烈的城市就业；专科生（15.09%）对就业地点的要求也不如本科生（12.94%）强烈，认为能找到合适的工作岗位即可；较本科生（1.36%）而言，专科生（2.43%）选择"急需人才的边远山区或农村地区"就业比例要高，这与之前专科生更愿意前往基层工作的数据相互印证，详见表5—3。采用卡方检验，不同学历大学生在就业心仪工作单位选择差异性显著（x^2=703.387，$p<0.001$），若将选择"党政机关""群团组织""事业单位""国有企业"视为对体制内就业具有偏好，本科生（70.68%）比专科生（60.13%）更偏好在稳定性强的体制内单位就业，疫情防控常态化让大学生更倾向于稳定工作；本科生（37.71%）更倾向于事业单位就业，这与事业单位招聘大多对学历有一定要求有关；专科生（38.2%）更倾向于国有企业就业，这与高职院校致力于培养技术应用型的高技能人才定位有关，如汽车修理、高铁空乘、道路桥梁等；本科生（4.1%）比专科生（1.72%）更偏好在外资企业就业，这与外资企业更青睐具有本科或以上学历的人才有关；在自主创业、部队、自由职业者以及哪里都行等选项上，专科生都比本科生比例高，这与专科生面临就业压力大、空间窄有关，也在一定程度上反映出国家出台的创业、应征入伍、新业态就业等政策正在发挥积极的导向作用，详见表5—3。

表5—3　不同学历大学生就业心仪工作地点和工作单位的卡方检验

（单位：人，%）

心仪的工作地点/工作单位		本科		专科	
		人数	百分比	人数	百分比
心仪工作地点	竞争激烈、经济发达的大城市	870	22.28	485	21.39
	竞争较为激烈的省会城市	787	20.16	382	16.85
	竞争压力小但有一定发展潜力的中小城市	1689	43.26	1003	44.24
	急需人才的边远山区或农村地区	53	1.36	55	2.43
	无所谓，只要能找到比较合适的工作	505	12.94	342	15.09
	合计	3904	100	2267	100

续表

心仪的工作地点/工作单位		本科		专科	
		人数	百分比	人数	百分比
心仪工作单位	党政机关	478	12.24	209	9.22
	群团组织	40	1.03	22	0.97
	事业单位	1472	37.71	266	11.74
	国有企业	769	19.7	866	38.2
	集体企业	67	1.72	90	3.97
	私营企业	243	6.22	139	6.13
	外资企业	160	4.1	39	1.72
	自主创业	87	2.23	139	6.13
	部队	31	0.79	47	2.07
	自由职业者	116	2.97	115	5.07
	哪里都行	441	11.29	335	14.78
	合计	3904	100	2267	100

　　不同学历大学生就业道德规范观差异性显著，专科生更为赞同"求职过程中对个人简历可以适当'掺水'""求职过程中找关系走后门是有必要的"，这在一定程度上说明，专科生就业时更易发生就业材料造假行为，也从侧面反映出专科生缺乏足够信心，如表5—1所示。此外，采用卡方检验，不同学历大学生在处理就业过程中个人权益受侵犯情况差异性显著（$x^2=31.741$，$p<0.001$），若将选择"据理力争""向相关部门投诉维权"视为能够有意识地维护自身平等就业权和公平待遇权，两类学生比例基本持平，但是，本科生（72.93%）比专科生（69.7%）更倾向于运用法律维护自身合法权益"向相关部门投诉并寻求帮助"，详见表5—4。

表5—4　不同学历大学生处理就业过程中个人权益受侵犯情况的卡方检验

(单位：人，%)

行为选择	本科		专科	
	人数	百分比	人数	百分比
无奈接受	412	10.55	192	8.47
据理力争	349	8.94	251	11.07
向相关部门投诉维权	2847	72.93	1580	69.7
其他	296	7.58	244	10.76
合计	3904	100	2267	100

不同学历大学生就业目标规划观差异性显著，本科生更为赞同"大学阶段就应该明确个人就业目标和职业发展"的观点，其就业规划意识和目标意识更强，这在一定程度上说明，本科生对个人就业目标和职业发展有更主动的想法，如表5—1所示。此外，采用卡方检验，不同学历大学生实习情况（$x^2=33.131, p<0.001$）和资格证书考取情况（$x^2=50.007, p<0.001$）差异性显著，本科生（40.5%）有实习经历的比例明显高于专科生（33.13%），专科生拥有资格证书，以及拥有1个和拥有2个资格证书的比例要高于本科生，可见，本科生更注重实习经验积累，专科生更注重资格证书考取，详见表5—5。

表5—5　不同学历大学生实习情况和考证情况的卡方检验

(单位：人，%)

实习/考证情况		本科		专科	
		人数	百分比	人数	百分比
实习情况	无实习经历	2323	59.5	1516	66.87
	有实习经历	1581	40.5	751	33.13
	合计	3904	100	2267	100
考证情况	0个	3242	83.04	1731	76.36
	1个	492	12.60	389	17.16

续表

实习/考证情况		本科		专科	
		人数	百分比	人数	百分比
考证情况	2个	114	2.92	117	5.16
	3个	40	1.03	24	1.06
	4个	14	0.36	4	0.18
	5个及以上	2	0.05	2	0.08
	合计	3904	100	2267	100

不同学历大学生就业态度和观念差异性显著，专科生更为赞同"要想找到好工作就必须改变传统就业观念""就业过程会越挫越勇""大学生应该先就业、后择业、再创业""尽管就业起点低，只要努力也会有美好的未来""工作岗位只有分工不同，没有高低贵贱之分"等观点，这在一定程度上说明，专科生就业心态更趋于务实，如表5—1所示。此外，采用卡方检验，不同学历大学生面临就业所持基本态度情况差异性显著（$x^2=766.699$，$p<0.001$），比较而言，专科生更倾向于从基层就业（64%）和自主创业（5.34%），本科生更倾向于继续升学深造（50.44%），若将选择"想办法找到满意工作，否则暂不工作""生活开支有父母支持，不着急找工作""争取嫁个/娶个富二代，根本不用就业"视为被动消极就业态度，那么专科生（3.97%）比本科生（6.82%）要更为积极主动，如表5—6所示。

表5—6 不同学历大学生面临就业所持基本态度的卡方检验

（单位：人，%）

就业态度	本科		专科	
	人数	百分比	人数	百分比
先就业从基层做起，逐步向目标奋进	1326	33.96	1451	64
想办法找到满意工作，否则暂不工作	217	5.56	71	3.13

续表

就业态度	本科		专科	
	人数	百分比	人数	百分比
自主创业	50	1.28	121	5.34
想继续升学深造，不想直接就业	1969	50.44	429	18.92
生活开支有父母支持，不着急找工作	10	0.26	3	0.13
无所谓，能找到合适的工作就干	118	3.02	50	2.21
争取嫁个/娶个富二代，根本不用就业	39	1.00	16	0.71
不确定	175	4.48	126	5.56
合计	3904	100	2267	100

不同学历大学生对自主创业的认知差异性显著，专科生更为赞同"大学生创业比找工作更容易""创业能够更好实现个人价值""创业能够为社会创造更多价值"等观点，这说明，在自主创业难易度和价值实现方面专科生比本科生更为乐观和积极，如表5—1所示。此外，采用卡方检验，不同学历大学生对自主创业态度看法差异性显著（x^2=766.699，$p<0.001$），比较而言，本科生（17.85%）比专科生（6.27%）创业热情和意愿要差，若将选择"为了能实现自我价值，想创业""边打工，边做副业进行创业实践"视为主动积极创业，专科生（61.31%）比本科生（35.5%）自主创业的积极性和主动性更强，详见表5—7。

表5—7　不同学历大学生对自主创业态度看法的卡方检验

（单位：人，%）

对自主创业态度看法	本科		专科	
	人数	百分比	人数	百分比
不想创业，打工比创业容易	697	17.85	142	6.27
边打工，边做副业进行创业实践	1044	26.74	978	43.14

续表

对自主创业态度看法	本科		专科	
	人数	百分比	人数	百分比
为了能实现自我价值，想创业	342	8.76	412	18.17
如果工作难找，会考虑创业	428	10.97	246	10.85
暂时没有考虑过	1393	35.68	489	21.57
合计	3904	100	2267	100

二、不同性别因素的大学生就业观比较

性别也在一定程度上影响人的就业观念。受历史因素和社会文化的影响，不同个人由于性别的不同，在社会关系中的地位也有所不同，并逐渐形成相对稳定的价值判断、价值选择以及行为模式，这在新时代大学生就业观的方面也体现得淋漓尽致。本研究以性别因素将大学生划分为男、女两大类，对 37 所高校 6171 份有效样本进行差异分析，其中男生 2304 人、女生 3831 人，结果显示性别因素在就业形势政策观方面以及就业目的意义观（社会）方面并不存在显著差异（p>0.05），下面仅分析性别因素与新时代大学生的就业目的意义观（个人）、就业价值取向观、就业道德规范观、就业目标规划观、就业态度和观念、自主创业认识以及对就业相关社会问题认识等方面之间的关系，如表5—8 所示。

表5—8　不同性别大学生就业观的差异分析

维度	性别	均值	标准差	t	p
就业形势政策观	男	9.07	2.31	−0.482	0.63
	女	9.10	2.04		
就业目的意义观（个人）	男	6.54	2.22	−2.202	0.028*
	女	6.66	1.96		

维度	性别	均值	标准差	t	p
就业目的意义观 （社会）	男	6.53	2.27	−1.612	0.107
	女	6.62	2.01		
就业价值取向观	男	4.75	1.77	−4.923	0.000***
	女	4.97	1.53		
就业道德规范观	男	15.25	5.26	−12.892	0.000***
	女	16.95	4.60		
就业目标规划观	男	8.35	1.95	7.672	0.000***
	女	7.97	1.79		
就业态度和观念	男	10.70	3.71	−7.042	0.000***
	女	11.35	3.14		
自主创业难易认识	男	2.94	1.19	−7.808	0.000***
	女	3.17	0.99		
自主创业价值认识	男	7.46	2.80	−9.457	0.000***
	女	8.11	2.34		
对就业相关社会 问题的认识	男	14.06	3.98	−4.846	0.000***
	女	14.53	3.13		

注：在独立样本 t 检验中，问卷量表赋值规律为 1 表示非常赞同，2 表示比较赞同，3 表示中立，4 表示不太赞同，5 表示不赞同；$p < 0.05$ 为显著，p 值越小代表差异性越显著，***$p < 0.001$、**$p < 0.01$、*$p < 0.05$。

　　不同性别大学生就业目的意义观（个人）差异性显著，男生比女生更为赞同"就业是谋生手段""就业是为了更好地实现个人价值""就业是出于个人兴趣与爱好"等观点，这在一定程度上说明，男生对于个人维度的就业目的意义观较之女生要更为务实、自我，如表5—8所示。

　　不同性别大学生就业价值取向观差异性显著，男生更为赞同"我愿意去西部、农村、基层工作""相比实现自身价值的工作，我更愿意选择能为社会发展做贡献的工作"等观点，一方面是男生较女生而言更能适应较艰苦的环境，另一方面是传统文化中"英雄梦""男儿志在四方"等价值理念激励着男生愿意到基层工作，如表5—8所示。此外，不同性别大学生就业时各类因素关注度采用独立样本 t 检验，结果显示：不同性别大学生在工资福利、单位性质、社会地位、工作创造的社会效益、工作单位规模和品牌、个人兴趣和爱好、发展机会是否均等、职业稳定性、工作自由度、休闲时间关注度上不存在显著差异（p>0.05），男生在从事职业的发展前景、个人发展空间、职业挑战性、工作新鲜感方面的关注度大于女生，女生在工作地点、专业对口方面的关注度大于男生，详见表5—9。

表5—9　不同性别大学生就业时各因素关注度的差异分析

关注因素	性别	均值	标准差	t	p
工资福利	男	1.64	0.74	0.065	0.948
	女	1.64	0.66		
工作地点	男	1.88	0.84	4.417	0.000***
	女	1.79	0.70		
单位性质	男	1.94	0.87	−0.511	0.61
	女	1.95	0.77		
社会地位	男	2.12	0.91	−1.713	0.087
	女	2.16	0.80		
工作创造的社会效益	男	2.03	0.92	−0.445	0.656
	女	2.04	0.78		
工作单位规模和品牌	男	2.06	0.88	1.254	0.21
	女	2.04	0.75		
专业对口	男	2.26	1.01	3.048	0.002**
	女	2.18	0.89		
个人兴趣和爱好	男	1.91	0.89	−1.021	0.307
	女	1.93	0.77		

续表

关注因素	性别	均值	标准差	t	p
从事职业的发展前景	男	1.67	0.75	-1.959	0.005**
	女	1.71	0.66		
个人发展空间	男	1.62	0.73	-3.095	0.002**
	女	1.68	0.67		
发展机会是否均等	男	1.77	0.82	0.813	0.416
	女	1.76	0.69		
职业稳定性	男	1.71	0.77	0.919	0.358
	女	1.69	0.68		
职业挑战性	男	2.09	0.92	-2.575	0.01*
	女	2.15	0.82		
工作自由度	男	1.85	0.82	-1.516	0.13
	女	1.88	0.73		
工作新鲜感	男	2.00	0.90	-3.099	0.002**
	女	2.07	0.82		
休闲时间	男	1.84	0.82	1.115	0.265
	女	1.82	0.73		

注：在独立样本 t 检验中，问卷量表赋值规律为 1 表示非常关注，2 表示比较关注，3 表示一般，4 表示不太关注，5 表示很不关注；$p < 0.05$ 为显著，p 值越小代表差异性越显著，***$p < 0.001$、**$p < 0.01$、*$p < 0.05$。

此外，采用卡方检验，不同性别大学生在就业心仪工作地点选择上（$x^2 = 82.341$，$p < 0.001$）差异性显著，男生（15.69%）对就业地点的要求不如女生（12.53%）强烈，男生（25.81%）比女生（19.6%）更倾向于前往"竞争激烈、经济发达的大城市"，女生（46.96%）比男生（38.16%）更倾向于前往"竞争压力小但有潜力的中小城市"，在前往"急需人才的边远山区或农村"工作方面男生（2.65%）比女生（1.2%）的意愿要强，更详见表5—10。采用卡方检验，不同性别大学生在就业心仪工作单位选择（$x^2 = 397.134$，$p < 0.001$）

差异性显著，若将选择"党政机关""群团组织""事业单位""国有企业"视为对体制内就业具有偏好，女生（69.7%）比男生（62.05%）更偏好在工作稳定性强的体制内单位就业，这与传统观念中"男外女内"的理想女性形象有关，当然，在一定程度上也说明了体制外的就业市场上大部分岗位更倾向于招聘男生，依然存在着对女性的歧视；男生青睐工作辛苦但薪资待遇好、有发展空间的国有企业（33.21%），女生更青睐工作相对轻松、社会地位高又能有固定时间照顾家庭的事业单位就业（36.08%），详见表5—10。

表5—10 不同性别大学生就业心仪工作地点和工作单位的卡方检验

（单位：人，%）

心仪的工作地点/工作单位		男生		女生	
		人数	百分比	人数	百分比
心仪工作地点	竞争激烈、经济发达的大城市	604	25.81	751	19.6
	竞争较为激烈的省会城市	414	17.69	755	19.71
	竞争压力小但有潜力的中小城市	893	38.16	1799	46.96
	急需人才的边远山区或农村	62	2.65	46	1.20
	无所谓，只要能找到合适的工作	367	15.69	480	12.53
	合计	2340	100	3831	100
心仪工作单位	党政机关	298	12.73	389	10.15
	群团组织	21	0.90	41	1.07
	事业单位	356	15.21	1382	36.08
	国有企业	777	33.21	858	22.4
	集体企业	76	3.25	81	2.11
	私营企业	183	7.82	199	5.19
	外资企业	53	2.26	146	3.81
	自主创业	134	5.73	92	2.4
	部队	49	2.09	29	0.76
	自由职业者	88	3.76	143	3.73
	哪里都行	305	13.04	471	12.3
	合计	2340	100	3831	100

不同性别大学生就业道德规范观差异性显著，男生较女生更为赞同"求职过程中对个人简历可以适当'掺水'""求职过程中找关系走后门是有必要的""求职过程中个人可以脚踩'多只船'""违反就业协议不是什么大不了的事情"等观点，这在一定程度上说明，女生更具道德敏感性，在就业道德规范的具体行为方面更为自律，如表5—8所示。

不同性别大学生就业目标规划观差异性显著，女生更为赞同"大学阶段就应该明确个人就业目标和职业发展"的观点，其就业计划意识和目标意识更强，这在一定程度上说明，女生对个人就业目标和职业发展更具主动性和积极性，如表5—8所示。此外，采用卡方检验，不同性别大学生实习情况（x^2=17.236，$p<0.001$）差异性显著，女生（64.21%）有实习经历的比例明显高于男生（58.93%），可见，女生在就业规划准备方面不仅是意识上的积极，而且行动上也比男生更主动，这也从侧面反映出女大学生就业难的现实情况，如表5—11所示。

表5—11　不同性别大学生实习情况的卡方检验

（单位：人，%）

实习情况		男生		女生	
		人数	百分比	人数	百分比
实习情况	有实习经历	1379	58.93	2460	64.21
	无实习经历	961	41.07	1371	35.79
	合计	2340	100	3831	100

不同性别大学生就业态度和观念差异性显著，男生更为赞同"要想找到好工作就必须改变传统就业观念""就业过程会越挫越勇""大学生应该先就业、后择业、再创业""尽管就业起点低，只要努力也会有美好的未来""工作岗位只有分工不同，没有高低贵贱之分"等观点，这在一定程度上说明，男生就业心态更趋于务实、理性，传统就业观念的转变成为破解女大学生就业难的关键所在，如表5—8所示。此外，采用卡方检验，不同性别大学生面临就业所持

基本态度情况差异性显著（$x^2=181.596$，$p<0.001$），面对当前就业形势，八成以上的男生（81.66%）和女生（85.21%）都将就业和深造视为毕业的两大重要选择；男生（52.18%）更倾向于"先就业，从基层做起"，愿意更早投入社会，实现个人价值；女生（44.59%）则更倾向于继续升学深造，通过提升学历来增加自身"筹码"，增强个人就业竞争力；男生（4.4%）比女生（1.77%）更具自主创业的意愿，这在一定程度上说明受传统意识影响，自主创业还是以男性为主导，女生相对保守、缺乏创业自信，详见表5—12。

表5—12　不同性别大学生面临就业所持基本态度的卡方检验

（单位：人，%）

就业态度	男生		女生	
	人数	百分比	人数	百分比
先就业从基层做起，逐步向目标奋进	1221	52.18	1556	40.62
想办法找到满意工作，否则暂不工作	105	4.49	183	4.78
自主创业	103	4.4	68	1.77
想继续升学深造，不想直接就业	690	29.48	1708	44.59
生活开支有父母支持，不着急找工作	4	0.17	9	0.23
无所谓，能找到合适的工作就干	70	2.99	98	2.56
争取嫁个/娶个富二代，根本不用就业	35	1.5	20	0.52
不确定	112	4.79	189	4.93
合计	2340	100	3831	100

不同性别大学生对自主创业的认知差异性显著，男生更为赞同"大学生创业比找工作更容易""创业能够更好实现个人价值""创业能够为社会创造更多价值"等观点，这说明，男生比女生更具创业意识，传统思维的影响一定程度上束缚了女生创业精神，如表5—8所示。此外，采用卡方检验，不同性别大学生对自主创业态度看法差异性显著（$x^2=157.052$，$p<0.001$），比较而言，女生（14.98%）比男生（11.32%）创业热情和意愿要差，若将选择"为了能实现自我价值，想创业""边打工，边做副业进行创业实践"视为主动积极创业，

男生（54.02%）比女生（39.47%）自主创业的积极性和主动性更强，但是面对就业难时男生（10.94%）和女生（10.91%）能够主动考虑创业的比例基本持平，可见，在国家出台的女性创业优惠政策下，女性创业者越来越多，详见表5—13。

表5—13　不同性别大学生对自主创业态度看法的卡方检验

（单位：人，%）

对自主创业态度看法	男生		女生	
	人数	百分比	人数	百分比
不想创业，打工比创业容易	265	11.32	574	14.98
边打工，边做副业进行创业实践	873	37.31	1149	29.99
为了能实现自我价值，想创业	391	16.71	363	9.48
如果工作难找，会考虑创业	256	10.94	418	10.91
暂时没有考虑过	555	23.72	1327	34.64
合计	2340	100	3831	100

不同性别大学生对就业相关社会问题认识差异性显著，男生对"有业不就""慢就业""996""啃老族"等社会现象接受度更高，这在一定程度上说明，男生更能包容和理解就业选择的多样性、多元化，也从侧面反映了当前大学生求职就业的窘境，如表5—8所示。面对日益激烈的就业竞争，传统的、单一的就业选项不适用于新时代大学生，他们的选择更加个性化、多元化，"有业不就""慢就业""996""啃老族"等就业相关社会问题既体现了就业的多元选择，也折射出大学生就业理想与现实的冲突。

三、不同年级因素的大学生就业观比较

教育年限对就业观有一定影响，可以简单认为，个人受教育时间越长，其就业观也应该更趋理性成熟，对就业相关问题的理解也应该更全面、更理性。本研究以年级因素将大学生划分为一年级、中间年级、毕业年级三类，对37

所高校 6171 份有效样本进行差异分析，其中一年级 1229 人、中间年级 2038
人、毕业年级 2904 人，结果显示年级因素在就业目的意义观、自主创业难易
认识、就业相关社会问题认识等方面不存在显著差异，下面仅分析年级因素与
新时代大学生的就业形势政策观、就业价值取向观、就业道德规范观、就业目
标规划观、就业态度和观念同自主创业价值认识能力间的关系，详见表 5—14。

表 5—14　不同年级大学生就业观的 ANOVA 分析

就业观维度		1.一年级	2.中间年级	3.毕业年级	F	LSD	Tamhane
就业形势政策观	均值	9.22	9.03	9.08	3.068*	——	2<1
	标准差	2.07	2.14	2.18			
就业目的意义观（个人）	均值	6.64	6.62	6.60	0.195	——	——
	标准差	2.01	2.05	2.09			
就业目的意义观（社会）	均值	6.52	6.62	6.59	0.869	——	——
	标准差	2.07	2.09	2.14			
就业价值取向观	均值	4.91	5.00	4.79	10.636***	3<1；3<2	——
	标准差	1.63	1.63	1.62			
就业道德规范观	均值	16.72	16.29	16.15	5.707**	2<1；3<1	
	标准差	5.01	4.91	4.90			
就业目标规划观	均值	7.94	8.16	8.15	6.782**	1<2；1<3	
	标准差	1.91	1.81	1.87			
就业态度和观念	均值	11.11	11.36	10.92	10.298***	——	3<2
	标准差	3.15	3.49	3.38			
自主创业难易认识	均值	3.11	3.08	3.08	0.411	——	——
	标准差	1.04	1.06	1.10			
自主创业价值认识	均值	7.95	7.95	7.77	3.726*	——	3<2
	标准差	2.38	2.57	2.59			
就业相关社会问题认识	均值	14.52	14.25	14.35	2.287	——	——
	标准差	3.50	3.37	3.55			

注：在单因素 ANOVA 检验中，问卷量表赋值规律为 1 表示非常赞同，2 表示比较赞同，3 表示中
立，4 表示不太赞同，5 表示不赞同；$p<0.05$ 为显著，p 值越小代表差异性越显著，***$p<0.001$、
**$p<0.01$、*$p<0.05$。

不同年级大学生就业形势政策观差异性显著，具体而言，中间年级学生更为赞同"疫情加剧了大学生就业的不确定性和难度""当前新业态、新职业为就业提供了新机遇""就业形势越来越严峻""国家出台的大学生就业创业政策能有效缓解就业难"等观点，如表5—14所示。检验结果显示，中间年级与一年级具有显著差异，一年级与毕业年级、中间年级与毕业年级均不存在显著差异，这说明年级因素对大学生就业观的影响并不直接呈递进关系。可见，大学生入学后随着就业相关教育的深入，逐渐关注、了解就业形势和就业政策，但是，当大学生直接面对就业现实时，因心理准备不足难免会产生一些消极的就业思想。

不同年级大学生就业价值取向观差异性显著，具体而言，毕业年级学生更为赞同"我愿意去西部、农村、基层工作""相比实现自身价值的工作，我更愿意选择能为社会发展做贡献的工作"等观点，如表5—14所示。检验结果显示，毕业年级与一年级、毕业年级与中间年级具有显著差异，一年级与中间年级不存在显著差异，这充分说明了教育在大学生就业价值取向观形成过程中的意义和作用，同时也在一定程度上表明了受教育程度是影响大学生就业观的一个重要变量。此外，采用卡方检验，不同年级大学生在就业心仪工作地点（$x^2=55.041$，$p<0.001$）和工作单位（$x^2=91.261$，$p<0.001$）上选择差异性显著。若将选择"竞争激烈、经济发达的大城市""竞争较为激烈的省会城市"视为对竞争意识具有偏好，不同年级大学生前往竞争激烈的城市的就业意愿分别为44.35%、42.39%、38.4%，呈逐渐降低趋势；不同年级大学生前往急需人才的边远山区或农村的就业意愿分别为1.71%、0.64%、2.55%，呈先降后升趋势；若将选择"党政机关""群团组织""事业单位""国有企业"视为对体制内就业具有偏好，不同年级学生体制内就业意愿分别为60.46%、67.01%、69.32%，呈逐渐递增趋势，其中，事业单位、国有企业成为不同年级学生都青睐的重要选择，可见，"铁饭碗"思想一直根深蒂固存在于人们的意识里，这与家庭、社会等因素密切相关；比较而言，一年级大学生选择部队和自由职业的比例最高，之后随年级增加呈递减趋势；值得深入思考的是，一年级大学生选择自主

创业的比例为 6.18%，而毕业年级仅为 3.06%，详见表 5—15。这充分说明了大学生就业取向观从理想化逐渐趋于理性、务实的成熟过程，也从侧面反映出教育在基层就业、自主创业等方面存在的不足，但是，年级因素对大学生就业取向观的影响并不直接呈递进关系，时间长短不是决定性因素，教育有效性更重要。

表 5—15 不同年级大学生就业心仪工作地点和工作单位的卡方检验

（单位：人，%）

工作地点和工作单位		一年级		中间年级		毕业年级	
		人数	百分比	人数	百分比	人数	百分比
心仪工作地点	竞争激烈、经济发达的大城市	292	23.76	441	21.64	622	21.42
	竞争较为激烈的省会城市	253	20.59	423	20.75	493	16.98
	竞争压力小但有潜力的中小城市	508	41.33	921	45.19	1263	43.49
	急需人才的边远山区或农村	21	1.71	13	0.64	74	2.55
	无所谓，只要能找到合适的工作	155	12.61	240	11.78	452	15.56
	合计	1229	100	2038	100	2904	100
心仪工作单位	党政机关	121	9.85	228	11.18	338	11.64
	群团组织	15	1.22	25	1.22	22	0.76
	事业单位	323	26.28	570	27.97	845	29.10
	国有企业	284	23.11	543	26.64	808	27.82
	集体企业	41	3.34	58	2.85	58	2.00
	私营企业	83	6.75	110	5.40	189	6.51
	外资企业	46	3.74	79	3.88	74	2.55
	自主创业	76	6.18	61	2.99	89	3.06
	部队	22	1.79	24	1.18	32	1.10
	自由职业	71	5.78	78	3.83	82	2.82
	哪里都行	147	11.96	262	12.86	367	12.64
	合计	1229	100	2038	100	2904	100

不同年级大学生就业道德规范观差异性显著，具体而言，毕业年级学生对"求职过程中对个人简历可以适当'掺水'""求职过程中找关系走后门是有必要的""求职过程中个人可以脚踩'多只船'""违反就业协议不是什么大不了的事情"等观点认同度最高，中间年级次之，一年级最低，如表5—14所示。检验结果显示，一年级与中间年级、一年级与毕业年级具有显著差异，中间年级与毕业年级不存在显著差异，大学生就业道德规范观与年级因素并不呈递进增长。此外，采用卡方检验，不同年级大学生在处理就业过程中个人权益受侵犯情况差异性显著（x^2=39.824，p<0.001），年级越高选择"无奈接受"的比例也越高、选择"向相关部门投诉维权"的比例反倒是越低，也就是说，年级越高大学生运用法律维护自身平等就业权和公平待遇权的意识越差，详见表5—16。这与众多因素有关，其中一个重要原因可能是《思想道德修养与法律基础》课程只是面向大一学生开设，后面年级较少或者就根本没有再开设相关教育课程，马克思主义道德相关理论渐渐淡出学生脑海，加之高年级学生社会实践和就业见习等活动增多、正在经历就业难的现实考验，容易受功利主义、个人主义等思想影响，导致就业道德观存在一定程度上的偏差。同时，这一反差从侧面反映出教育尤其是高校就业观教育并不是影响大学生就业观的唯一因素，大学生就业道德规范观与社会环境、家庭环境以及朋辈群体等因素密切相关。

表5—16　不同年级大学生处理就业过程中个人权益受侵犯情况的卡方检验

（单位：人，%）

行为选择	一年级		中间年级		毕业年级	
	人数	百分比	人数	百分比	人数	百分比
无奈接受	84	6.84	197	9.67	323	11.12
据理力争	113	9.19	177	8.68	310	10.68
向相关部门投诉维权	951	77.38	1482	72.72	1994	68.66
其他	81	6.59	182	8.93	277	9.54
合计	1229	100	2038	100	2904	100

　　不同年级大学生就业目标规划观差异性显著，一年级学生更为赞同"大学阶段就应该明确个人就业目标和职业发展"的观点，其就业计划意识和目标意识更强，毕业年级次之，中间年级最差，如表5—14所示。检验结果显示，一年级与中间年级、一年级与毕业年级具有显著差异，中间年级与毕业年级不存在显著差异，大学生就业目标规划观随年级呈现递减，年级越高反倒就业目标规划意识越差。其中一个重要的原因可能是《大学生职业生涯规划》课程只是面向大一学生开设，后面年级较少或者就根本没有再开设相关教育课程，就业规划意识淡出学生脑海，当高年级面对就业难的现实时，毕业生又再次感慨目标规划的重要性。此外，不同年级大学生实习情况（x^2=1299.161，p<0.001）和资格证书考取情况（x^2=332.407，p<0.001）差异性显著，大学生实践经历和资格证书考取与年级因素呈递进增长，年级越高，其实习经验越丰富、资格证书考取的越多，如表5—17所示。就年级视角而言，大学生就业规划意识与就业准备行动存在反差，虽然年级越高就业规划意识越差，但是高年级学生就业准备行动越积极，这也从侧面反映出思想与行动的不一致性，大学生就业准备大多为被动适应就业形势与环境，而非个体主动为之。

表5—17　不同年级大学生实习情况和考证情况的卡方检验

（单位：人，%）

实习/考证情况		一年级		中间年级		毕业年级	
		人数	百分比	人数	百分比	人数	百分比
实习	无实习经历	1152	93.73	1536	75.37	1151	39.63
	有实习经历	77	6.27	502	24.63	1753	60.37
	合计	1229	100	2038	100	2904	100
考证	0个	1165	94.79	1720	84.39	2088	71.9
	1个	53	4.31	251	12.32	577	19.87
	2个	9	0.74	54	2.65	168	5.78
	3个	1	0.08	12	0.59	51	1.76
	4个	0	0	1	0.05	17	0.59

实习/考证情况		一年级		中间年级		毕业年级	
		人数	百分比	人数	百分比	人数	百分比
考证	5个及以上	1	0.08	0	0	3	0.1
	合计	1229	100	2038	100	2904	100

毕业年级与中间年级学生就业态度和观念差异性显著，毕业年级学生更为赞同"要想找到好工作就必须改变传统就业观念""就业过程会越挫越勇""大学生应该先就业、后择业、再创业""尽管就业起点低，只要努力也会有美好的未来""工作岗位只有分工不同，没有高低贵贱之分"等观点，这在一定程度上反映了大学生就业态度和观念的成熟过程，如表5—14所示。此外，采用卡方检验，不同年级大学生面临就业所持基本态度情况差异性显著（x^2=252.152，$p<0.001$），面对当前就业形势，不同年级学生都将就业和深造视为毕业的两大重要选择，这一比例都达到了八成以上；低年级学生更倾向于继续升学深造，希望通过提升学历来增加自身"筹码"、增强个人就业竞争力；毕业年级学生更倾向于"先就业，从基层做起"，这在一定程度上反映出大学生就业观逐渐趋于理性、务实；比较而言，一年级学生选择"自主创业"的比例最高、意愿最强烈，这说明高校创业意识启蒙、创业精神培养、创业能力锻炼存在不足；值得深思的是，毕业年级选择"想办法找到满意工作，否则暂不工作"的比例比其他年级都高出一倍，反映了部分学生"有业不就"的苗头，亟待就业观教育的引导，详见表5—18。

表5—18 不同年级大学生面临就业所持基本态度的卡方检验

(单位：人，%)

就业态度	一年级		中间年级		毕业年级	
	人数	百分比	人数	百分比	人数	百分比
先就业从基层做起，逐步向目标奋进	489	39.79	750	36.8	1538	52.96

就业态度	一年级		中间年级		毕业年级	
	人数	百分比	人数	百分比	人数	百分比
想办法找到满意工作，否则暂不工作	46	3.74	63	3.09	179	6.17
自主创业	45	3.66	51	2.5	75	2.58
想继续升学深造，不想直接就业	541	44.02	1000	49.07	857	29.51
生活开支有父母支持，不着急找工作	2	0.16	2	0.1	9	0.31
无所谓，能找到合适的工作就干	29	2.36	53	2.6	86	2.96
争取嫁个/娶个富二代，根本不用就业	14	1.14	9	0.44	32	1.1
不确定	63	5.13	110	5.4	128	4.41
合计	1229	100	2038	100	2904	100

不同年级大学生自主创业的价值认知差异性显著，毕业年级学生更为赞同"创业能够更好实现个人价值""创业能够为社会创造更多价值"等观点，这在一定程度上说明，较其他年级学生而言，毕业生面对更为严峻的就业形势，也更能够感知和认可创业的价值，如表5—14所示。但是，不同年级大学生自主创业的难易认知差异性不显著，这从侧面反映出高校创业教育存在不足和短板，未能满足学生成长发展的需求，与国家创新驱动发展战略和经济社会发展需求还存在巨大差距。此外，采用卡方检验，不同年级大学生对自主创业态度看法差异性显著（x^2=84.335，p<0.001），具体而言，一年级（9.03%）比中间年级（15.95%）、毕业年级（13.88%）创业热情和创业意愿要强；若将选择"为了能实现自我价值，想创业""边打工，边做副业进行创业实践"视为积极主动创业，一年级（51.02%）比中间年级（42.64%）、毕业年级（44.08%）自主创业的积极性和主动性更强；面对就业难时，一年级（14.48%）比中间年级（11.48%）、毕业年级（9.02%）更倾向于通过自主创业应对就业难问题，详见表5—19。当前，大学生总体创业率和创业成功率呈现"双低"趋势，高校创

业教育要从提升教育服务国家发展能力的高度、从主动适应经济社会发展和产业转型升级需求的深度、从参与全球竞争、前瞻性地引领未来世界发展的广度来推进创业教育，既要讲授创业能力和方法，还要注重培养大学生的创新创业精神和社会责任感。

表5—19　不同年级大学生自主创业态度看法的卡方检验

(单位：人，%)

自主创业 态度看法	一年级		中间年级		毕业年级	
	人数	百分比	人数	百分比	人数	百分比
不想创业，打工比 创业容易	111	9.03	325	15.95	403	13.88
边打工，边做副业 进行创业实践	444	36.13	650	31.89	928	31.96
为了能实现自我 价值，想创业	183	14.89	219	10.75	352	12.12
如果工作难找， 会考虑创业	178	14.48	234	11.48	262	9.02
暂时没有考虑过	313	25.47	610	29.93	959	33.02
合计	1229	100	2038	100	2904	100

四、不同政治面貌因素的大学生就业观比较

政治面貌是个人政治身份最直接的反映，大学生不同的政治面貌也对其就业观存在一定程度影响。大学生的政治面貌一般包括中共党员（含预备党员，以下简称"党员"）、共青团员、群众和其他。大学生党员是祖国未来的建设者和接班人，更是大学生中的精英和骨干分子，以优良的道德品质、扎实的专业知识、良好的综合素质、乐观奉献的精神、较强的就业竞争力深受用人单位青睐。那么，较其他普通学生而言，大学生党员能否坚定为人民服务的理想信念、带头响应党和国家的号召，能否把个人的理想追求融入党和国家事业之中，能否不畏艰难险阻、勇担时代使命、到祖国最需要的地方去？这也是一个

值得研究的问题。本研究按政治面貌将大学生划分为大学生党员和普通学生两类，对 37 所高校 6171 份有效样本进行差异分析，其中大学生党员 679 人、普通学生 5492 人，结果显示不同政治面貌因素在就业形势政策观、就业态度和观念、自主创业价值认识和对就业相关社会问题的认识方面并不存在显著差异，下面仅分析政治面貌因素与新时代大学生的就业目的意义观、就业价值取向观、就业道德规范观、就业目标规划观、自主创业难易认识分析能力之间的关系，详见表 5—20。

表 5—20　不同政治面貌大学生就业观的差异分析

维度	政治面貌	均值	标准差	t	p
就业形势政策观	大学生党员	9.05	2.13	−0.508	0.611
	普通学生	9.09	2.15		
就业目的意义观（个人）	大学生党员	6.25	2.00	−4.854	0.000***
	普通学生	6.66	2.07		
就业目的意义观（社会）	大学生党员	6.15	2.08	−5.704	0.000***
	普通学生	6.64	2.11		
就业价值取向观	大学生党员	4.50	1.57	−6.484	0.000***
	普通学生	4.93	1.63		
就业道德规范观	大学生党员	16.88	4.95	3.199	0.001**
	普通学生	16.24	4.92		
就业目标规划观	大学生党员	7.87	1.89	−3.497	0.000***
	普通学生	8.14	1.85		
就业态度和观念	大学生党员	10.97	3.34	−1.118	0.263
	普通学生	11.12	3.39		
自主创业难易认识	大学生党员	3.17	1.11	0.009	0.032*
	普通学生	3.07	1.07		

续表

维度	政治面貌	均值	标准差	t	p
自主创业价值认识	大学生党员	7.98	2.66	1.214	0.225
	普通学生	7.85	2.53		
对就业相关社会问题的认识	大学生党员	14.24	3.30	−0.868	0.385
	普通学生	14.37	3.51		

注：在独立样本 t 检验中，问卷量表赋值规律为 1 表示非常赞同，2 表示比较赞同，3 表示中立，4 表示不太赞同，5 表示不赞同；p<0.05 为显著，p 值越小代表差异性越显著，***p<0.001、**p<0.01、*p<0.05。

不同政治面貌大学生就业目的意义观差异性显著，这在一定程度上说明，大学生党员较普通学生更具责任意识和担当意识，更关注个人价值和社会价值的实现，如表 5—20 所示。基于社会维度而言，不同政治面貌大学生就业目的意义观差异性显著，大学生党员比普通学生更为赞同"就业是民生之本，发展之基""就业是为了更好地服务社会""就业是出于情怀与担当"等观点，详见表 5—20。基于个人维度而言，不同政治面貌大学生就业目的意义观差异性显著，大学生党员比普通学生更为赞同"就业是谋生手段""就业是为了更好地实现个人价值""就业是出于兴趣与爱好"等观点，详见表 5—20。可见，大学生党员对就业目的意义观也有较为现实、注重自我价值实现的一面。值得思考的是，大学生党员在就业中受到各类企事业单位的青睐，他们能否追求远大理想、坚定崇高信念？能否做好兴趣爱好与情怀担当的平衡？能否实现个人价值与社会价值的融合？这与其就业观也息息相关。大学生党员是大学生的旗帜和标杆，其发挥着重要的先锋模范表率作用，因此，大学生党员就业观是关键，应引导他们将自身的发展时刻同民族复兴及人民的幸福紧密相连，主动成为基层就业"领头雁"。

不同政治面貌大学生就业价值取向观差异性显著，大学生党员更为赞同"我愿意去西部、农村、基层工作""相比实现自身价值的工作，我更愿意选择能为社会发展做贡献的工作"等观点，这在一定程度上体现了大学生党员的奉献意识和服务意识，也是党员先进性的具体体现，如表5—20所示。基于此，对不同政治面貌大学生就业时各类因素关注度采用独立样本t检验，结果显示：不同政治面貌大学生在专业对口、个人兴趣和爱好、职业挑战性、工作自由度、休闲时间、工作新鲜感方面的关注度不存在显著差异（p>0.05），大学生党员在工资福利、工作地点、单位性质、社会地位、工作创造的社会效益、工作单位规模和品牌、从事职业的发展前景、发展机会是否均等、职业稳定性关注度上均大大高于普通大学生，详见表5—21。大学生党员自身阅历丰富，在政治素养、综合素质等方面具有较强的就业竞争力，较普通大学生而言，就业时拥有更多机会和主动权。

表5—21 不同政治面貌大学生就业时各因素关注度的差异分析

关注因素	政治面貌	均值	标准差	t	p
工资福利	大学生党员	1.54	0.65	−4.001	0.000***
	普通学生	1.65	0.70		
工作地点	大学生党员	1.67	0.69	−5.665	0.000***
	普通学生	1.85	0.76		
单位性质	大学生党员	1.85	0.80	−3.415	0.001**
	普通学生	1.96	0.81		
社会地位	大学生党员	2.04	0.82	−3.41	0.001**
	普通学生	2.16	0.85		
工作创造的社会效益	大学生党员	1.96	0.85	−2.516	0.012*
	普通学生	2.05	0.83		
工作单位规模和品牌	大学生党员	1.96	0.81	−3.109	0.002**
	普通学生	2.06	0.80		
专业对口	大学生党员	2.17	0.98	−1.063	0.288
	普通学生	2.21	0.93		

续表

维度	政治面貌	均值	标准差	t	p
个人兴趣和爱好	大学生党员	1.86	0.84	−1.954	0.051
	普通学生	1.93	0.82		
从事职业的发展前景	大学生党员	1.61	0.66	−3.385	0.001**
	普通学生	1.71	0.70		
个人发展空间	大学生党员	1.56	0.68	−3.831	0.000***
	普通学生	1.67	0.70		
发展机会是否均等	大学生党员	1.67	0.74	−3.499	0.000***
	普通学生	1.77	0.74		
职业稳定性	大学生党员	1.62	0.71	−3.2	0.001**
	普通学生	1.71	0.72		
职业挑战性	大学生党员	2.10	0.88	−0.906	0.365
	普通学生	2.13	0.86		
工作自由度	大学生党员	1.83	0.80	−1.186	0.236
	普通学生	1.87	0.76		
工作新鲜感	大学生党员	2.04	0.87	−0.34	0.734
	普通学生	2.05	0.85		
休闲时间	大学生党员	1.79	0.78	−1.375	0.169
	普通学生	1.83	0.76		

注：在独立样本 t 检验中，问卷量表赋值规律为 1 表示非常关注，2 表示比较关注，3 表示一般，4 表示不太关注，5 表示很不关注；$p < 0.05$ 为显著，p 值越小代表差异性越显著，***$p < 0.001$、**$p < 0.01$、*$p < 0.05$。

此外，采用卡方检验，不同政治面貌大学生在就业心仪工作地点选择上（$x^2 = 28.961$，$p < 0.001$）差异性显著，若将选择"竞争激烈、经济发达的大城市""竞争较为激烈的省会城市"视为对竞争意识具有偏好，大学生党员（49.93%）明显比普通学生（39.79%）更偏好前往竞争激烈的城市就业，值得

思考的是，普通学生（1.78%）前往"急需人才的边远山区或农村"就业意愿比大学生党员（1.47%）要强烈，这一反差凸显了大学生党员就业观教育的紧迫性，详见表5—22。采用卡方检验，不同政治面貌大学生在就业心仪工作单位选择（x^2=120.075，p<0.001）上的差异性显著，若将选择"党政机关""群团组织""事业单位""国有企业"视为对体制内就业具有偏好，大学生党员（80.41%）比普通学生（65.12%）更偏好在稳定性强的体制内单位就业，这与此类单位招聘更青睐学生干部和学生党员有关；选择事业单位就业是大学生党员（34.17%）和普通学生（27.41%）共同的首选，"铁饭碗"变成了金饭碗，吸引了越来越多大学生的关注；值得思考的是，大学生是创新创业的生力军，大学生党员（1.62%）选择"自主创业"的比例远远低于普通学生（3.91%），详见表5—22。总之，大学生党员在基层就业和自主创业方面的示范作用还未能得到发挥，高校就业观教育要抓重点、有分层。

表5—22　不同政治面貌大学生就业心仪工作地点和工作单位的卡方检验

（单位：人，%）

心仪的工作地点/工作单位		大学生党员		普通学生	
		人数	百分比	人数	百分比
心仪工作地点	竞争激烈、经济发达的大城市	193	28.43	1162	21.16
	竞争较为激烈的省会城市	146	21.5	1023	18.63
	竞争压力小但有潜力的中小城市	260	38.29	2432	44.28
	急需人才的边远山区或农村	10	1.47	98	1.78
	无所谓，只要能找到合适的工作	70	10.31	777	14.15
	合计	679	100	5492	100
心仪工作单位	党政机关	138	20.32	549	10
	群团组织	5	0.74	57	1.04
	事业单位	232	34.17	1506	27.42
	国有企业	171	25.18	1464	26.66

续表

心仪的工作地点/工作单位		大学生党员		普通学生	
		人数	百分比	人数	百分比
心仪工作单位	集体企业	10	1.47	147	2.68
	私营企业	34	5.01	348	6.34
	外资企业	21	3.09	178	3.24
	自主创业	11	1.62	215	3.91
	部队	5	0.74	73	1.33
	自由职业者	9	1.33	222	4.04
	哪里都行	43	6.33	733	13.34
	合计	679	100	5492	100

不同政治面貌大学生就业道德规范观差异性显著，普通学生更为赞同"求职过程中对个人简历可以适当'掺水'""求职过程中找关系走后门是有必要的""求职过程中个人可以脚踩'多只船'""违反就业协议不是什么大不了的事情"等观点，这在一定程度上说明，大学生党员具有较强的自我约束意识，在就业过程中未放松对自己的约束，实现了个人修养基础上的道德约束和自觉意识，如表5—20所示。

不同政治面貌的大学生就业目标规划观差异性显著，大学生党员更为赞同"大学阶段就应该明确个人就业目标和职业发展"观点，其就业规划意识和目标意识更强，这在一定程度上说明，大学生党员对就业目标和职业发展更具主动性，如表5—20所示。此外，不同政治面貌大学生实习情况（x^2=127.166，$p<0.001$）和资格证书考取情况（x^2=49.736，$p<0.001$）差异性显著，大学生党员（57.58%）有实习经历的比例明显高于普通学生（35.34%），大学生党员（28.28%）拥有资格证书以及拥有资格证书所有个数的比例均要高于普通学生（18.32%），可见，大学生党员更注重就业的准备和积累，并且能够积极主动地采取行动，详见表5—23。

表5—23 不同政治面貌大学生实习情况和考证情况的卡方检验

(单位:人，%)

实习/考证情况		大学生党员		普通学生	
		人数	百分比	人数	百分比
实习情况	无实习经历	288	42.42	3551	64.66
	有实习经历	391	57.58	1941	35.34
	合计	679	100	5492	100
考证情况	0个	487	71.72	4486	81.68
	1个	141	20.77	740	13.47
	2个	32	4.71	199	3.62
	3个	11	1.62	53	0.97
	4个	6	0.89	12	0.22
	5个及以上	2	0.29	2	0.04
	合计	679	100	5492	100

不同政治面貌大学生在"要想找到好工作就必须改变传统就业观念""就业过程会越挫越勇""大学生应该先就业、后择业、再创业""尽管就业起点低，只要努力也会有美好的未来""工作岗位只有分工不同，没有高低贵贱之分"等观点认同上无显著差异，可见，大学生党员先进性体现不足，这点值得深入思考，如表5—20所示。但是，采用卡方检验，不同政治面貌大学生就业所持基本态度差异性显著（x^2=49.126，$p<0.001$），面对当前就业形势，近半数大学生党员（49.19%）选择继续深造，近半数普通学生（45.83%）选择"先就业，从基层做起"，这与大学生党员学习能力较强有关；大学生党员（2.21%）比普通学生（5.21%）就业规划性要强，大多有明确的发展方向；普通学生（2.97%）比大学生党员（1.18%）更具自主创业意愿，详见表5—24。

表5—24　不同政治面貌大学生面临就业所持基本态度的卡方检验

（单位：人，%）

就业态度	大学生党员		普通学生	
	人数	百分比	人数	百分比
先就业从基层做起，逐步向目标奋进	260	38.29	2517	45.83
想办法找到满意工作，否则暂不工作	39	5.74	249	4.53
自主创业	8	1.18	163	2.97
想继续升学深造，不想直接就业	334	49.19	2064	37.58
生活开支有父母支持，不着急找工作	1	0.15	12	0.22
无所谓，能找到合适的工作就干	16	2.36	152	2.77
争取嫁个/娶个富二代，根本不用就业	6	0.88	49	0.89
不确定	15	2.21	286	5.21
合计	679	100	5492	100

不同政治面貌大学生仅就自主创业难易度的认知有显著性差异，普通学生比大学生党员更为赞同"大学生创业比找工作更容易"的观点，但是，不同政治面貌大学生对自主创业价值的认知不存在差异，也就是说，两类大学生对"创业能够更好实现个人价值""创业能够为社会创造更多价值"等观点的赞同度无显著差异，这点值得反思，如表5—20所示。采用卡方检验，不同政治面貌大学生对自主创业态度差异性显著（$x^2=37.697$，$p<0.001$），令人深思的是，普通学生（12.89%）比大学生党员（19.29%）创业热情和意愿要强烈，若将选择"为了能实现自我价值，想创业""边打工，边做副业进行创业实践"视为主动创业，普通学生（46%）比大学生党员（36.82%）自主创业的积极性和主动性更强，在面对就业难时普通学生（11.16%）比大学生党员（8.98%）会更为主动地考虑创业，详见表5—25。大学生党员在面对自主创业时，其开拓进取的自信心、进取心、责任心以及主动性还未能达到国家和人民的期待。那么，如何激发大学生党员在自主创业实践中充分展示主体的本质力量成为亟待解决的重要问题，对大学生党员的就业观教育不仅要教授他们掌握知识和技能、懂得"怎么去创业"，更要引导他们认识创业的意义和价值、认识到自身

的责任与使命。

表5—25 不同政治面貌大学生对自主创业态度看法的卡方检验

(单位：人，%)

对自主创业态度看法	大学生党员		普通学生	
	人数	百分比	人数	百分比
不想创业，打工比创业容易	131	19.29	708	12.89
边打工，边做副业进行创业实践	176	25.92	1846	33.62
为了能实现自我价值，想创业	74	10.90	680	12.38
如果工作难找，会考虑创业	61	8.98	613	11.16
暂时没有考虑过	237	34.91	1645	29.95
合计	679	100	5492	100

第二节 不同家庭因素的差异分析

中国社会是以"伦理本位"为特征的"乡土社会"①，家庭作为社会组织机构的最基本细胞，是每个人出生时接触的第一环境，也是个人认知形成、德行培养的第一场所。钱穆先生曾说"中国文化，全部都从家族观念上筑起"，家教家风是一个家庭"整体思想"的一种凝练、一种体现，而这对于大学生就业观的形成发展有着直接的影响，本研究中的家庭环境变量主要涉及家庭结构和家庭地理位置两个维度。

一、不同家庭结构的大学生就业观比较

家庭不只是人们身体的住所，也是人们心灵的归宿，是一个稳定的系统，

---

① 费孝通：《乡土中国·生育制度》，北京大学出版社1998年版，第4—12页。

对个人思维模式和价值观念的形成具有至关重要的作用。其中，家庭结构反映着家庭中成员的构成及其相互作用、相互联系和相互影响的状态，结构类型的差异会导致家庭环境、教育方式以及成员关系的不同。本研究以家庭结构将大学生划分为独生子女家庭和非独生子女家庭两类，对 37 所高校 6171 份有效样本进行差异分析，其中独生子女 1859 人、非独生子女 4312 人，结果显示不同家庭结构因素在就业道德规范观、就业目标规划观、对就业相关社会问题认识以及就业目的意义观（社会）方面并不存在显著差异，下面仅分析家庭结构与新时代大学生的就业形势政策观、就业价值取向观、就业态度和观念、自主创业认识以及就业目的意义（个人）认识分析能力之间的关系，详见表5—26。

表5—26　不同家庭结构大学生就业观的差异分析

维度	家庭结构	均值	标准差	t	p
就业形势政策观	独生子女	9.18	2.26	2.013	0.044*
	非独生子女	9.05	2.10		
就业目的意义观（个人）	独生子女	6.52	2.09	−2.295	0.022*
	非独生子女	6.65	2.05		
就业目的意义观（社会）	独生子女	6.54	2.18	−1.233	0.218
	非独生子女	6.61	2.08		
就业价值取向观	独生子女	5.04	1.76	4.76	0.000***
	非独生子女	4.82	1.56		
就业道德规范观	独生子女	16.22	4.84	−0.969	0.333
	非独生子女	16.35	4.96		
就业目标规划观	独生子女	8.13	1.87	0.633	0.526
	非独生子女	8.10	1.86		
就业态度和观念	独生子女	11.44	3.62	4.974	0.000***
	非独生子女	10.96	3.26		

续表

维度	家庭结构	均值	标准差	t	p
自主创业难易认识	独生子女	3.20	1.10	5.618	0.000***
	非独生子女	3.03	1.06		
自主创业价值认识	独生子女	8.14	2.68	5.517	0.000***
	非独生子女	7.75	2.47		
对就业相关社会问题的认识	独生子女	14.32	3.49	−0.474	0.636
	非独生子女	14.37	3.49		

注：在独立样本 t 检验中，问卷量表赋值规律为 1 表示非常赞同，2 表示比较赞同，3 表示中立，4 表示不太赞同，5 表示不赞同；$p<0.05$ 为显著，p 值越小代表差异性越显著，***$p<0.001$、**$p<0.01$、*$p<0.05$。

不同家庭结构大学生就业形势政策观差异性显著，比较而言，非独生子女更为赞同"疫情加剧了大学生就业的不确定性和难度""当前新业态、新职业为就业提供了新机遇""就业形势越来越严峻""国家出台的大学生就业创业政策能有效缓解就业难"等观点，如表5—26所示。这在一定程度上说明家庭在大学生就业观形成过程中的意义和作用，独生子女与非独生子女在家庭环境和家庭教育方面存在差异，非独生子女适应性比较强、对就业形势政策的认知更为主动和积极，家庭结构成为影响大学生就业观的重要变量。

基于个人维度，不同家庭结构大学生就业目的意义观差异性显著，相较而言，独生子女更为赞同"就业是谋生手段""就业是为了更好地实现个人价值""就业是出于兴趣与爱好"等观点，如表5—26所示。这恰恰反映了独生子女家庭的典型特点是独生子女"被注意的集中"，"00后"有许多人是独生子女的独生子女，被称为"独二代"，其父母教育水平普遍较高，他们开放而宽容的心态，让家庭关系中的"00后"能够在就业方面更自如坦然地表达个人真实想法。

不同家庭结构大学生就业价值取向观差异性显著，非独生子女更为赞同"我愿意去西部、农村、基层工作""相比实现自身价值的工作，我更愿意选择能为社会发展做贡献的工作"等观点，这从侧面反映出独生子女就业过程中受到"自我为中心"潜意识的影响，应给予合理引导，如表5—26所示。基于此，对不同家庭结构大学生就业时各类因素关注度采用独立样本t检验，结果显示：不同家庭结构大学生在单位性质、社会地位、工作单位规模和品牌、个人发展空间、发展机会是否均等、职业稳定性、工作自由度、休闲时间等方面关注度不存在显著差异（p>0.05），独生子女在工资福利、工作地点、个人兴趣和爱好方面关注度上高于非独生子女，非独生子女在工作创造的社会效益、专业对口、职业挑战性、工作新鲜感方面关注度上高于独生子女，可见，独生子女就业时更倾向于自我、更为务实，这与之前结论相互印证，详见表5—27。

表5—27　不同家庭结构大学生就业时各因素关注度的差异分析

关注因素	家庭结构	均值	标准差	t	p
工资福利	独生子女	1.60	0.70	−3.085	0.002**
	非独生子女	1.65	0.69		
工作地点	独生子女	1.75	0.76	−4.973	0.000***
	非独生子女	1.86	0.75		
单位性质	独生子女	1.96	0.87	1.004	0.315
	非独生子女	1.94	0.78		
社会地位	独生子女	2.14	0.90	−0.143	0.887
	非独生子女	2.14	0.82		
工作创造的社会效益	独生子女	2.12	0.92	4.705	0.000***
	非独生子女	2.00	0.79		
工作单位规模和品牌	独生子女	2.08	0.86	1.79	0.074
	非独生子女	2.04	0.78		
专业对口	独生子女	2.25	1.01	2.174	0.03*
	非独生子女	2.19	0.90		

续表

关注因素	家庭结构	均值	标准差	t	p
个人兴趣和爱好	独生子女	1.86	0.84	−3.821	0.000***
	非独生子女	1.95	0.81		
从事职业的发展前景	独生子女	1.67	0.71	−2.239	0.025*
	非独生子女	1.71	0.68		
个人发展空间	独生子女	1.63	0.72	−1.761	0.078
	非独生子女	1.67	0.69		
发展机会是否均等	独生子女	1.76	0.79	−0.266	0.79
	非独生子女	1.76	0.72		
职业稳定性	独生子女	1.69	0.76	−0.465	0.642
	非独生子女	1.70	0.70		
职业挑战性	独生子女	2.24	0.95	6.251	0.000***
	非独生子女	2.08	0.82		
工作自由度	独生子女	1.87	0.82	0.357	0.721
	非独生子女	1.86	0.74		
工作新鲜感	独生子女	2.11	0.92	3.485	0.000***
	非独生子女	2.02	0.82		
休闲时间	独生子女	1.82	0.80	−0.88	0.379
	非独生子女	1.83	0.75		

注：在独立样本 t 检验中，问卷量表赋值规律为 1 表示非常关注，2 表示比较关注，3 表示一般，4 表示不太关注，5 表示很不关注；$p < 0.05$ 为显著，p 值越小代表差异性越显著，***$p < 0.001$、**$p < 0.01$、*$p < 0.05$。

此外，采用卡方检验，不同家庭结构大学生在就业工作地点选择（$x^2 = 148.407$，$p < 0.001$）和工作单位选择（$x^2 = 82.66$，$p < 0.001$）上差异性显著。若将选择"竞争激烈、经济发达的大城市""竞争较为激烈的省会城市"视为对竞争意识具有偏好，独生子女（50.67%）明显比非独生子女（36.69%）更

偏好前往竞争激烈的城市就业,这与家庭成长环境对个人性格和意识的影响密切相关;独生子女(12.96%)比非独生子女(10.34%)更倾向于选择"党政机关"就业,从侧面反映了独生子女承载了更多父母期望;若将选择"私营企业""外资企业"视为对体制外就业具有偏好,独生子女(13.12%)比非独生子女(7.81%)更倾向于在竞争激烈、自由度大的体制外单位就业,这在一定程度上反映了家庭成长环境对个人就业取向的影响,详见表5—28。

表5—28 不同家庭结构大学生就业心仪工作地点和工作单位的卡方检验

(单位:人,%)

心仪的工作地点/工作单位		独生子女		非独生子女	
		人数	百分比	人数	百分比
心仪工作地点	竞争激烈、经济发达的大城市	553	29.75	802	18.6
	竞争较为激烈的省会城市	389	20.92	780	18.09
	竞争压力小但有潜力的中小城市	618	33.24	2074	48.1
	急需人才的边远山区或农村	26	1.4	82	1.9
	无所谓,只要能找到合适的工作	273	14.69	574	13.31
	合计	1859	100	4312	100
心仪工作单位	党政机关	241	12.96	446	10.34
	群团组织	23	1.24	39	0.91
	事业单位	514	27.65	1224	28.39
	国有企业	426	22.92	1209	28.04
	集体企业	40	2.15	117	2.71
	私营企业	140	7.53	242	5.61
	外资企业	104	5.59	95	2.20
	自主创业	68	3.66	158	3.66
	部队	25	1.34	53	1.23
	自由职业者	57	3.07	174	4.04
	哪里都行	221	11.89	555	12.87
	合计	1859	100	4312	100

不同家庭结构大学生就业态度和观念差异性显著，非独生子女更为赞同"要想找到好工作就必须改变传统就业观念""就业过程会越挫越勇""大学生应该先就业、后择业、再创业""尽管就业起点低，只要努力也会有美好的未来""工作岗位只有分工不同，没有高低贵贱之分"等观点，这在一定程度上反映了非独生子女较独生子女就业态度观念更为积极和理性，如表5—26所示。此外，采用卡方检验，不同家庭结构大学生面临就业所持基本态度情况差异性显著（x^2=177.973，p<0.001），面对当前就业形势，不同家庭结构学生都将就业和深造视为毕业的两大重要选择，这一比例都达到了八成以上，独生子女（50.14%）不急于就业、更倾向于继续升学深造以增强个人就业竞争力，非独生子女（49.7%）希望尽快融入社会、更倾向于"先就业，从基层做起"，这从侧面反映了非独生子女家庭承担了较多的经济压力，详见表5—29。

表5—29　不同家庭结构大学生面临就业所持基本态度的卡方检验

(单位：人，%)

就业态度	独生子女		非独生子女	
	人数	百分比	人数	百分比
先就业从基层做起，逐步向目标奋进	634	34.1	2143	49.7
想办法找到满意工作，否则暂不工作	89	4.79	199	4.61
自主创业	47	2.53	124	2.88
想继续升学深造，不想直接就业	932	50.14	1466	34
生活开支有父母支持，不着急找工作	9	0.48	4	0.09
无所谓，能找到合适的工作就干	61	3.28	107	2.48
争取嫁个/娶个富二代，根本不用就业	18	0.97	37	0.86
不确定	69	3.71	232	5.38
合计	1859	100	4312	100

不同家庭结构大学生对自主创业的认知差异性显著，非独生子女更为赞同"大学生创业比找工作更容易""创业能够更好实现个人价值""创业能够为社会创造更多价值"等观点，这说明，在自主创业难易度和价值实现方面非独

生子女比独生子女更具创业意愿，独生子女家庭的影响一定程度上束缚了其创业意识和机遇意识，如表5—26所示。此外，采用卡方检验，不同家庭结构大学生对自主创业态度看法差异性显著（$x^2=76.48$，$p<0.001$），比较而言，非独生子女（11.27%）比独生子女（18.99%）创业热情和意愿要强，若将选择"为了能实现自我价值，想创业""边打工，边做副业进行创业实践"视为主动积极创业，非独生子女（47.12%）比独生子女（40.02%）自主创业的积极性、主动性更强，并且面对就业难时非独生子女（11.46%）比独生子女（9.68%）更倾向于以创业解决就业难，可见，家庭因素是影响大学生自主创业认识的重要变量，详见表5—30。

表5—30　不同家庭结构大学生对自主创业态度看法的卡方检验

（单位：人，%）

对自主创业态度看法	独生子女		非独生子女	
	人数	百分比	人数	百分比
不想创业，打工比创业容易	353	18.99	486	11.27
边打工，边做副业进行创业实践	533	28.67	1489	34.53
为了能实现自我价值，想创业	211	11.35	543	12.59
如果工作难找，会考虑创业	180	9.68	494	11.46
暂时没有考虑过	582	31.31	1300	30.15
合计	1859	100	4312	100

二、不同家庭地理位置的大学生就业观比较

不同地区的经济和社会发展存在不平衡，这必然会导致各地区社会观念的差异，体现在就业方面即是就业观念的不同。本研究以家庭所在地将大学生划分为大城市、中小城市和乡村三类，对37所高校6171份有效样本进行差异分析，其中来自大城市748人、来自中小城市2719人、来自乡村2704人，结果显示家庭所在地在就业形势政策观、就业道德规范观、就业目标规划观、就业相关社会问题认识方面并不存在显著差异，下面仅分析家庭所在地与新时代大

学生的就业目的意义观、就业价值取向观、就业态度和观念、自主创业认识之间的关系，详见表5—31。

表5—31 不同家庭所在地大学生就业观的 ANOVA 分析

就业观维度		1.大城市	2.中小城市	3.乡村	F	LSD	Tamhane
就业形势政策观	均值	9.14	9.11	9.06	0.667	——	——
	标准差	2.18	2.19	2.10			
就业目的意义观（个人）	均值	6.41	6.56	6.73	8.429***	1<3;2<3	——
	标准差	2.09	2.09	2.02			
就业目的意义观（社会）	均值	6.46	6.54	6.67	3.86**	1<3;2<3	——
	标准差	2.15	2.15	2.06			
就业价值取向观	均值	5.18	4.88	4.81	15.922***	——	2<1;3<1
	标准差	1.83	1.66	1.52			
就业道德规范观	均值	16.23	16.33	16.30	0.119	——	——
	标准差	4.66	5.02	4.90			
就业目标规划观	均值	8.07	8.13	8.10	0.423	——	——
	标准差	1.88	1.86	1.85			
就业态度和观念	均值	11.65	11.14	10.92	14.003***	——	2<1;3<1
	标准差	3.58	3.46	3.22			
自主创业难易认识	均值	3.24	3.08	3.05	9.089***	——	2<1;3<1
	标准差	1.12	1.09	1.04			
自主创业价值认识	均值	8.38	7.86	7.73	18.967***	2<1;3<1	——
	标准差	2.78	2.56	2.44			
就业相关社会问题认识	均值	14.41	14.26	14.43	1.682	——	——
	标准差	3.28	3.50	3.52			

注：在单因素 ANOVA 检验中，问卷量表赋值规律为 1 表示非常赞同，2 表示比较赞同，3 表示中立，4 表示不太赞同，5 表示不赞同；$p<0.05$ 为显著，p 值越小代表差异性越显著，***$p<0.001$、**$p<0.01$、*$p<0.05$。

来自不同地域的大学生由于自然环境、成长环境和生活方式的不同自然导致了其就业目的意义观差异性显著。检验结果显示，来自城市（大城市和中小城市）的学生与来自乡村的学生具有显著差异，来自大城市学生与来自中小城市学生不存在显著差异，这体现了城乡间存在的就业观念差别，详见表5—31。来自城市（大城市和中小城市）的学生更为赞同"就业是谋生手段""就业是为了更好地实现个人价值""就业是出于兴趣与爱好"以及"就业是民生之本，发展之基""就业是为了更好地服务社会""就业是出于情怀与担当"等观点，来自城市（大城市和中小城市）的学生在就业过程中更为关注个人发展、价值实现，更有意识地将个人发展融入国家和民族事业之中。可见，个人的思想观念与所处地区的发展水平是相关的，来自城市（大城市和中小城市）的学生比来自乡村的学生更为追求就业行为选择所产生的价值意义以及个人的自我实现。

来自不同地域的大学生就业价值取向认识差异性显著。检验结果显示，来自大城市的学生与来自中小城市和乡村的学生具有显著差异，来自中小城市的学生与来自乡村的学生间不存在显著差异，详见表5—31。来自中小城市和乡村的学生更为赞同"我愿意去西部、农村、基层工作""相比实现自身价值的工作，我更愿意选择能为社会发展做贡献的工作"等观点，相比较而言，来自中小城市和乡村的学生返乡就业和基层就业意愿更为强烈，这从侧面反映了中央和地方政府一系列加强西部和地方建设的措施对于大学生基层就业、返校就业产生了一定的吸引力，详见表5—31。此外，采用卡方检验，不同家庭所在地大学生在就业心仪工作地点（$x^2=440.374$，$p<0.001$）上的选择差异性显著，来自大城市、中小城市、乡村的学生前往"竞争激烈、经济发达的大城市"就业意愿分别为47.19%、19.05%、17.89%，可见，来自大城市的学生更偏好在竞争激烈、机会多、待遇好的大城市就业；近半数来自中小城市（46.08%）和来自乡村（48.71%）的学生选择"竞争压力小但有潜力的中小城市"就业，这在一定程度上说明，大学生开始理性地反思"唯大城市是从"的就业观念，向生活成本较低、有一定发展空间的中小城市转移的趋势呈现；来自大城市

（0.8%）和中小城市（1.29%）的学生基层就业意愿不强，来自乡村的学生选择"急需人才的边远山区或农村"就业的比例为2.48%，其回乡村工作的意愿不强，这与"逃离农村"的传统思想仍然深深驻扎在广大乡村学生及其家庭心中有关，如何引导更多大学生到基层就业从"趋势"到"常态"令人深思，详见表5—32。因此，就业观教育的重点就是引导大学生"志存高远、脚踏实地，不畏艰难险阻，勇担时代使命，把个人的理想追求融入党和国家事业之中，为党、为祖国、为人民多作贡献"[1]。

表 5—32　不同家庭所在地大学生就业心仪工作地点和工作单位的卡方检验

（单位：人，%）

工作地点和工作单位		来自大城市		来自中小城市		来自乡村	
		人数	百分比	人数	百分比	人数	百分比
心仪工作地点	竞争激烈、经济发达的大城市	353	47.19	518	19.05	484	17.89
	竞争较为激烈的省会城市	174	23.26	563	20.71	432	15.98
	竞争压力小但有潜力的中小城市	122	16.31	1253	46.08	1317	48.71
	急需人才的边远山区或农村	6	0.8	35	1.29	67	2.48
	无所谓，只要能找到合适的工作	93	12.44	350	12.87	404	14.94
	合计	748	100	2719	100	2704	100
	党政机关	81	10.83	355	13.06	251	9.28
	群团组织	14	1.87	25	0.92	23	0.85
	事业单位	240	32.08	795	29.24	703	26.00
	国有企业	149	19.92	638	23.46	848	31.36
	集体企业	13	1.74	66	2.43	78	2.89

---

[1] 《习近平回信寄语广大高校毕业生　把个人的理想追求融入党和国家事业之中为党为祖国为人民多作贡献》，《人民日报》2020年7月9日。

续表

工作地点和工作单位		来自大城市		来自中小城市		来自乡村	
		人数	百分比	人数	百分比	人数	百分比
心仪工作单位	私营企业	54	7.22	174	6.40	154	5.70
	外资企业	53	7.09	97	3.57	49	1.81
	自主创业	29	3.88	121	4.45	76	2.81
	部队	6	0.8	27	0.99	45	1.66
	自由职业	27	3.61	112	4.12	92	3.40
	哪里都行	82	10.96	309	11.36	385	14.24
	合计	748	100	2719	100	2704	100

采用卡方检验，不同家庭所在地大学生就业心仪工作单位（x^2=166.467，p<0.001）选择差异性显著，若将选择"党政机关""群团组织""事业单位""国有企业"视为对体制内就业具有偏好，不同家庭所在地学生体制内就业意愿均达到了六成以上，这在一定程度上折射出大学生的价值取向，大学生过早地追求安稳以及奋斗激情的消退令人担忧；事业单位、国有企业成为不同家庭所在地学生共同青睐的重要选择，来自大城市（32.08%）和中小城市（29.24%）的学生更倾向于选择收入稳定、社会地位高的事业单位就业，来自乡村（31.36%）的学生更倾向于选择待遇较高、有一定压力的国有企业就业，这一反差从侧面反映了来自城市的学生受传统"学而优则仕"观念影响较大；来自大城市的学生（7.22%）选择私营企业和外资企业的比例均高于来自中小城市（6.4%）和乡村（5.7%）的学生，这在一定程度上说明地区发展水平越高，人们的思想开放程度越高，也越倾向于多元化的就业，详见表5—32。总之，对于来自乡村的大学生来说，考上大学是光宗耀祖的大事，其父母的既定期望和传统观念束缚了其就业选择。

不同家庭所在地学生就业态度和观念差异性显著，检验结果显示，来自大城市的学生与来自中小城市和乡村的学生具有显著差异，来自中小城市与来自乡村的学生间不存在显著差异，详见表5—31。来自中小城市和乡村的学生更为赞同"要想找到好工作就必须改变传统就业观念""就业过程会越挫越勇""大学生应该先就业、后择业、再创业""尽管就业起点低，只要努力也会有美好的未来""工作岗位只有分工不同，没有高低贵贱之分"等观点，这在一定程度上反映了来自中小城市和乡村学生就业态度和观念更为积极、乐观和踏实，如表5—31所示。采用卡方检验，不同家庭所在地学生面临就业所持基本态度情况差异性显著（x^2=270.007，p<0.001），不同家庭所在地学生都将就业和深造视为毕业的两大重要选择，来自大城市的学生（54.81%）选择继续深造以增强个人就业竞争力的比例过半，来自中小城市的学生选择深造（43.22%）的比例略高于选择就业（39.06%）的比例，来自乡村的学生（54.81%）希望尽快融入社会、更倾向于"先就业，从基层做起"，这从侧面反映了来自乡村的学生更关注短期内个人经济价值的实现；比较而言，不同家庭所在地学生选择"自主创业"的比例不足4%，这说明高校创业意识启蒙、创业精神培养、创业能力锻炼存在不足，详见表5—33。

表5—33 不同家庭所在地大学生面临就业所持基本态度的卡方检验

（单位：人，%）

就业态度	来自大城市		来自中小城市		来自乡村	
	人数	百分比	人数	百分比	人数	百分比
先就业从基层做起，逐步向目标奋进	233	31.15	1062	39.06	1482	54.81
想办法找到满意工作，否则暂不工作	35	4.68	155	5.70	98	3.62
自主创业	18	2.41	94	3.46	59	2.18
想继续升学深造，不想直接就业	410	54.81	1175	43.22	813	30.07
生活开支有父母支持，不着急找工作	3	0.40	8	0.29	2	0.07

续表

就业态度	来自大城市		来自中小城市		来自乡村	
	人数	百分比	人数	百分比	人数	百分比
无所谓，能找到合适的工作就干	25	3.34	70	2.57	73	2.70
争取嫁个/娶个富二代，根本不用就业	6	0.80	29	1.07	20	0.74
不确定	18	2.41	126	4.63	157	5.81
合计	748	100	2719	100	2704	100

　　不同家庭所在地大学生对自主创业的认知差异性显著，检验结果显示，来自大城市的学生与来自中小城市和乡村的学生具有显著差异，来自中小城市与来自乡村的学生不存在显著差异，详见表5—31。来自中小城市和乡村的学生更为赞同"大学生创业比找工作更容易""创业能够更好实现个人价值""创业能够为社会创造更多价值"等观点，这说明，在自主创业难易度和价值实现方面来自中小城市和乡村的学生有着更为积极和乐观的认知，如表5—31所示。此外，采用卡方检验，不同家庭所在地大学生对自主创业态度看法差异性显著（x^2=76.814，p<0.001），具体而言，来自乡村学生（10.95%）比来自中小城市学生（13.64%）、来自大城市学生（22.99%）创业热情和创业意愿要强；若将选择"为了能实现自我价值，想创业""边打工，边做副业进行创业实践"视为主动积极创业，来自中小城市（45.83%）和来自乡村（45.82%）的学生自主创业积极性、主动性较强，来自大城市的学生（38.91%）创业积极性相对较差，这与之前结论相互印证；面对就业难时，来自乡村的学生（11.65%）比来自中小城市的学生（10.81%）、来自大城市的学生（8.69%）更倾向于通过自主创业解决就业难问题，详见表5—34。

213

表5—34　不同家庭所在地大学生自主创业态度看法的卡方检验

（单位：人，%）

自主创业 态度看法	来自大城市		来自中小城市		来自乡村	
	人数	百分比	人数	百分比	人数	百分比
不想创业，打工 比创业容易	172	22.99	371	13.64	296	10.95
边打工，边做副 业进行创业实践	218	29.15	904	33.25	900	33.28
为了能实现自我 价值，想创业	73	9.76	342	12.58	339	12.54
如果工作难找， 会考虑创业	65	8.69	294	10.81	315	11.65
暂时没有考虑过	220	29.41	808	29.72	854	31.58
合计	748	100	2719	100	2704	100

第三节　不同学校因素的差异分析

教育的本质是育人，学校在个人是非观念、价值取向、思维方式形成过程中发挥着潜移默化的作用。正如苏联著名教育家苏霍姆林斯基所言，"学校作为我们苏维埃社会为了培养全面发展的人而建立起来并不断完善起来的教育机构，它的使命是培养一代又一代的新公民，把社会的、科学的、道德的、审美的财富传给他们"①。大学生就业观的形成在很大程度上取决于后天的教育，从家庭到学校再到社会，每一个社会单位的行为都对大学生就业观产生着重要影响，其中，高校就业观教育既肩负着巩固大学生前期所形成的就业认知、引导学生树立远大就业理想的重任，还肩负着培养大学生科学理性认识分析就业相关问题能力的责任。新时代大学生都是成长在国家快速发展、改革开放不断深

---

① [苏]苏霍姆林斯基：《关于全面发展教育的问题》，湖南教育出版社1984年版，第163页。

化、互联网与生活紧密融合的"00后"，他们追求自我、个性独立，其就业观念更容易受社会环境因素的影响而呈现多元价值取向。基于此，在当前的高校就业观教育中，如何以马克思主义就业价值观引领学生的多元就业价值观成为高校就业观教育亟待解决的重点。基于此，必须首先分析明白高校教育在何种向度和程度上影响着大学生就业观，研究中的学校环境变量主要涉及学校类型和学科专业两个维度。

一、不同学校类型的大学生就业观比较

美国卡耐基2010年版的《高等院校分类》标准将高等院校划分为6个大类，即博士学位授予大学、硕士学位授予院校、学士型学院、副学士型学院、专业型院校、部落学院。我们国家关于高校类型的划分，目前得到广泛认可的是广东管理科学研究院课题组所作的教学型、教学研究型、研究教学型、研究型的学校类型划分。[1]2015年教育部开始实施"世界一流大学和一流学科建设"项目，按照各高校影响力的不同，把高等学校的类型划分为："双一流"建设高校（以下简称"双一流"）、非"双一流"建设本科高校（以下简称非"双一流"）、民办高校（本科）和高职（高专）院校四大类。本研究据此对37所高校6171份有效样本调研数据中不同办学层次学校的大学生的就业观是否存在差异进行相关研究，其中"双一流"1510人、非"双一流"2122人、民办高校（本科）462人、高职（高专）院校2077人，检验结果显示不同学校类型仅在大学生对就业相关社会问题认识方面不存在显著差异，其他方面均存在显著差异，这说明不同类型的高校教育是影响大学生就业观的一个重要变量，如表5—35所示。

---

[1]　参见赵庆年：《高校类型分类标准的重构与定位》，《高等工程教育》2021年第6期。

表 5—35　不同类型学校大学生就业观的 ANOVA 分析

就业观维度		1."双一流"	2.非"双一流"	3.民办高校	4.高职高专	F	LSD	Tamhane
就业形势政策观	均值	9.18	8.95	9.06	9.18	5.049**	——	2<1；2<4
	标准差	2.03	2.14	2.14	2.23			
就业目的意义观（个人）	均值	6.60	6.54	6.55	6.72	2.983*		2<4
	标准差	1.93	2.00	2.10	2.20			
就业目的意义观（社会）	均值	6.57	6.48	6.49	6.72	5.041**		2<4
	标准差	2.04	2.05	2.10	2.22			
就业价值取向观	均值	5.16	4.86	4.74	4.74	21.78***		1>2，3，4
	标准差	1.71	1.57	1.55	1.61			
就业道德规范观	均值	16.66	16.57	15.74	15.90	11.434***		1>3，4；2>3，4
	标准差	4.51	4.84	5.09	5.23			
就业目标规划观	均值	8.02	8.07	8.24	8.19	3.651*		1<4
	标准差	1.83	1.83	1.75	1.93			
就业态度和观念	均值	11.89	11.19	10.91	10.49	52.473***	1>2，3，4；2>4；3>4	——
	标准差	3.35	3.29	3.32	3.39			
自主创业难易认识	均值	3.36	3.12	2.91	2.88	66.037***	——	1>2，3，4；2>3，4
	标准差	1.06	1.05	1.05	1.07			
自主创业价值认识	均值	8.54	7.97	7.60	7.32	72.316***		1>2，3，4；2>3，4
	标准差	2.59	2.42	2.51	2.52			
就业相关社会问题认识	均值	14.35	14.38	14.05	14.39	1.351		
	标准差	3.10	3.32	3.67	3.86			

注：在单因素 ANOVA 检验中，问卷量表赋值规律为 1 表示非常赞同，2 表示比较赞同，3 表示中立，4 表示不太赞同，5 表示不赞同；$p<0.05$ 为显著，p 值越小代表差异性越显著，***$p<0.001$、**$p<0.01$、*$p<0.05$。

　　不同类型学校大学生就业形势政策观差异性显著，检验结果显示，非"双一流"学生与"双一流"和高职（高专）学生具有显著差异，其他均不存在显著差异，详见表5—35。较"双一流"学生、高职（高专）学生而言，非"双一流"高校学生更为赞同"疫情加剧了大学生就业的不确定性和难度""当前新业态、新职业为就业提供了新机遇""就业形势越来越严峻""国家出台的大学生就业创业政策能有效缓解就业难"等观点，如表5—35所示。不难看出，学校类型与大学生就业形势政策观并不呈正相关，即"双一流"学生的就业形势政策意识并不比其他类型院校大学生积极和乐观，这从侧面反映出，部分大学生受惯性思维影响，他们将进入好大学与找到好工作画等号。虽然名校能够提供更多良好的学习资源，但是，名校并不意味着一切，并不意味着高收入、好工作，尤其不意味着奋斗的结束。

　　不同类型学校大学生就业目的意义观差异性显著，检验结果显示，非"双一流"学生与高职（高专）学生具有显著差异，其他均不存在显著差异，详见表5—35。较高职（高专）学生而言，非"双一流"高校学生更为赞同"就业是谋生手段""就业是为了更好地实现个人价值""就业是出于兴趣与爱好"与"就业是民生之本，发展之基""就业是为了更好地服务社会""就业是出于情怀与担当"等观点，如表5—35所示。可见，在个人维度和社会维度两个方面上，高职（高专）学生就业目的意义都不够清晰、明确，这与其缺乏准确的自身定位有关，学历不占优势、就业出路窄更易导致漫无目的的"佛系"就业，这点值得警惕。

　　不同类型学校大学生就业价值取向观差异性显著，检验结果显示，"双一流"学生与非"双一流"学生、民办高校和高职（高专）学生具有显著差异，其他均不存在显著差异，详见表5—35。与其他类型学生相比，"双一流"高校学生对"我愿意去西部、农村、基层工作""相比实现自身价值的工作，我更愿意选择能为社会发展做贡献的工作"等观点的赞成度最低，如表5—35所示。这一调查数据令人反思，"双一流"高校大学生作为高校分层金字塔结构的"精英层"，按理说，其包括就业价值取向在内的思想政治素质应该较其他类型学校的大学生更为积极，但是结果却并非如此。据此，相关高校有必要认真思考"双一流"高校大学生的就业观教育问题。同时，这也从侧面反映了新时代大学生就业观的影响因素来自多个方面，高校教育是其中一个因素，学校类型只是高校教育中的一个维度。新时代大学生就业观教育是一个系统工程，需要家庭、社会、高校等方方面面共同作用、形成合力。

此外，采用卡方检验，不同类型学校大学生在就业心仪工作地点（x^2=340.139，p<0.001）上选择差异性显著，若将选择"竞争激烈、经济发达的大城市""竞争较为激烈的省会城市"视为对竞争意识具有偏好，"双一流"学生（57.82%）明显比高职（高专）学生（37.98%）、非"双一流"学生（34.4%）、民办高校学生（28.57%）具有更强的就业竞争偏好；"双一流"、非"双一流"、民办高校、高职（高专）学生前往"竞争激烈、经济发达的大城市"就业意愿分别为33.98%、16.35%、10.61%、21.47%，"双一流"学生和高职（高专）学生更偏好在竞争激烈、机会多的大城市就业，其中，"双一流"学生是因自身就业竞争力相对较强而主动倾向于前往就业空间大的大城市就业，高职（高专）学生是因就业压力相对较大而被动倾向于前往就业机会多的大城市就业；"双一流"、非"双一流"、民办高校、高职（高专）学生前往"急需人才的边远山区或农村"就业意愿分别为1.26%、1.37%、2.16%、2.41%，学校类型与大学生基层就业意愿并不呈正相关，即"双一流"学生前往基层就业的意识并不比其他类型院校大学生强烈、积极，这与之前就业价值取向观的结论相互印证，可见，引导高层次人才到基层一线和艰苦边远地区建功立业仅靠情感、制度和强调奉献精神还不足够，偏远地区"人才荒"的解决还需要"对症下药"，详见表5—36。

采用卡方检验，不同类型学校大学生就业心仪工作单位（x^2=734.015，p<0.001）选择差异性显著，若将选择"党政机关""群团组织""事业单位""国有企业"视为对体制内就业具有偏好，"双一流"、非"双一流"、民办高校、高职（高专）学生体制内就业意愿分别为66.82%、73%、69.91%、59.75%，呈现出"两头低、中间高"的趋势，后疫情时代体制内工作的吸引力不容小觑；事业单位、国有企业成为不同学校类型学生共同青睐的重要选择，"双一

流"（33.11%）、非"双一流"（38.5%）和民办高校（38.53%）学生作为本科生更倾向于收入稳定、社会地位高的事业单位，高职（高专）学生（37.65%）作为专科生更倾向于待遇较高、有一定压力的国有企业，这说明本科生更注重个人社会价值的实现，而专科生更注重个人经济价值的实现；较其他类型学校学生而言，"双一流"学生（7.35%）选择外企企业就业比例最高，这在一定程度上说明他们就业竞争力最强，更倾向于通过市场化手段获得更多的就业机会；较其他类型学校学生而言，非"双一流"（38.5%）和民办高校（38.53%）学生作为普通本科生选择事业单位就业的比例最高，这在一定程度上说明他们具有一定的就业竞争力，相对于体制外的一般工作岗位，他们更倾向于选择有保障的事业单位就业；较其他类型学校学生而言，高职（高专）学生选择自主创业（6.26%）和自由职业（5.2%）比例最高，这在一定程度上说明他们在就业市场上的竞争力相对最低，获得传统优质就业岗位的机会较少，所以他们更愿意选择创业，对互联网新兴职业接受度也最高，详见表5—36。

表5—36 不同类型学校大学生就业心仪工作地点和工作单位的卡方检验

（单位：人，%）

工作地点和工作单位		"双一流"		非"双一流"		民办高校		高职高专	
		人数	百分比	人数	百分比	人数	百分比	人数	百分比
心仪工作地点	竞争激烈、经济发达的大城市	513	33.98	347	16.35	49	10.61	446	21.47
	竞争较为激烈的省会城市	360	23.84	383	18.05	83	17.96	343	16.51
	竞争压力小但有潜力的中小城市	415	27.48	1105	52.07	254	54.98	918	44.2
	急需人才的边远山区或农村	19	1.26	29	1.37	10	2.16	50	2.41
	无所谓，只要能找到合适的工作	203	13.44	258	12.16	66	14.29	320	15.41
	合计	1510	100	2122	100	462	100	2077	100

工作地点和工作单位		"双一流"		非"双一流"		民办高校		高职高专	
		人数	百分比	人数	百分比	人数	百分比	人数	百分比
心仪工作单位	党政机关	172	11.39	277	13.06	44	9.52	194	9.34
	群团组织	14	0.93	17	0.8	9	1.95	22	1.06
	事业单位	500	33.11	817	38.5	178	38.53	243	11.7
	国有企业	323	21.39	438	20.64	92	19.91	782	37.65
	集体企业	18	1.19	46	2.17	13	2.81	80	3.85
	私营企业	108	7.15	124	5.84	23	4.98	127	6.12
	外资企业	111	7.35	43	2.03	8	1.73	37	1.78
	自主创业	34	2.25	55	2.59	7	1.52	130	6.26
	部队	17	1.13	10	0.47	5	1.08	46	2.21
	自由职业	41	2.72	65	3.06	17	3.68	108	5.20
	哪里都行	172	11.39	230	10.84	66	14.29	308	14.83
	合计	1510	100	2122	100	462	100	2077	100

不同类型学校大学生就业道德规范观差异性显著，检验结果显示，"双一流"和非"双一流"学校的学生分别与民办高校和高职（高专）学生具有显著差异，其他均不存在显著差异，详见表5—35。于"双一流"学生和非"双一流"学校的学生而言，民办高校和高职（高专）学生对"求职过程中对个人简历可以适当'掺水'""求职过程中找关系走后门是有必要的""求职过程中个人可以脚踩'多只船'""违反就业协议不是什么大不了的事情"等观点赞同度更高，如表5—35所示。这在一定程度上反映出，民办高校和高职（高专）学校更多注重学生技能培养，德育教育的核心地位还需巩固强化，学生思想上对德育课须更加重视，将德育知识更好地内化于心。

不同类型学校大学生就业目标规划观差异性显著，检验结果显示，"双一流"学生与高职（高专）学生具有显著差异，其他均不存在显著差异，详见

表5—35。与高职（高专）学生相比，"双一流"学校的学生更为赞同"大学阶段就应该明确个人就业目标和职业发展"的观点，其就业计划意识和目标意识更强，这在一定程度上说明，"双一流"学校的学生对个人就业目标和职业发展更具主动性，如表5—35所示。学历层次和资格证书两者对大学生未来发展和个人提升都非常重要，学历是就业的基础和"敲门砖"，资格证书能够在一定程度上证明个人能力素养，理性选择个人感兴趣、含金量高的资格证书有助于顺利就业。采用卡方检验，不同类型学校大学生资格证书考取情况（$x^2=141.995$，$p<0.001$）差异性显著，学校类型与大学生考证情况呈负相关，即高职（高专）学生考取就业相关资格证书较"双一流"学校的学生要更为积极主动，这与高职（高专）专业设置与职业"耦合性"更强、学生就业压力和就业难度更大有关，为在就业市场中拥有更多选择权，大学生理性考取教师资格证、计算机等级证书等有助于增强就业竞争力，详见表5—37。可见，"双一流"学校的学生就业规划意识和目标意识较强，但对就业的准备还有所欠缺，高职（高专）能够积极推进资格证书考取的就业准备，但就业的目标性和规划性差，因此，就业观教育要施行有重点、分层次的差异化教育，引导大学生做好就业规划认知与就业准备实践的结合。

表5—37　不同类型学校大学生考证情况的卡方检验

（单位：人，%）

考证情况	"双一流"		非"双一流"		民办高校		高职高专	
	人数	百分比	人数	百分比	人数	百分比	人数	百分比
0个	1348	89.27	1700	80.11	328	71	1597	76.89
1个	123	8.15	307	14.47	105	22.73	346	16.65
2个	30	1.99	80	3.77	16	3.46	105	5.06
3个	5	0.33	24	1.13	11	2.38	24	1.16
4个	2	0.13	11	0.52	2	0.43	3	0.14
5个及以上	2	0.13	0	0	0	0	2	0.10
合计	1510	100	2122	100	462	100	2077	100

不同类型学校学生就业态度和观念差异性显著，检验结果显示，"双一流"学生与其他层次高校学生均具有显著差异，高职（高职）学生与其他层次高校学生均具有显著差异，其他均不存在显著差异，详见表5—35。高职（高专）学生对"要想找到好工作就必须改变传统就业观念""就业过程会越挫越勇""大学生应该先就业、后择业、再创业""尽管就业起点低，只要努力也会有美好的未来""工作岗位只有分工不同，没有高低贵贱之分"等观点赞同度最高，民办高校学生、非"双一流"学校的学生次之，"双一流"学校的学生赞同度最低，学校类型因素与大学生就业态度和观念并不呈正相关，即"双一流"学校的学生就业态度和观念并不比其他类型院校大学生更为积极和乐观，如表5—35所示。此外，采用卡方检验，不同类型学校学生面临就业所持基本态度情况差异性显著（x^2=938.75，p<0.001），面对当前就业形势，不同类型学校学生都将就业和深造视为毕业的两大重要选择，"双一流"（62.45%）和非"双一流"（44.86%）建设高校学生更倾向于选择继续深造以增强个人就业竞争力，民办高校（58.22%）和高职（高专）（63.89%）学生希望尽快融入社会、更倾向于"先就业，从基层做起"，这从一定程度上反映出"双一流"和非"双一流"建设高校学生学习能力、求学意识较强；比较而言，高职（高专）学生（5.1%）选择"自主创业"比例最高，"双一流"（1.79%）、非"双一流"（1.46%）建设高校和民办高校（1.52%）学生创新意识和创业热情相对较弱；非"双一流"建设高校（6.12%）和民办高校（6.28%）学生选择"想办法找到满意工作，否则暂不工作"的比例较高，这从侧面反映了国家对不同层次高校教育资源倾斜力度和大学生培养力度的不同，也反映了就业"高不成，低不就"现象的存在，详见表5—38。

表5—38 不同类型学校大学生面临就业所持基本态度的卡方检验

（单位：人，%）

就业态度	"双一流"		非"双一流"		民办高校		高职高专	
	人数	百分比	人数	百分比	人数	百分比	人数	百分比
先就业从基层做起，逐步向目标奋进	376	24.9	805	37.93	269	58.22	1327	63.89

就业态度	"双一流"		非"双一流"		民办高校		高职高专	
	人数	百分比	人数	百分比	人数	百分比	人数	百分比
想办法找到满意工作，否则暂不工作	62	4.11	130	6.12	29	6.28	67	3.23
自主创业	27	1.79	31	1.46	7	1.52	106	5.1
想继续升学深造，不想直接就业	943	62.45	952	44.86	112	24.24	391	18.83
生活开支有父母支持，不着急找工作	4	0.26	5	0.24	1	0.22	3	0.15
无所谓，能找到合适的工作就干	49	3.25	60	2.83	13	2.81	46	2.21
争取嫁个/娶个富二代，根本不用就业	13	0.86	26	1.23	1	0.22	15	0.72
不确定	36	2.38	113	5.33	30	6.49	122	5.87
合计	1510	100	2122	100	462	100	2077	100

不同类型学校大学生对自主创业的认知差异性显著，检验结果显示，"双一流"高校学生与其他层次高校学生均具有显著差异，非"双一流"与其他层次高校学生均具有显著差异，其他均不存在显著差异，详见表5—35。高职（高专）学生对"大学生创业比找工作更容易""创业能够更好实现个人价值""创业能够为社会创造更多价值"等观点赞同度最高，民办高校学生、非"双一流"建设高校学生次之，"双一流"建设高校学生赞同度最低，学校类型因素与大学生自主创业认知并不呈正相关，即"双一流"建设高校学生并不比其他类型院校大学生对自主创业的认知更为积极和乐观，如表5—35所示。麦可思研究院发布的就业蓝皮书也对此有数据支撑，"2017届大学毕业生自主创业的比例为2.9%，与2016届、2015届（均为3%）基本持平。2017届高职高专毕业生半年后自主创业的比例（3.8%）高于本科毕业生（1.9%）"[①]。此外，采用卡方检验，不同类型学校大学生对自主创业态度看法差异性显著（x^2=437.304，$p<0.001$），具体而言，高职（高专）学生（6.21%）比民办高校学生（11.69%）、

———————

① 麦可思研究院：《2018年中国本科生就业报告》，社会科学文献出版社2018年版，第28页。

非"双一流"学校的学生（15.79%）和"双一流"学校的学生（21.26%）创业热情和创业意愿要强；若将选择"为了能实现自我价值，想创业""边打工，边做副业进行创业实践"视为主动积极创业，高职（高专）学生（61.1%）自主创业积极性和主动性最强，民办高校学生（40.47%）、非"双一流"学校的学生（38.36%）次之，"双一流"学校的学生（33.51%）创业积极性相对较差；面对就业难时，不同类型学校大学生通过自主创业解决就业难问题的比例基本持平，这说明国家更为积极的创新创业政策正在发挥着缓解就业难的重要作用，详见表5—39。可见，学校类型因素与大学生自主创业认知呈负相关，即学校层次越高大学生的自主创业热情越差、意愿越低，这说明对于新时代大学生创业意识与能力的培养不是单纯靠学校完成的，而是需要政府、社会和学校协同配合的系统工程。

表5—39 不同类型学校大学生自主创业态度看法的卡方检验

（单位：人，%）

自主创业态度看法	"双一流"		非"双一流"		民办高校		高职高专	
	人数	百分比	人数	百分比	人数	百分比	人数	百分比
不想创业，打工比创业容易	321	21.26	335	15.79	54	11.69	129	6.21
边打工，边做副业进行创业实践	361	23.91	628	29.59	137	29.65	896	43.14
为了能实现自我价值，想创业	145	9.6	186	8.77	50	10.82	373	17.96
如果工作难找，会考虑创业	157	10.4	235	11.07	52	11.26	230	11.07
暂时没有考虑过	526	34.83	738	34.78	169	36.58	449	21.62
合计	1510	100	2122	100	462	100	2077	100

二、不同学科专业的大学生就业观比较

专业是学校根据社会分工需要而划分的学科门类，与个人的就业选择、职

业生涯是紧密联系在一起的，面对日益精细化的专业划分，不同专业的大学生在就业观方面也存在差异。故本研究根据学位分类将大学生划分为文学类（文学、法学、哲学、教育学、经济学、历史学、管理学、艺术学）、理学类、工学类、农医（农学、医学）四类，对 37 所高校 5425[①] 份有效样本不同专业门类大学生的就业观是否存在差异进行相关研究，其中文学类 2659 人、理学类 856 人、工学类 933 人、农医类 977 人，检验结果显示不同专业门类在就业价值取向观、就业态度和观念、对就业相关社会问题认知等方面并不存在显著差异，下面仅分析专业因素与新时代大学生的就业形势政策观、就业目的意义观、就业道德规范观、就业目标规划观、自主创业认识之间的关系，如表 5—40。

表 5—40　不同专业门类大学生就业观的 ANOVA 分析

就业观维度		1.文学	2.理学	3.工学	4.农医	F	LSD	Tamhane
就业形势政策观	均值	8.96	9.18	9.24	9.20	6.258***	1<2，3，4	——
	标准差	2.11	2.17	2.16	2.09			
就业目的意义观（个人）	均值	6.54	6.71	6.84	6.52	6.315***	——	1<3;4<3
	标准差	1.97	2.06	2.14	2.05			
就业目的意义观（社会）	均值	6.51	6.75	6.80	6.41	8.157***	——	1<2，3；4<2;4<3
	标准差	2.04	2.13	2.19	2.07			
就业价值取向观	均值	4.97	4.89	4.85	4.84	2.160	——	——
	标准差	1.62	1.59	1.69	1.56			
就业道德规范观	均值	16.67	16.12	15.70	16.53	10.43***	1>2，3；3<4	——
	标准差	4.74	4.90	4.96	5.03			
就业目标规划观	均值	7.99	8.21	8.35	8.05	10.305***	1<2，3；4<3	——
	标准差	1.85	1.85	1.77	1.86			

[①]　有效数据共计 6171 份，剔除 744 份选择"其他"的不确定样本以及 2 份选择"军事学"的样本。

续表

就业观维度		1.文学	2.理学	3.工学	4.农医	F	LSD	Tamhane
就业态度和观念	均值	11.30	11.24	11.06	10.99	2.587	——	——
	标准差	3.29	3.44	3.46	3.27			
自主创业难易认识	均值	3.20	3.04	3.04	3.02	12.002***	——	1>2, 3, 4
	标准差	1.06	1.05	1.09	1.05			
自主创业价值认识	均值	8.13	7.77	7.77	7.79	9.15***	——	1>2, 3, 4
	标准差	2.53	2.48	2.65	2.40			
就业相关社会问题认识	均值	14.43	14.35	14.40	14.23	0.878	——	——
	标准差	3.27	3.44	3.75	3.36			

注：在单因素 ANOVA 检验中，问卷量表赋值规律为 1 表示非常赞同，2 表示比较赞同，3 表示中立，4 表示不太赞同，5 表示不赞同；$p<0.05$ 为显著，p 值越小代表差异性越显著，***$p<0.001$、**$p<0.01$、*$p<0.05$。

不同专业门类大学生就业形势政策观差异性显著，检验结果显示，文学类学生与理学类、工学类、农医类学生具有显著差异，其他均不存在显著差异，详见表5—40。较理学、工学、农医类学生而言，文学类学生更为赞同"疫情加剧了大学生就业的不确定性和难度""当前新业态、新职业为就业提供了新机遇""就业形势越来越严峻""国家出台的大学生就业创业政策能有效缓解就业难"等观点，如表5—40所示。可见，文学类学生更关注就业形势，这在一定程度上反映出文学类学生就业压力和就业难度更大，文学类学生因所学专业的实用性和针对性不强而在就业市场中缺乏竞争力，因此，文学类学生更为关注就业形势和就业政策，对此也有更为理性的认识。

不同专业门类大学生就业目的意义观差异性显著，检验结果显示，从就业目的意义的个人维度来看，工学类学生与文学类和农医类学生具有显著差异，其他均不存在显著差异；从就业目的意义的社会维度来看，文学类学生与理学类和工学类学生具有显著差异，农医类学生与理学类和工学类学生具有显著差异，其他均不存在显著差异，这体现了专业教育的差异，详见表5—40。较文学、理学、工学类学生而言，农医类学生更为赞同"就业是谋生手段""就业是为了更好地实现个人价值""就业是出于兴趣与爱好"与"就业是民生之本，发展之基""就业是为了更好地服务社会""就业是出于情怀与担当"等观点，这在一定程度上说明了专业教育的价值所在，如表5—40所示。可见，在个人维度和社会维度两个方面，农医类学生就业有着更为明确、清晰的目的意义，这与农学和医学的专业特点有关。较其他专业学生而言，农医类人才更具专属性和针对性，就业方向更为聚焦，入学教育和专业教育也更注重对学生奉献精神和担当意识的培养。

不同专业门类大学生就业道德规范观差异性显著，检验结果显示，文学类与理学类和工学类学生具有显著差异，工学类学生与农医类学生具有显著差异，其他均不存在显著差异，详见表5—40。工学类学生对"求职过程中对个人简历可以适当'掺水'""求职过程中找关系走后门是有必要的""求职过程中个人可以脚踩'多只船'""违反就业协议不是什么大不了的事情"等观点赞同度最高，理学类、农医类学生次之，文学类学生最不赞同，如表5—40所示。可见，工学类学生思维敏捷严谨、动手能力强，但是他们面对有争议的问题时缺乏清醒的辩证思维和独立的思考力，易出现自信心不足、消极从众等负面情绪。

不同专业门类大学生就业目标规划观差异性显著，检验结果显示，文学类学生与理学类和工学类学生具有显著差异，工学类学生与农医类学生具有显著差异，其他均不存在显著差异，详见表5—40。较理学类、工学类学生而言，文学类学生更为赞同"大学阶段就应该明确个人就业目标和职业发展"的观点，其就业计划意识和目标意识更强，这从侧面反映出文学类学生就业压力相对更大，如表5—40所示。采用卡方检验，不同专业门类大学生实习情况（$x^2=29.244, p<0.001$）和资格证书考取情况（$x^2=69.116, p<0.001$）差异性显著，农医类（43.4%）和工学类（42.12%）学生有实习经历的比例均达到四成以上，理学类学生（38.2%）次之，文学类学生（34.94%）最差，这与农医类和工学类专业偏重技能和实践培养有关；理学类学生（23.48%）拥有资格证书比例最

高，这与理学专业是基础的纯理论学科有关，就业竞争力不强，学生自然更倾向于多做就业准备和积累；农医类学生（11.57%）拥有资格证书比例最低，这与近年来医学和农学人才缺口大、就业压力小前景好有关，详见表5—41。

表5—41 不同专业门类大学生实习情况和考证情况的卡方检验

（单位：人，%）

实习/考证情况		文学		理学		工学		农医	
		人数	百分比	人数	百分比	人数	百分比	人数	百分比
实习情况	无实习经历	1730	65.06	529	61.8	540	57.88	553	56.6
	有实习经历	929	34.94	327	38.2	393	42.12	424	43.4
	合计	2659	100	856	100	933	100	977	100
考证情况	0个	2136	80.33	655	76.52	742	79.53	864	88.43
	1个	403	15.16	140	16.36	135	14.47	84	8.6
	2个	83	3.12	48	5.61	39	4.18	20	2.05
	3个	25	0.94	9	1.05	16	1.71	6	0.61
	4个	11	0.41	2	0.23	0	0	3	0.31
	5个及以上	1	0.04	2	0.23	1	0.11	0	0
	合计	2659	100	856	100	933	100	977	100

不同专业门类大学生对自主创业的认知差异性显著，检验结果显示，文学类学生与理学类、工学类和农医类学生具有显著差异，其他均不存在显著差异，详见表5—40。较理学类、工学类、农医类学生而言，文学类学生对"大学生创业比找工作更容易""创业能够更好实现个人价值""创业能够为社会创造更多价值"等观点赞同度最低，即文学类学生对自主创业的认知更为消极和悲观，如表5—40所示。此外，采用卡方检验，不同专业门类大学生对自主创业态度看法差异性显著（$x^2=36.945$，$p<0.001$），具体而言，工学类学生（12.54%）创业热情和创业意愿要强，理学类（14.49%）、农医类（14.54%）学生次之，文学类（14.97%）学生最差，这在一定程度上反映出了工科的专

业特点是在生产实践中积累技术经验，与实践转化密切相关，这一专业学生创业的积极性自然更高；若将选择"为了能实现自我价值，想创业""边打工，边做副业进行创业实践"视为主动积极创业，工学类学生（50.16%）自主创业积极性和主动性最强，这更加印证了工学专业特点，详见表5—42。可见，专业因素与大学生自主创业认知具有相关性，应用性和实践性越强的专业，其学生的自主创业热情越高、创业意愿更强。

表5—42　不同专业门类大学生自主创业态度看法的卡方检验

（单位：人，%）

自主创业态度看法	文学		理学		工学		农医	
	人数	百分比	人数	百分比	人数	百分比	人数	百分比
不想创业，打工比创业容易	398	14.97	124	14.49	117	12.54	142	14.54
边打工，边做副业进行创业实践	795	29.9	286	33.41	357	38.26	297	30.4
为了能实现自我价值，想创业	281	10.57	108	12.62	111	11.9	112	11.46
如果工作难找，会考虑创业	281	10.57	94	10.98	94	10.08	116	11.87
暂时没有考虑过	904	33.99	244	28.5	254	27.22	310	31.73
合计	2659	100	856	100	933	100	977	100

第六章　新时代大学生就业观培育的目标取向与对策措施

　　毛泽东曾形象地指出，"我们不但要提出任务，而且要解决完成任务的方法问题。我们的任务是过河，但是没有桥或没有船就不能过。不解决桥或船的问题，过河就是一句空话。不解决方法问题，任务也只是瞎说一顿"①。对新时代大学生培育而言，习近平总书记针对新时代推进大学生就业工作所遇到的理论和实践难题提出了一系列重要论述就是目标指引之"桥"，个人、政府、学校、家庭和社会方方面面的协同努力就是培育之"船"，最终将大学生练就为想国家之所想、急国家之所急、应国家之所需的时代新人。

第一节　新时代大学生就业观培育的目标取向

　　习近平总书记站在新的历史起点，结合新时代面临的人才培养和就业创业问题，运用学理深刻、内涵丰富、形象生动、易于理解的语言充分阐述了新时代大学生如何认知就业形势、如何进行就业规划、如何衡量就业价值等重大问题，为大学生个人成长和就业成才指明了未来的发展方向。这些思想的提出是应对新形势下推进大学生就业工作所遇到的理论与实践难题的重要举措，具有接地气的属性和化人心的功能，在新时代大学生就业观研究中发挥着重要的指导作用。

---

① 《毛泽东选集》第一卷，人民出版社 1991 年版，第 139 页。

一、将大学生培养成为担当民族复兴大任的时代新人

理想是人生的灯塔，信念是奋斗的动因，"青年一代有理想、有本领、有担当，国家就有前途，民族就有希望"①，坚定的理想信念是新时代每个大学生成才就业的力量源泉。习近平总书记根据培养中国特色社会主义事业建设者和接班人的现实需要，从理论和现实、过去和现在、中国和世界等视角，重新审视肯定大学生在历史进程和未来发展中的重要地位，强调大学生在就业问题上要以民族复兴的中国梦为引领、以社会主义核心价值观为引导、以中华优秀传统文化为熏陶，以此指导大学生坚定不移走社会主义道路，从而在就业实践中成为"有理想、有本领、有担当"的时代新人。

（一）以民族复兴的中国梦引领新时代大学生的"就业梦"

"青年兴则国家兴，青年强则国家强"②，当代大学生作为担当民族复兴大任的时代新人，是青年中的佼佼者，是中国特色社会主义道路走得更远的先锋军，要听党话跟党走，主动承担历史使命，以民族复兴的中国梦引领个人"就业梦"。

1. 新时代大学生是国家的希望和民族的未来

习近平总书记指出，"青年是整个社会力量中最积极、最有生气的力量，国家的希望在青年，民族的未来在青年"③。大学生是中国革命、建设、改革的重要力量，他们是否有朝气、有才华、有信心决定着社会主义建设的进程，"实践充分证明，中国青年是有远大理想抱负的青年！中国青年是有深厚家国情怀的青年！中国青年是有伟大创造力的青年！无论过去、现在还是未来，中国青年始终是实现中华民族伟大复兴的先锋力量"④。这就要求，作为新时代中

---

① 《习近平谈治国理政》第三卷，外文出版社 2020 年版，第 54 页。

② 《习近平谈治国理政》第一卷，外文出版社 2018 年版，第 54 页。

③ 《习近平谈治国理政》第三卷，外文出版社 2020 年版，第 333 页。

④ 习近平：《在纪念五四运动 100 周年大会上的讲话》，人民出版社 2019 年版，第 5 页。

国最积极、最活泼、最有生机的大学生群体，要紧跟党和政府脚步，将个人的理想与国家和民族的命运密切联系在一起，让青春之梦想在新时代展现得更加丰满、更有张力。习近平总书记在给河北保定学院西部支教毕业生群体代表回信中明确指出"同人民一道拼搏、同祖国一道前进，服务人民、奉献祖国，是当代中国青年的正确方向"①，在给北京大学学生的回信中强调"中国梦是国家的梦、民族的梦，也是包括广大青年在内的每个中国人的梦"②，要求当代大学生牢固树立共产主义的远大理想，一定要"坚定理想信念、练就过硬本领、勇于创新创造、矢志艰苦奋斗、锤炼高尚品格"③，努力肩负起时代赋予的历史重任。

2. 新时代大学生要乘时代东风放飞青春梦想

大学生富有朝气、富有梦想，正是一个个青春梦汇聚成为了中国梦。习近平总书记将大学生视为实现中国梦最值得依赖的力量，明确指出"我们教育引导学生，一个重要任务就是用中国梦激扬青春梦"④，殷切希望大学生"坚定理想信念，志存高远，脚踏实地，勇做时代的弄潮儿"⑤。当"梦想"与"朝气"相结合，必将实现青春价值，这就要求新时代大学生将就业梦想照进新时代社会现实，用梦想点亮人生，以青春梦汇聚中国梦，"在实现中国梦的生动实践中放飞青春梦想，在为人民利益的不懈奋斗中书写人生华章"⑥。大学生要敢于立志，敢于拥有现实的、向上的、积极的就业目标，立志为国家、为社会、为人民贡献力量。大学生要勇于担当，做追梦的时代新人，直面当前就业现实，树立正确的就业认知，正视所有挫折与挑战，中流击水，担负起民族振兴、国

① 中共中央文献研究室：《习近平关于青少年和共青团工作论述摘编》，中央文献出版社 2017 年版，第 50 页。
② 《论党的青年工作》，中央文献出版社 2022 年版，第 14 页。
③ 《论党的青年工作》，中央文献出版社 2022 年版，第 153—154 页。
④ 中共中央文献研究室：《习近平关于青少年和共青团工作论述摘编》，中央文献出版社 2017 年版，第 18 页。
⑤ 《习近平谈治国理政》第三卷，外文出版社 2020 年版，第 55 页。
⑥ 《习近平谈治国理政》第三卷，外文出版社 2020 年版，第 55 页。

家富强、人民幸福的重任。大学生要勤于作为，做圆梦的时代新人，以个人积极的就业创业行动吹响梦想号角，勤于行动、敢拼实干，抓住国家发展的大好机遇善于作为，不忘家国，不负韶华。

（二）以社会主义核心价值观引导大学生理性择业

价值引领方向，方向决定选择，正确的价值观能引导一个人作出正确的选择、走向正确的道路。因此，大学生就业观中所内含的价值理念和价值标准影响其就业行为选择，也影响着个人的前途和发展。"社会主义核心价值观是当代中国精神的集中体现，凝结着全体人民共同的价值追求"[①]，是国家和民族的精神旗帜，是人民共同的思想道德基础，对大学生树立人生奋斗目标、端正就业认知态度、构筑就业价值体系发挥着至关重要的思想引领和价值导向作用。

1. 新时代大学生要深刻领悟社会主义核心价值观

习近平总书记高度重视大学生价值观的形成和确立，在他看来，"青年的价值取向决定了未来整个社会的价值取向"[②]。大学生是青年群体中的中坚力量，正处于人生"拔节孕穗"的关键阶段，思想尚处在不成熟阶段，必须通过社会主义核心价值观教育来引导规范价值观念，促进其投身就业实践实现自由而全面发展。大学生即将步入社会，是参与社会建设的社会主义事业接班人，积极引导大学生结合自身实际和社会现实，深入思考人的本质、人生价值、就业意义等问题，扣好人生的"第一粒扣子"，掌控好人生"总钥匙""总开关"。习近平总书记叮嘱大学生必须将"人生的扣子从一开始就要扣好"[③]，衣服的扣子扣错了还有解开重来的机会，但人生的扣子一旦扣错是无法重新来过的。大学生就业无论面对的是一马平川还是崇山峻岭，是康庄大道还是崎岖弯路，只要始终以社会主义核心价值观为人生灯塔，时不时地给自己做个"全面检查"，才能在新时代中国特色社会主义伟大实践中走人间正道。

---

① 《习近平谈治国理政》第三卷，外文出版社 2020 年版，第 33 页。

② 《习近平谈治国理政》第一卷，外文出版社 2018 年版，第 172 页。

③ 《习近平谈治国理政》第一卷，外文出版社 2018 年版，第 172 页。

2. 新时代大学生要成为社会主义核心价值观积极践行者

社会主义核心价值观不仅要内化于心，还要外化于行，大学生只有真正做到把社会主义核心价值观变为自身修养，并在日常生活和就业实践中落到实处，才能从根本上解决从思想认识到行为规范方面存在的种种问题。习近平总书记凭借对大学生成才规律的深刻洞察，结合自己成长历程，对大学生树立和践行社会主义核心价值观提出"勤学、修德、明辨、笃实"的"八字真经"[1]，"志存高远、德才并重、情理兼修、勇于开拓"的"十六字诀"[2]以及"爱国、励志、求真、力行"的"四点希望"[3]，字字珠玑、句句箴言，为大学生成长发展指明了路径和方向。基于此，大学生应该紧跟时代发展的步伐和国家建设的号召，自觉用社会主义核心价值观引领个人就业行为和就业实践，将"爱国、敬业、诚信、友善"普及到个人就业行为规范之中，将建设"自由、平等、公正、法治"的社会目标带入个人就业责任意识之中，将"小我"发展放入"大我"发展，树立与国家"富强、民主、文明、和谐"同向而行的就业目标和奋斗理想。

（三）以中华优秀传统文化教育提升大学生就业竞争力

中华优秀传统文化作为中华民族的"精神宝库"，既承载历史、承接历史、传承历史，又连接现实、服务现实、指导现实，运用中华优秀传统文化说明问题、解疑释惑、阐述理念是习近平新时代中国特色社会主义思想的一个突出特点。习近平总书记从中华优秀传统文化中发掘历史智慧、汲取政治智慧，形成了具有独特话语体系的关于大学生就业的重要论述，全方面提高了大学生包括人格品德、本领才华、实践能力在内的综合素质，在大学生就业竞争力的提升中发挥重要作用。

1. 以"立德修身"涵养新时代大学生的人格品德

大学生立什么样的德，既是个人精神世界塑造和价值选择问题，也彰显了

---

[1]《习近平谈治国理政》第一卷，外文出版社2018年版，第172—173页。
[2]《习近平致全国青联十二届全委会和全国学联二十六大的贺信》，《人民日报》2015年7月25日。
[3]《论党的青年工作》，中央文献出版社2022年版，第147页。

一代人的胸怀与境界。习近平总书记高度重视新时代大学生锤炼品德修为，他引用"若无德，则虽体魄智力发达，适足助其为恶"的典故，要求大学生将崇德修身放在做人做事的第一位，要明大德、守公德、严私德；他引用王阳明的诗句"立志而圣则圣矣，立志而贤则贤矣"，勉励大学生将小我融入祖国的大我、人民的大我之中，与时代同步伐、与人民共命运，不断升华人生境界；他引用欧阳修的文章"得其大者可以兼其小"，告诫大学生要着眼大处、着眼长远，不要陷入只看眼前、只论得失、只计自我、只较小道的思维；他引用《论语·里仁》"见贤思齐焉，见不贤而内自省也"，告诫大学生要善于向古人先贤和今人先进学习，重视榜样、学习榜样、效法榜样，使自己仁智勇兼备；他引用刘禹锡的诗句"千淘万漉虽辛苦，吹尽狂沙始到金"，告诫大学生要在逆境中磨炼成金，培养持之以恒的毅力品质；他引用《论语·子路》"言必信，行必果"，勉励大学生要培养言而有信、遵守信用的诚信品格；他引用《孟子·滕文公上》"出入相友，守望相助"，鼓励大学生涵养互帮互助、和睦共处的德性追求；他引用《孟子·离娄下》"仁者爱人"，鼓励大学生塑造拥有慈爱之心、满怀爱意的人格魅力。

2. 以"敏而好学"增强新时代大学生的本领才华

"书山有路勤为径，学海无涯苦作舟"，梦想的实现从学习开始，大学生要把勤奋学习作为人生进步的重要阶梯，努力提升本领增长才干。习近平总书记指出加强学习是解决"本领恐慌"的唯一途径，他引用《礼记·学记》"玉不琢，不成器；人不学，不知道"和《续诗品·尚识》"学如弓弩，才如箭镞"，强调学习对于个人成长成才的重要意义，勉励大学生通过学习释放正能量，依靠学习成就梦想；他引用《荀子·劝学》"不登高山，不知天之高也；不临深溪，不知地之厚也"，告诫大学生学习应该抱有谦虚的学习态度；他引用《南史·隐逸传下·陶弘景》"一物不知，深以为耻，便求知若渴"，告诫大学生在求学中应有认真的态度，要尊重知识，积极求教；他引用《诫子书》"非学无以广才，非志无以成学"，勉励大学生淡泊名利、涵养心性，做到以学立德；他引用《论衡·实知》"人才有高下，知物由学"，勉励大学生主动学习新思想、新知识和新经验，提升知识总量、知识质量，做到以学增智；他引用《说苑·建本》"学所以益才也，

235

砺所以致刃也",勉励大学生以学习增长才干、指导实践,做到以学兴业;他引用《礼记·中庸》"博学之,审问之,慎思之,明辨之,笃行之",告诫大学生要吸收知识、答疑解惑、遴选消化、择定结果、践行学志,实现真正意义上的学习。

3. 以"实干笃行"增强新时代大学生的实践能力

"道固远,笃行可至;事虽巨,坚为必成",大学生要把实干作为成长成才的必由之路,不仅要心中有梦想,更要不负韶华、不惧风雨、实干笃行、砥砺奋进新时代。习近平总书记强调"空谈误国,实干兴邦",他引用陆游诗句"纸上得来终觉浅,绝知此事要躬行",强调笃行实干的重要性,勉励大学生投身实践、奋斗新时代;他引用《尚书·周书·周官》"功崇惟志,业广惟勤",告诫大学生以脚踏实地的实干精神为实现中国梦而志向远大、勤奋工作;他引用《刘子·崇学》"凿井者,起于三寸之坎,以就万仞之深"和《道德经》"合抱之木,生于毫末;九层之台,起于累土",勉励大学生要现在做起、从自己做起,从身边点滴做起,从细微积累开始,以实干成就伟大事业;他引用《放歌行》"青春虚度无所成,白首衔悲亦何及",告诫新时代大学生要珍惜美好年华,练就过硬本领,以实干担当时代重任;他引用《诗经》"周虽旧邦,其命维新"和商汤《盘铭》"苟日新,日日新,又日新",勉励大学生在实干中要与时俱进,勇于改革创新;他引用《周易》"天行健,君子以自强不息",勉励大学生在实干中要有顽强进取、蓬勃向上的精神风貌;他引用老子之言"天下难事,必作于易;天下大事,必作于细",勉励大学生在劳动实践和辛勤创造中,进一步磨炼本领、砥砺品格,绽放人生的光芒。

二、将大学生培养成为创新创业的生力军

"创新是一个民族进步的灵魂,是一个国家兴旺发达的不竭动力,也是中华民族最深沉的民族禀赋"①。创新是一场融合新科技革命和新产业革命、具有

---

① 《习近平谈治国理政》第一卷,外文出版社 2018 年版,第 59 页。

鲜明新时代特征的划时代大变革，习近平总书记多次强调"创新"在社会发展进程中的重要作用，指出"抓创新就是抓发展，谋创新就是谋未来"①，高度重视、大力支持大学生创新创业，要求"各级党委和政府要高度重视高校工作……要强化就业创业服务体系建设，支持帮助学生们迈好走向社会的第一步"②。在"大众创业、万众创新"的时代浪潮中，大学生具有强烈的个人梦想与迫切需求，是创新创业的生力军，这就要求其不断坚定创新创业信念、练就创新创业本领，勇于在创新创业实践中焕发出青春的光彩和力量。

（一）新时代大学生要坚定创新创业信念

大学生探索未知劲头足，接受新生事物快，主体意识和参与意识强，其活力、激情和想象力正是创新创业创造的重要源泉。习近平总书记认为"青年是社会上最富活力、最具创造性的群体"③，指出"青年学生富有想象力和创造力，是创新创业的有生力量"④，要求大学生不做过客、当看客，树立创新创业的自主意识，在与时代同频共振中成就新的青春之歌。正所谓"苟日新、日日新、又日新"，"生活从不眷顾因循守旧、满足现状者，从不等待不思进取、坐享其成者，而是将更多机遇留给善于和勇于创新的人们"⑤。在激烈的国际竞争中，实现"创新梦""创业梦"必然历经艰苦曲折，大学生能否承受挫折、克服困难，能否在失败与成功面前始终保持清醒的头脑，是成功的基石与关键。因此，新时代大学生应正视自身的优势与不足，坚定创新创业信念，在夯实工作基础的前提下先行先试，敢于走别人不敢走的路，在创新创业创造的时代实践中实现人生价值，"让青春年华在为国家、为人民的奉献中焕发出绚丽光彩"⑥。

---

① 中共中央文献研究室编：《习近平关于科技创新论述摘编》，中央文献出版社 2016 年版，第 7 页。
② 《习近平谈治国理政》第一卷，外文出版社 2018 年版，第 175 页。
③ 《习近平谈治国理政》第一卷，外文出版社 2018 年版，第 51 页。
④ 《习近平致 2013 年全球创业周中国站活动组委会的贺信》，《人民日报》2013 年 11 月 9 日。
⑤ 《习近平谈治国理政》第一卷，外文出版社 2018 年版，第 51 页。
⑥ 习近平：《在知识分子、劳动模范、青年代表座谈会上的讲话》，《人民日报》2016 年 4 月 30 日。

（二）新时代大学生要练就创新创业本领

创新的事业呼唤创新的人才，大学生要不断开拓新视野、学习新知识和掌握新本领，提升自己的知识认知、能力水平和思维视野，时刻迎接社会发展带来的挑战。习近平总书记勉励大学生在应对变化中从改变自身做起，脚踏实地干事，练就过硬本领，"让勤奋学习成为青春远航的动力，让增长本领成为青春搏击的能量"①，在实现中华民族伟大复兴的新征程上勇立潮头、争做先锋。创新者强、创新者胜、创新者进，习近平总书记勉励大学生"既扎实打牢基础知识又及时更新知识，既刻苦钻研理论又积极掌握技能，不断提高与时代发展和事业要求相适应的素质和能力"②，要坚持问题导向，带着问题学，做到干中学、学中干，学以致用、用以促学、学用相长；要强化本领意识，通过读书学习来增长知识、增加智慧、增强本领，以"强起来"的自身努力适应时刻变化的世界；要做到知行合一，将本领落实到实践中、行动中，以知促行、以行求知，在创新创业实践中学真知、悟真谛、得真理。

三、将大学生培养成为新时代的奋进者开拓者奉献者

新时代为大学生实现人生价值提供了无比广阔的舞台，习近平总书记要求大学生积极投身新时代中国特色社会主义伟大实践，强调"实现'两个一百年'奋斗目标，你们和千千万万青年将全过程参与。有信念、有梦想、有奋斗、有奉献的人生，才是有意义的人生"③。大学生是实现中华民族伟大复兴的重要力量，要始终把个人的理想追求与振兴中华的伟大实践紧密结合，用年轻的臂膀肩负起时代的责任与使命，"勇做走在时代前列的奋进者、开拓者、奉

① 中共中央文献研究室：《十八大以来重要文献选编（上）》，中央文献出版社 2014 年版，第279 页。

② 《习近平谈治国理政》第一卷，外文出版社 2018 年版，第 51 页。

③ 《习近平谈治国理政》第一卷，外文出版社 2018 年版，第 175—176 页。

献者……用青春和汗水创造出让世界刮目相看的新奇迹"①。

（一）引导新时代大学生崇尚劳动做时代的奋进者

奋斗是青春最亮丽的底色，也是大学生最鲜明的标识，"现在，青春是用来奋斗的；将来，青春是用来回忆的"②。习近平总书记始终强调奋斗的意义和价值，指出"实现中华民族伟大复兴的中国梦，需要一代又一代有志青年接续奋斗"③。中国特色社会主义事业进入新时代，大学生作为宝贵的人才资源，要抓住时代脉搏、助力祖国建设，"在奋斗中释放青春激情、追逐青春理想，以青春之我、奋斗之我，为民族复兴铺路架桥，为祖国建设添砖加瓦"④。新时代大学生面临着建功立业的人生机遇，面临着"天将降大任于斯人"的时代使命，这就要求大学生"撸起袖子加油干"，坚信"人世间的一切幸福都需要靠辛勤的劳动来创造"⑤。大学生要崇尚劳动，在就业择业过程中形成正确的职业认知和岗位认知，"劳动没有高低贵贱之分，任何一份职业都很光荣"⑥。只有干一行爱一行、干一行精一行，大学生才能拓宽自身就业选择，立足岗位上练就过硬本领、实现个人成才。大学生要扎实劳动，"要沉下心来干工作，心无旁骛钻业务"⑦，把身心用在干事创业上，用踏实劳动、辛勤劳动和诚实劳动发展自我，这样的劳动才会收获成长、得到尊重、赢得认可。每位大学生都有自由选择职业的权利，理性就业不是放弃个人理想的职业，而是无论在什么行业、什

---

① 《习近平谈治国理政》第三卷，外文出版社 2020 年版，第 336 页。

② 《习近平谈治国理政》第一卷，外文出版社 2018 年版，第 54 页。

③ 习近平：《在知识分子、劳动模范、青年代表座谈会上的讲话》，人民出版社 2016 年版，第 11 页。

④ 习近平：《在北京大学师生座谈会上的讲话》，人民出版社 2018 年版，第 3 页。

⑤ 《习近平谈治国理政》第一卷，外文出版社 2018 年版，第 4 页。

⑥ 习近平：《在知识分子、劳动模范、青年代表座谈会上的讲话》，人民出版社 2016 年版，第 9 页。

⑦ 《切实贯彻落实新时代党的组织路线全党努力把党建设得更加坚强有力》，《人民日报》2018 年 7 月 5 日。

么岗位上从事什么工作，都能诚实奋进、踏实肯干，实现个人人生价值。

（二）支持新时代大学生基层就业做时代的开拓者

基层是锻炼能力和增长才干的人生舞台，习近平总书记勉励大学生到基层锤炼意志、发挥才智、成就事业，"坚持从实际出发，勇于到基层一线和艰苦地方去，把人生的路一步步走稳走实，善于在平凡岗位上创造不平凡的业绩"[①]。榜样的力量是无穷的，习近平总书记的青年时代几乎全是在农村、学校和基层一线度过的，"下决心扎根农村，立志改变梁家河的面貌"，"在困境中实现了精神升华"，不管多累多苦，都"能一直拼命干，从来不'撒尖儿'"[②]。正是习近平总书记多年的基层锻炼，塑造了他敢为人先、果敢坚强的意志，锻造了他吃苦耐劳、艰苦朴素的品格，为大学生树立了扎根基层、在基层"干得实""干得好"的榜样。习近平总书记给中国石油大学（北京）克拉玛依校区毕业生亲切回信，肯定他们到边疆基层工作的选择，勉励大学生"志存高远、脚踏实地，不畏艰难险阻，勇担时代使命，把个人的理想追求融入党和国家事业之中"[③]，成为新时代中国特色社会主义伟大事业的建设者和接班人。近年来，国家有关部门组织实施了"西部计划""选聘高校毕业生到村任职""三支一扶""特岗教师"等专项政策，引导和鼓励大学生到基层就业，到艰苦和国家需要的地方学习本领、磨炼意志、体现价值、实现理想。

（三）鼓励新时代大学生服务社会服务人民做时代的奉献者

人生的意义在于奉献，奉献是新时代大学生必须培养的一种品质、一种美德。作为新时代中国特色社会主义事业建设者和接班人，到祖国和人民最需要

[①] 《稳中求进推动经济发展　持续努力保障改善民生》，《人民日报》2013 年 5 月 16 日。

[②] 中央党校采访实录编辑室：《习近平的七年知青岁月》，中共中央党校出版社 2017 年版，第 416 页。

[③] 《把个人的理想追求融入党和国家事业之中　为党为祖国为人民多作贡献》，《人民日报》2020 年 7 月 9 日。

的地方奉献自己的青春。习近平总书记指出，"社会是个大课堂。青年要成长为国家栋梁之才，既要读万卷书，又要行万里路"①，大学生只有服务社会、服务人民才能更好地检验所学、增强本领，才能形成服务意识和为民情怀。因此，大学生要主动融入国家发展战略，在"大我"的奉献中实现"小我"，以基层就业实现自我价值，以拼搏奉献彰显社会价值，在奉献中树立为人民服务的高尚品德，培养对人民、对社会和对国家的责任意识，为强国建设、民族复兴奉献个人力量。

第二节　新时代大学生就业观培育的对策措施

新时代大学生就业观的培育是一项系统工程，不能一蹴而就、立竿见影，需要适宜的"气候""土壤""水分"和"养料"。大学生科学理性就业观要求每一个体都成为一片肥沃的"土壤"，通过思想政治教育手段引导学生运用"三因"理念树立科学理性就业观，形成与时代发展、国家需要、社会需求相适应的就业观念和个性品质。大学生就业观培育需要有凝神聚气的思想"养料"，充分发挥社会主义核心价值观在就业观教育领域的"定盘星"作用，为大学生就业观存在的价值偏差问题开出"对症药方"。大学生科学理性就业观需要和谐的育人"气候"，充分发挥政府、学校、家庭和社会各自的育人功能，共同关心、紧密配合、协同推进，形成"四位一体"的育人场域，服务于大学生就业观教育工作。大学生科学理性就业观需要充足的培育"水分"，处理好教育实践中"普遍"与"特殊"、"激励"与"约束"、"显性"与"隐性"的关系，提升就业观教育的科学化水平，为新时代培育合格的中国特色社会主义事业建

---

① 中共中央文献研究室编：《习近平关于青少年和共青团工作论述摘编》，中央文献出版社2017年版，第55页。

设者和接班人。

一、运用"三因"理念树立新时代大学生科学理性就业观

教育工作"必须让科学理论为实践提供方向和思路"[①]，新时代大学生科学理性就业观的形成和树立离不开科学理论的指导，即运用马克思主义和马克思主义中国化的最新理论成果推进大学生就业观教育。习近平总书记在 2016 年全国高校思想政治工作会议上提出"因事而化、因时而进、因势而新"的"三因"理念，这不仅是马克思主义与时俱进理论品格的深刻总结，更是高校紧紧围绕"立德树人"根本任务推进就业观教育工作的根本遵循。运用"三因"理念，把握"时"与"进"、"势"与"新"、"事"与"化"的辩证关系，引导新时代大学生转化思想认识，形成中国特色社会主义就业观：因时而进，把个人价值实现与国家需要相联系，有力回答"为什么就业"的问题；因势而新，把自由全面发展与社会需求相联系，合理诠释"就业是什么"的问题；因事而化，把美好生活追求与艰苦奋斗相联系，生动展现"就业怎么做"的问题。

（一）因时而进：把人生价值实现与国家需要相联系

新时代大学生要有"因时而进"的就业观念，牢牢把握"时"的发展需要，将个人的"进"与"时"的机遇相结合，实现"时"与"进"的同向而行。职业既是时代赋予个人的使命，也是个人报效国家、实现自身价值的基本形式，因此，大学生人生价值的实现与时代进步和国家需要紧密相连。

1. 新时代大学生个人价值的实现离不开国家的需要

大学生个人价值与国家需要的紧密关系可以生动阐释为个人的就业梦与国家的中国梦，中国梦是就业梦的坚实基础和有力后盾，为个人价值的最大限度

---

① 李俊伟：《理论的基本效能与理论武装群众的基本路径分析》，《中共中央党校学报》2013 年第 1 期。

发挥和最大限度实现提供了强有力的舞台。中国梦成就就业梦，大学生是以职业劳动创新创造为依托建立和发展个人事业，并借此来完成个人价值的实现，个人事业的发展只有在国家和民族事业内才能成功实现、才能获得强有力的支持，个人的就业目标和发展选择必须与党和国家整体发展进程相结合。新时代，国家的需要不仅是大学生最朴素的就业观，也应成为大学生最坚定的信仰，个人与意义价值的最终实现就是在各自的岗位上坚守满足国家需要的初心，将中华民族伟大复兴的宏伟蓝图一步步变为美好现实。

2. 新时代大学生个人价值的实现应扎根祖国最需要的地方

新时代大学生只有到祖国最需要的地方建功立业才能实现个人价值的最大化。以时代为坐标、以国家需要为方向，大学生在就业中才能创造更大的人生价值，而时代越是进步、国家越是强大，越能为个人提供更为广阔的发展空间和展示平台。当前，中国特色社会主义现代化建设事业如火如荼，条件艰苦的基层、改革发展的一线、科技攻关的前沿等都是国家最需要的地方，历史和现实反复说明个人价值实现的最高境界就是爱国，大学生只要抓到国家需要这个根本并以此作为行动指南，一切问题便迎刃而解，个人就业也就顺理成章。在调研中发现，新时代大学生基层就业、自主创业比例偏低，然而，越是急需人才的社会一线越能为大学生提供尽力尽情尽意地发挥个人才能和体现个人价值的平台，越是在国家需要的地方越能充分实现大学生的社会价值与人生意义，越是条件艰苦的地方越能增强过硬本领和锤炼高尚品格。

（二）因势而新：把自由全面发展与社会需求相联系

新时代大学生要有"因势而新"的就业观念，紧密结合社会"势"的变化趋势并顺势而为，将个人发展的"新"与社会大"势"相结合，实现"势"与"新"的互促共进。就业是个人与市场相互匹配的过程，作为一种双向选择的实现，大学生不仅要认识自我、找准定位，更要关注社会需求，否则难以实现顺利就业，个人的自由全面发展更是无从谈起。因此，新时代大学生就业观要观照社会的现实需求，将良好的个人条件、兴趣爱好、发展方向与社会需求紧密结合，充分发挥个人的聪明才智。

1. 新时代大学生的个人自由全面发展离不开社会需求的土壤

马克思将"人的自由而全面发展"确立为人类社会发展的最高目标，其实质是"人以一种全面的方式，就是说，作为一个完整的人，占有自己的全面的本质"①，即"只有在共同体中，个人才能获得全面发展其才能的手段，也就是说，只有在共同体中才可能有个人自由"②。进入新时代，增强经济社会发展的动力活力既是全面深化改革的重要目的，也成为推动改革走向深入的必要条件，"让一切劳动、知识、技术、管理、资本等要素的活力竞相迸发，让一切创造社会财富的源泉充分涌流"③，不断释放资本和劳动两个方面的积极性为大学生在就业岗位上能以主人翁姿态尽力尽情尽意地发展个性提供了更多可能。社会需求是滋养个人自由全面发展的土壤，新时代大学生积极投身乡村振兴、"一带一路"就能实现最有个性、最能自由、最能全面的发展，而个人越是自由全面发展，越能创造更丰富的物质精神文化生活、促进社会发展进步。

2. 新时代大学生的个人全面发展要以社会需求为行动指南

个人全面发展要以社会现实为前提，这就要求大学生就业过程中顺应社会需求，并以就业形势、岗位需求等外在社会环境条件作为就业行动的依据。就业是劳动力资源在就业市场中选择位置的动态过程，对社会需求掌握不准、对自身认识不清，必然难以形成具有能动性的劳动力和生产资料的最优配置，个人自由全面发展也将成为无源之水、无本之木。需要特别注意的是，部分大学生为了实现个人理想和个人发展，采取了坚决的"不妥协""不将就"态度而难以就业，这就需要进行重新的自我审视、自我定位和自我调整，进而找到个人发展与社会需求间的共鸣点。

---

① 《马克思恩格斯文集》第1卷，人民出版社2009年版，第189页。
② 《马克思恩格斯文集》第1卷，人民出版社2009年版，第571页。
③ 《习近平谈治国理政》第一卷，外文出版社2018年版，第93页。

（三）因事而化：把美好生活追求与艰苦奋斗相联系

新时代大学生要有"因事而化"的就业观念，必须要以"事"为愿景、以"化"为手段，对"事"的追求离不开如何"化"的选择问题，如何"化"则是保证"事"得以实现的现实力量，将个人对"事"的追求转化为"化"的动力，实现"事"与"化"的有机统一。新时代大学生对美好生活的向往与需要的满足必须通过有尊严地就业来实现，而这离不开对艰苦奋斗的正确认知，否则美好生活的愿景只能成为"空中楼阁"。新时代大学生就业观要以艰苦奋斗之光照亮美好生活的追求之路，将对美好生活的追求转化为艰苦奋斗的行动目标和精神动力，在艰苦奋斗和实干奉献中创造美好生活、升华人生理想。

1.新时代大学生的美好生活追求要靠艰苦奋斗来实现

就业是美好生活的保障，个人实现就业就有了可持续的收入流，就可能有财富的积累，可以进一步在更广更深层面实现美好生活。大学生更需要具备艰苦奋斗的能力，通过奋斗抓住机会、通过奋斗将可能变成现实，特别是，现阶段我国仍处于并将长期处于社会主义初级阶段，我国仍然是世界上最大的发展中国家，发展不平衡不充分问题依然突出，城乡区域发展和收入分配差距还比较大，关键核心技术受制于人的状况尚未改观，推动高质量发展还面临不少短板弱项，强国建设、民族复兴需要艰苦奋斗。"新时代是奋斗者的时代"①，生逢其时的大学生都是新时代的见证者、开创者、建设者，不管何时何地，干一行爱一行、钻一行精一行，每一个小我都以永不懈怠的精神状态和一往无前的奋斗姿态奋勇前进，个人就一定能实现美好生活愿景、找到人生出彩舞台，也终将在时代画卷中留下属于自己的足迹。

2.新时代大学生艰苦奋斗的强大动力来自对美好生活的追求

"社会主义是干出来的，新时代是奋斗出来的"②，艰苦奋斗是具有新时代

---

① 习近平：《在 2018 年春节团拜会上的讲话》，《人民日报》2018 年 2 月 15 日。

② 习近平：《在全国劳动模范和先进工作者表彰大会上的讲话》，《人民日报》2020 年 11 月 25 日。

标识的一种精神特质，它不是口号而是行动，行动的源泉就来自每个人对美好生活、建功立业、实现梦想的强烈向往和追求。只有解决好艰苦奋斗的动力问题，新时代大学生才能紧握奋斗之桨、高扬奋斗之帆，这就要求对美好生活的向往要紧贴现实，过低则缺乏奋斗的意义和价值，过高则很难实现，最终都会导致放弃艰苦奋斗。对美好生活的向往要有情怀，"个人利益是社会利益的内容""是个人存在和个人价值的肯定和确证方式"[①]，新时代大学生就业中若只考虑个人的小生活、小算盘和小利益，奋斗的动力必然会大打折扣，甚至直接影响事业发展。值得注意的是，面对目前复杂多变的市场环境和日趋激烈的市场竞争，职场上"996""715""白加黑"等话题引发热议，这更需要大学生理性认知艰苦奋斗，更高效地工作、更快乐地巧干、更可持续地奋斗才能顺应时代的变化、获得可持续的竞争力。

二、发挥社会主义核心价值观对新时代大学生就业观的引领作用

"社会主义核心价值观为高校大学生就业观教育提供了重要的价值导向，是对多元价值取向的整合和消解"[②]，对于新时代大学生而言，如何有效践行社会主义核心价值观的内容之一就是要树立积极的、正确的就业观。社会主义核心价值观是大学生就业观教育的"定海神针"，基于"知""情""行"三个维度发挥其引领作用，"把社会主义核心价值观融入社会发展各方面，转化为人们的情感认同和行为习惯"[③]，有助于引导大学生实现由感性认知到理性认知、由情感认同到价值认同、由思想自觉到行为自觉的转化，实现高校"立德树人"教育根本任务与就业观教育指向的高度契合、精准匹配，为大学生就业观存在的价值偏差问题开出"对症药方"。

---

① 张国钧：《个人利益简论》，《马克思主义研究》1989 年第 3 期。
② 陈章龙、周莉：《价值观研究》，南京师范大学出版社 2004 年版，第 227 页。
③ 《习近平谈治国理政》第三卷，人民出版社 2020 年版，第 33 页。

（一）以社会主义核心价值观奠定就业观教育的理论信服

理论信服是新时代大学生就业观教育的根本基础。正如马克思所说，"理论只要说服人，就能掌握群众；而理论只要彻底，就能说服人。所谓彻底，就是抓住事物的根本。而人的根本就是人本身"①。在大学生就业观教育过程中，"抓住事物的根本"就是要牢牢把握育人这一根本任务，以社会主义核心价值观引领方向，引导大学生建立理论自信。社会主义核心价值观作为对时代问题的价值阐释，体现了历史传承和时代要求，对就业实践具有强大解释力、科学说服力和行动指导力，能够引领大学生勇立时代潮头，成为服务人民和建设美好富强国家的奋进者、开拓者和奉献者。一是社会主义核心价值观具有强大解释力，以中华民族伟大复兴的历史使命与价值追求阐释新时代下就业的使命担当，引导学生处理好"小我"与"大我"的关系，赋予大学生就业实践以意义和价值。聘请专家学者、企业知名人士和成功校友进校讲解国家经济形势和企业视角下国家和企业的关联，在就业认知教育上引导学生明确富强、民主、文明、和谐的社会主义现代化国家是大学生顺利就业，最终实现自我价值的根本基础和保证。②二是社会主义核心价值观具有科学说服力，以市场经济发展规律论证经济新常态下就业的价值方向，引导学生把握好经济增长由"要素驱动""投资驱动"向"创新驱动"转变的价值，赋予学生就业实践以发展导向。

（二）以社会主义核心价值观引发新时代大学生的情感共鸣

情感共鸣是新时代大学生就业观教育从认知转向行动的关键环节。列宁曾强调，"没有人的'感情'，就从来没有也不可能有人对于真理的追求"③。情感共鸣既是对理论认知的深化，又能为行动外化打下坚实基础，具有不容小觑的桥梁纽带作用，那些心中没有国家、没有民族、没有社会、没有他人、没有道

---

① 《马克思恩格斯文集》第 1 卷，人民出版社 2009 年版，第 11 页。

② 参见郭欣、王清亚：《大学生就业价值观的生成机理与引导策略》，《思想政治教育研究》2021 年第 2 期。

③ 《列宁全集》第 25 卷，人民出版社 2017 年版，第 117 页。

德观念的大学生要想通过就业实现价值只能是"纸上谈兵"。在就业实践中，大学生必须使自我"符合社会价值的才能实现个人的价值，因为这是人的社会存在方式，以及个人与社会的客观辩证关系所决定的"①。社会主义核心价值观的文化意蕴与大学生就业中体现出来的情感诉求高度契合，有助于学生在理想信念、价值追求和精神动力方面增强使命感、责任感和归属感。一是基于国家视角层面来看，"富强、民主、文明、和谐"既是学生对未来的美好意愿，也是学生对时代的责任担当，以就业理想激发强国富民的使命感，引导学生对民族复兴、国家富强、人民幸福的中国梦产生高度情感认同。二是基于社会视角层面来看，"自由、平等、公正、法治"既是学生干事创业必不可少的法治环境，也是学生实践行为的道德标准，要坚持人才培养的与时俱进，以就业创业精神体现美好社会的责任感，引导学生对机会平等、规则公平和资源共享的时代环境产生高度情感认同。三是基于个人视角层面来看，"爱国、敬业、诚信、友善"既是学生应有的责任担当，也是学生奋斗幸福不可或缺的品德素养，"爱国是大学生创新创业的驱动力，敬业是大学生创新创业的保障力，诚信是大学生创新创业的生命力，友善是大学生创新创业的内引力"②，引导学生在实现社会价值与个人价值相统一的过程中，对以个人需求、国家和社会需要相统一为核心的大学生就业观产生情感认同。

（三）以社会主义核心价值观促进大学生就业观的行为转化

行为转化是新时代大学生就业观教育立德树人的目标指向。毛泽东指出，"如果有了正确的理论，只是把它空谈一阵，束之高阁，并不实行，那末，这种理论再好也是没有意义的"③。新时代大学生科学理性就业观的形成既要靠理

---

① 吴倬：《关于价值观教育方法论的哲学思考》，《清华大学学报（哲学社会科学版）》2005年第2期。

② 段海超、蒲清平、王振：《论高校创新创业教育的价值导向——基于社会主义核心价值观个人层面的思考》，《学校党建与思想教育》2016年第17期。

③ 《毛泽东选集》第一卷，人民出版社1991年版，第292页。

论课堂上的教化引导，更要在就业实践中养成行为自觉，进而实现社会主义核心价值观对就业实践的引领。一是在新时代大学生就业实践中，以共同价值取向回应大学生个人需求和现实诉求，激发学生主观能动性和创造活力，引导学生由被动就业向主动就业转变，踊跃投身时代潮流。二是在新时代大学生就业实践中，以时代问题意识解答大学生思想困惑和认知矛盾，带领学生聚焦新技术、新产品、新业态和新模式，引导学生由"学无目的"向"学有所用"转变，激发更多创新活力。三是在新时代大学生就业实践中，以求真求实作风激励大学生追寻科学和探索真理，在实践情景中磨炼学生刻苦钻研、勇于前行，引导学生由功利心态向平常心转变，释放更大发展潜能。四是在新时代大学生就业实践中，以传统美德文化浸染大学生品质德性和精神追求，在潜移默化中带动学生常为小善、修身立德，引导学生由"刻意为之"向"习以为常"转变，将价值认同与实践外化相统一。可见，社会主义核心价值观是影响大学生就业行为与态度的重要因素，因为"价值观决定了'好与坏'的标准，是推动或牵制一个人采取决定与行动的内心尺度"[1]。

三、齐心协力构造新时代大学生"四位一体"的育人场域

习近平总书记提出，"办好教育事业，家庭、学校、政府、社会都有责任"[2]。新时代大学生科学就业观培育需要举国上下共同努力、协同推动，包括政府、学校、家庭和社会关心支持大学生就业，也需要社会各领域、各环节充分协同形成思想政治教育合力，不断推进大学生高质量就业，为经济社会发展注入强劲动力。实证调研发现，国家就业政策形势（23.9%）、高校内的实践活动（22.5%）和专业教育（21.91%）、家庭里长辈的言传身教（20.11%）以及社会风气（19.24%）对大学生就业观形成的影响较大，详见表6—1，这就

① 刘海滨：《大学生创业价值观转变的影响因素研究》，《思想政治教育研究》2019年第1期。
② 《坚持中国特色社会主义教育发展道路　培养德智体美劳全面发展的社会主义建设者和接班人》，《人民日报》2018年9月11日。

要求政府、社会、高校、家庭发挥各自的教育功能,多方协同配合形成"四位一体"教育合力的有机整体,真正实现全社会共同担负起大学生成长成才的责任。

表6—1　新时代大学生就业观的影响因素

(单位:人数,%)

		影响非常大		有一定影响		有中等影响		影响较小		基本没影响	
		人数	百分比	人数	百分比	人数	百分比	人数	百分比	人数	百分比
国家	就业政策形势	1475	23.9	2970	48.13	1474	23.89	183	2.96	69	1.12
社会	社会风气	1187	19.24	2900	46.99	1712	27.74	299	4.85	73	1.18
	媒体宣传	955	15.47	2735	44.32	1900	30.79	454	7.36	127	2.06
高校	思政教育	964	15.62	2500	40.51	1869	30.29	613	9.93	225	3.65
	专业教育	1352	21.91	2861	46.36	1565	25.36	288	4.67	105	1.7
	就业教育	1103	17.87	2760	44.73	1704	27.61	432	7.00	172	2.79
	实践活动	1388	22.5	2856	46.3	1502	24.3	306	5.0	119	1.9
	同学朋辈	996	16.14	2921	47.33	1799	29.15	354	5.74	101	1.64
家庭	长辈言传身教	1241	20.11	2834	45.93	1720	27.87	298	4.83	78	1.26

(一)国家政策导向精准发力

就业是民生之本,国家发挥着个人和组织所不可取代的重要作用,因此,其有责任也有必要去建构大学生科学理性就业观的引导环境,确保就业观教育的顺利开展和实施。面对严峻的就业形势,国家立足整体发展格局,科学研判、全面统筹、精准出击,打出一系列政策"组合拳",拿出疫情背景下的真招实招硬招,靠政策暖人心、安人心、鼓人心,为"稳就业、促创业"保驾护航。政策"定心丸"要将政策之"力"与政策之"利"拧成一股绳,形成破解大学生就业难的合力。

1. 以政策之"力"拓展就业创业之路

党和国家高度重视高校大学生就业创业工作,从2020年政府工作报告39

次提到就业问题，国家六部委员共同实施就业创业"百日冲刺"行动，再到七部委联合引导和鼓励大学生到城乡社区就业创业，广开就业"门路"，搭建创业"扶梯"，可以说是应出尽出、能用尽用，力度密度都是空前的。"扩招"机遇拓展了大学生出路的高度、广度和深度，一是升学扩招吸纳行动为大学生提供高度深造的出路，2020年硕士研究生扩大招生规模18.9万、普通专升本扩招32.2万，几十万学生延缓就业。二是基层专项计划、大学生参军入伍行动以及"特岗计划""西部计划""三支一扶""大学生村官""志愿服务"等基层就业项目为大学生提供深度锻炼的出路，引导大学生到基层一线建功立业。三是多形式灵活就业为大学生提供广度成长的出路，国务院办公厅发文鼓励个体经营发展、增加非全日制就业机会、支持发展新就业形态，让大学生找工作有更多"优待"，就业岗位有更多选择。

2. 以政策之"利"缓解特殊群体之困

面对瞬息万变、挑战不断的就业态势"风向标"，要以政策"红利"释放就业创业潜力，针对重点人、重点事做好"补"的文章。"红包"补贴不断提升大学生就业工作的温度，一是守好重点人，对家庭经济困难大学生实施专项帮扶，2020年教育部在"24365"招聘平台上开辟了"52个未摘帽贫困县毕业生就业专区"，各级政府也不同程度地扩大了帮扶规模、提高了帮扶补贴，让大学生就业"落袋为安"；对疫区学生、支援疫区医疗队队员子女、隔离病区医护人员子女、残疾人、少数民族和其他就业困难类型大学生建立专门档案和电子台账，并发放一次性求职和创业补贴，缓解个人经济压力。二是做好重点事，鼓励大学生到基层就业，发放系列补贴；鼓励大学生从事个体经营，按规定给予创业补贴、担保贷款、税收优惠等支持，实现了大学生基层就业和自主创业的"扶上马，送一程"。

（二）社会氛围营造持续发力

大学生就业问题一直备受社会高度关注，就业观培育更是各界讨论和聚焦的话题，培育新时代大学生科学理性就业观的形成需要全社会成员以及社会组织树立"大思政"教育格局，自觉承担思想政治教育生活化和社会化的历史责任，"没有天生的教育者和受教育者，人人受教育，人人教育人，人人不断提高，团结每一个人，调动一切积极因素"①，支持大学生充分发挥高素质劳动力资源的作用，在增进社会福祉的同时实现个人奋斗的人生价值和意义。

1. 全社会共同为新时代大学生就业观教育拓展广阔空间

全社会要做好"新"文章，为新时代大学生就业观教育拓展广阔空间。新产业、新业态、新模式的快速发展催生了多样化的新职业和新岗位，剪辑创意师、直播销售员、旅行定制师、游戏体验师等时尚职业受到大学生青睐和追捧。新职业的诞生是时代和社会进步的缩影，不仅因其就业容量大、进入门槛低、灵活性强成为吸纳大学生就业的新渠道，更重要的是，大学生的创新精神被充分激发，有利于更好地发挥大学生的人力资本优势，为社会带来了更大的活力。

2. 全社会共同为新时代大学生就业观教育提供实践平台

全社会要做好"融"文章，为新时代大学生就业观教育提供实践平台。培育大学生就业观不能靠刻板的活动、不能靠抽象的说教，必须要与就业实践体验深度融合，在引导大学生了解就业现实的同时激发他们的激情和潜力，真正融出活力、融出高度、融出效果。一是深化产教融合，用人单位通过就业训练、实训实习、职业体验等为大学生提供社会实践和成长锻炼的机会，消除教学脱节、供需脱节现象，帮助大学生增强动手能力和积累职业经验，缩短学校教育与就业岗位间的距离衔接。二是，消除就业歧视，全社会通过立法、执法和司法切实保障大学生就业权利和增强大学生的维权意识，在全社会形成动态看待终身学习、个人努力程度和社会贡献大小的氛围，消除大学生融入社会的发展忧虑、排解大学生职业发展的畏难心理。

3. 全社会共同为新时代大学生就业观教育打造网络阵地

全社会要做好"云"文章，为新时代大学生就业观教育打造网络阵地。新

---

① 段若鹏：《党的十七大对思想政治工作的新启示——思想政治工作三谈》，《学习论坛》2008年第8期。

时代大学生是手握鼠标、敲着键盘长大的一代，网络的共享信息、便捷操作、虚拟交互等优势特征迎合了大学生崇尚民主、自由、平等的价值观念，然而，正是网络的开放性、虚拟性容易淡化他们的思想道德观念和法律意识，也容易造成大学生思想观念朝错误或者庸俗的方向转化，陷入价值认知与选择的迷失。构筑大学生就业观网络教育同心圆是当前形势之需，习近平总书记明确指出，"坚持正确舆论导向，高度重视传播手段建设和创新，提高新闻舆论传播力、引导力、影响力、公信力"①。一方面，发挥媒体思想政治教育作用，正确引导新时代大学生树立科学理性就业观，通过全面介绍大学生就业形势和未来趋势，引导大学生形成"既有压力也有机遇"的就业意识；通过鼓励大学生面向基层就业，引导大学生认识到在任何地方和任何岗位只要努力勤奋、敬业乐业就一定能创造美好幸福生活；通过深入宣讲解读就业政策，把党的意志、国家的就业工作部署以及社会发展所需的人才信息都传递给大学生；通过真实报道就业典型人物，以身边人、身边事的正能量示范为大学生积极乐观的就业心理和理性平和的就业心态营造就业舆论氛围。另一方面，发挥媒体舆论导向作用，坚决抵制拜金主义、享乐主义、新自由主义、功利实用主义等错误、消极甚至反动的思想观念对新时代大学生就业观的影响，根据事实和道理分析，引导大学生自觉自主自愿树立科学理性就业观。

（三）高校教育引导靶向用力

习近平总书记明确指出，"高校立身之本在于立德树人"②。作为人才培养的主阵地，高校承担着大学生就业的思想教育和管理服务工作，"思想政治工作从根本上说是做人的工作，必须围绕学生、关照学生、服务学生"③，因此，新时代大学生就业观教育务必找准"成为关心和丰富人的情感、激励人的意志、

---

① 《习近平谈治国理政》第三卷，外文出版社 2020 年版，第 33 页。

② 《习近平谈治国理政》第二卷，外文出版社 2017 年版，第 377 页。

③ 《习近平谈治国理政》第二卷，人民出版社 2017 年版，第 377 页。

尊重和满足人的精神需求的精神家园"① 这一"靶心",积极建构就业大思政工作格局,教育引导大学生立志成为为中国特色社会主义奋斗终身的有用人才。

1. 以马克思主义理论引领新时代大学生观察时代解读时代

把握时代脉搏、紧跟时代步伐是新时代大学生确定就业发展方向和提升就业质量的关键所在,而马克思主义就是大学生观察时代解读时代引领时代的思想利器。"马克思主义理论不是教条,而是行动指南"②,新时代大学生学习马克思主义要与生活和实践相结合、与自己的人格塑造相结合,历史和实践已多次证明,只有"跟随"马克思的思想,"继承"马克思的事业,才能认识历史发展规律,才能创建实现"人的自由全面发展"的就业新形态。一是学会用马克思主义理论解决社会生活中的实际问题,马克思主义思想方法解决"怎么看""是什么",为大学生认识问题、分析问题提供了有效的"武器";马克思主义工作方法解决"怎么干""干什么"的问题,为大学生解决现实难题提供了万能的"钥匙",因此,大学生要能够用马克思主义的基本方法观察当今的时代变化与世界局势、观察国内问题和辨别各种思潮,做政治上和理论上的明白人,把成就现在和开启未来的钥匙掌握在自己手中。二是学会用马克思主义理论解决自我革命中的思想矛盾,科学的大学生就业观不仅包含对就业形势政策的认识,还包含自我认知、自我定位、自我改造,特别是面对个人利益与党的利益、国家利益、集体利益、群众利益的择业考验时,大学生应该像马克思一样将为人类服务的就业志向贯穿于自己的人生奋斗历程之中。

2. 以家国情怀和时代担当引导新时代大学生到祖国最需要的地方去

正如马克思所说:"人只有为同时代人的完美、为他们的幸福而工作,自己才能达到完美"③。情怀担当是干事创业的指路明灯,要教育和引导大学生准确把握时代坐标,主动对接国家需求,坚定理想信念和报国追求,做到知行合一和学以致用。一是回顾历史,从中华民族的历史文化中汲取养分,自觉增强

---

① 李俊伟:《思想政治工作人文关怀的理性审视》,《科学社会主义》2008 年第 4 期。
② 《习近平谈治国理政》第三卷,外文出版社 2020 年版,第 110 页。
③ 《马克思恩格斯全集》第 1 卷,人民出版社 1995 年版,第 459 页。

"知国、爱国、报国"的思想认同、历史认同和情感认同，涵养大学生"修身、齐家、治国、平天下"的家国情怀。二是放眼社会，在实践中访民情、解民忧、讲境界、讲追求，深刻地洞察社会、思考人生、关照自己，把爱国情、报国志转化为实际行动，激发大学生"不破楼兰终不还"的时代担当。

3.以坚韧毅力和实干态度激励新时代大学生做新时代幸福的奋斗者

品格态度是干事创业的首要品质，要教育和引导大学生赶上新时代的脚步，把握现代化建设的脉搏，精心谋事、潜心干事和专心做事，成为奋斗幸福的"排头兵"。一是淬炼"志不求易，事不避难"的坚韧毅力，通过对标优秀朋辈，发挥典型的价值引领和榜样示范作用感受坚韧的奋斗力量，进而对标先进、提升认知；发挥体育育人功能，通过"讲解—判罚—互动"环节设计，潜移默化地以体育精神形塑毕业生品质；合理规划个人成长，通过科学方法将理想分解为若干具体的、可执行的目标，有计划、有步骤地推进实现。二是培养大学生"绝知此事要躬行"的实干态度，通过对话真实案例，以可感可思的生活事件为"原材料"，引导大学生以恒心坚守事业、以本心端正态度、以匠心专注所长；发挥劳动育人功能，劳动可以培养人、锻炼人，引导大学生以马克思主义劳动观为指导，强化劳动价值认同、建立劳动朴素情感、坚定劳动实践导向，通过艰苦的、创造性的劳动奋斗新时代幸福。

（四）家庭协同教育尽心竭力

家庭与大学生关系最为紧密，是大学生成长成才的摇篮、人生教育的第一课堂和保驾护航的永恒港湾，对大学生的品性修为、价值取向、道德养成发挥着终身性的决定作用。"不论时代发生多大变化，不论生活格局发生多大变化，我们都要重视家庭建设，注重家庭、注重家教、注重家风"①，因此，家庭应主动协同大学生就业观教育，为大学生的成长成才增添价值观的底色，帮助其实现成长和发展的就业愿景。

---

① 习近平：《在2015年春节团拜会上的讲话》，《人民日报》2015年2月18日。

1. 父母应该做好新时代大学生就业观教育的第一任老师

家庭教育在生活细节中发挥着一种潜移默化、润物无声的作用，老舍先生曾写道"我真正的老师，把性格传给我的，是我的母亲。母亲并不识字，她给我的是生命的教育"①。父母不仅是孩子最亲近的人，而且还是孩子最先模仿的对象，父母的言传身教是一种无声却有力的示范教育，对大学生的品性修为、价值取向和道德养成至关重要。爱岗敬业、责任担当、艰苦奋斗这些高大上的崇高品质总是让人心生敬意，作为大学生就业观教育的第一任老师，父母可以通过身体力行成为爱岗敬业的职业楷模、平凡岗位的工作典范、终身学习的先行表率、诚实守信的示范榜样，以个人的实际行动生动诠释"高尚""远大"是如何变成"普通""平凡"，让大学生在和谐的家庭氛围中感受到教育的说服力，打造最有效、最生动的就业观教育"活"课堂。

2. 家庭要构建新时代大学生就业观教育的和谐环境

"与善人居，如入芝兰之室，久而自芳也；与恶人居，如入鲍鱼之肆，久而自臭也"②，可见，家庭环境对大学生形成的惯性思维与价值观念有深刻影响。正是家庭环境教育的连续性、持久性和包容性，使其能够为高校教育和社会教育做很好的基础铺垫作用，有利于大学生就业观教育的整体推进。互敬互爱的"人和"家庭环境为大学生就业观教育提供源源不断的精神源泉，当大学生遭受就业挫折和困难时，父母要主动上前，送去温暖与关爱；当大学生遇到就业迷茫和困惑时，父母要悉心问候，分享人生经验与生活感悟；当大学生面对就业诱惑和考验时，父母要共同面对，以家风传统引领大学生就业价值取向。

四、提升新时代大学生就业观教育的科学化水平

习近平总书记强调，"要遵循思想政治工作规律，遵循教书育人规律，遵

---

① 何凤娣：《好家风就有好家教》，北京理工出版社 2015 年版，第 98 页。
② 颜之推：《颜氏家训》，中华书局 2019 年版，第 27 页。

循学生成长规律，不断提高工作能力和水平"①。大学生就业观教育科学化内涵就是要以基本事实为依据，以科学方法为依托，把握和运用客观规律，用唯物主义的世界观和方法论分析解决实践层面存在的"辩证"问题。基于此，大学生就业观教育科学化就是要在这一内涵的基础上，用马克思主义的立场、观点和方法处理好"普遍"与"特殊"、"激励"与"约束"、"显性"与"隐性"的关系，融入教育改革的任务要求，体现教育发展的时代特征，解决教育实践的现实问题，不断"培养人""发展人"，为新时代培育中国特色社会主义事业建设者和接班人。

（一）处理好"普遍"与"特殊"的关系

大学生就业观兼具明显的个体差异性和鲜明的时代特性，这就决定了新时代大学生就业观教育要根据学生的阶段特点和年龄心理开展分类施教。通过实证调研发现，"00后"大学就业观既有普遍存在的共性问题，也有因年级、学历、性别等差异而产生的个性问题，这就要求大学生就业观教育采取面向全体的"普遍"教育与针对不同群体的"特殊"教育双轨并行的教育方法。从这个意义上说，新时代大学生就业观教育需要在整体顶层设计上注重两个维度，在具体推进中做好三个关键点。因材施教的顶层设计要瞄准全体，着眼于大学生就业观教育的广泛性、普及性，矢志惠及全体学生，需要注重两个维度：一方面，大学生就业观教育因材施教要解决好共性问题，如就业形势政策把握表面化、就业目的意义认识片面化、就业价值取向功利化等普遍性问题，培养全体学生的政治敏感意识和责任担当能力，为在不同就业岗位上奋斗幸福奠定基础。另一方面，大学生就业观教育因材施教要解决好个性问题，以个体特点迥异、思维方式悬殊等为依据，以动态视角匹配教育，让个体自由全面发展提升就业质量。因材施教的具体推进更需要分层次、分阶段、分群体，以因人、因时、因地制宜为特点，把握大学生就业观教育的三个关键点：一是"因材"之

---

① 《习近平谈治国理政》第二卷，外文出版社 2017 年版，第 378 页。

"材"，就业观教育要善于发现分析并精准导向学生"特殊"，利用他们各自的差异和特点提供自主选择、自由切换的"自助"教育，拒绝"包治百病"的单一模式和方法。二是"施教"之"教"，就业观教育内容强调个体人格的"生成"和个体精神的"陶冶"，这就考验教师对知识本身的理解力和运用能力，需要教师创造丰富的"陶冶场"和创设更好的"生成场"。三是"施教"之"施"，就业教育方式要以生为本，提供"对症下药"的精准模式和方法，通过灵活多样的形式积极引导学生树立科学就业观。

（二）处理好"激励"与"约束"的关系

大学生就业观教育要求同时满足严格约束与正向激励，二者缺一不可，这就要求二者实现内在的互补、协调和统一，以激励广大学生积极探索、改革创新和干事创业的精气神。通过实证调研发现，"00后"大学生就业竞争意识、机遇意识、自主意识逐渐增强，这需要在教育过程中不断给予肯定和鼓励，但就业价值取向功利化和道德规范主观化等问题的出现需要教育过程中建立约束、形成明确的价值导向。所谓正向激励就是最大限度激发学生的热情，使每个人各尽所能，不断保持和发扬个体的积极性和创造性，催生学生创新动机、激发学生创造行为、引导学生奋斗创业，这是有效实现个人价值的"软件工程"。但是，正向激励绝非奖励、更不是普惠，也不能变成特权，对于中肯适度、符合实际的个体就业需求，高校要想方设法给予肯定和满足；对于积极向上、健全合理的个性发展需要，高校要创造适宜环境和条件使其得到充分和自由的发展；对于正面就业典型、榜样案例的示范作用，高校要积极主动地宣传和引导，让学生在激励中不断成长。大学生就业观教育中的严管约束主要包括硬约束和软约束，硬约束通常是规章条例、考核评价等硬性制度安排，软约束通常是价值导向、道德自律等内在的、无形的软性规范，本质上来看都体现了对学生成长的关爱。

（三）处理好"显性"与"隐性"的关系

"互联网+"时代下，大学生就业观教育既坚持旗帜鲜明的立场，又注重润物无声的效果，要实现显性教育与隐性教育相互补充与有机统一，不断增强教育成效的思想性、理论性、参与性和针对性。显性教育既是大学生就业观教育的基本形态，也是高素质创新型人才的根本要求，体现了马克思主义理论教育的本质特征。针对学生的个性化发展需求和社会的个性化人才需求，一方面，大学生就业观教育要理论联系实际，用科学的思想理论武装学生头脑，以中华民族伟大复兴的历史使命阐述就业创业的价值理想，以经济发展的新需求论证就业创业的方向动力，给学生以正确的价值引领和强大的精神力量。另一方面，大学生就业观教育要坚持与时俱进和守正创新，不断拓展新途径新方式新手段新方法，满足学生差异化和多样化的发展需求。隐性教育体现在教育的物质环境、文化环境和人际环境中，虽不明显呈现在课程教学之中，但却融合于课程、学校和日常生活之中，对学生的认知、情感、价值和态度等起潜移默化的作用。大学生就业观教育要注重生活教育，以有益于国家、社会和人民共同利益的价值问题、有助于关键领域和核心领域的技术问题为导向，走近生活、融入生活，引导学生从"旁观者"转变为"参与者""建设者"。同时，大学生就业观教育要注重体验教育，激发学生的就业自主意识，通过人才市场的亲身体验、就业实习见习等实践活动，让学生可能接触到的一切事物和活动都发挥教育作用。

结　论

我国作为人口大国和教育大国，就业问题至关重要，解决大学生就业问题有两个关键点，一是就业市场岗位充足确保"有业可就"，二是就业个体理性认知实现"乐于就业"，前者是客观条件保障，后者是主观意识态度。对于绝大多数大学生而言，就业行为中所体现出的认知、态度和观念比前者更为关键。中国特色社会主义已进入新时代，习近平总书记从实现中华民族伟大复兴中国梦的战略高度出发，基于中国特色社会主义现代化建设的战略部署，对大学生就业提出"把个人的理想追求融入党和国家事业之中，为党为祖国为人民多作贡献"的要求，为大学生就业奋斗指明了发展方向。本研究瞄准就业观这一影响和制约大学生就业行为的理念先导和思想保证核心问题，体现出强烈的时代性，此外，较现有学界研究成果而言，本研究的创新之处与研究价值主要体现在以下几个方面：

第一，大学生就业观的形成发展与时代紧密相连，中国特色社会主义进入新时代，这个"新"不仅代表社会发展进入一个新的历史阶段，还预示崭新的发展机遇，成为新时代大学生就业观的实践基础（第三章）。新时代大学生就业形势一直悄然变化，就业供需矛盾、就业结构失衡、就业准备不足三个旧问题始终存在，就业方式灵活化、自主创业多元化、就业形态个性化、就业关系平台化四个新趋势不断发展，就业难旧问题与就业发展新趋势同时并存。就业新趋势是基于新时代、根据旧问题提出的新办法和新方案，新趋势并不是凭空而来的，是对旧问题的探索和解决。

第二，大学生就业观的形成是一个动态的变化过程，要以开放性、动态性、历史性、综合性的眼光对新时代大学生就业观进行现实审视，通过全面深入的调查研究掌握大学生就业的真实思想动态（第四章和第五章）。研究采用定量研究的问卷调查法与质性研究的个人访谈法相结合的科学方法，对全国37所不同层次高校进行了6171份调研问卷和30份个体访谈，描绘出新时代大学生就业观较为客观真实的现状图景。在此基础上，从人口统计变量和环境变量进行差异研究，进而揭示个体、家庭、学校三个维度在何种程度、何种向度上影响着大学生就业观的形成，为新时代大学生科学理性就业观的构建提供现实依据。

第三，新时代大学生科学理性就业观的构建是一项系统工程，不能一蹴而就、立竿见影，需要适宜的"气候""土壤""水分"和"养料"（第六章）。大学生科学理性就业观需要每一个体都是一片肥沃的"土壤"，通过思想政治教育引导学生运用"三因"理念树立科学理性就业观，形成与时代发展、国家需要、社会需求相适应的就业观念和个性品质。大学生科学理性就业观需要有凝神聚气的思想"养料"，充分发挥社会主义核心价值观在就业观教育中的引领作用，为大学生就业观存在的价值偏差问题开出"对症药方"。大学生科学理性就业观需要和谐的环境"气候"，充分发挥政府、学校、家庭和社会各自的育人功能，共同关心、紧密配合、协同推进，形成"四位一体"的育人场域，服务于大学生就业观教育工作。大学生科学理性就业观需要充足的培育，处理好教育实践中"普遍"与"特殊"、"激励"与"约束"、"显性"与"隐性"的关系，提升就业观教育的科学化水平，将大学生历练为想国家之所想、急国家之所急、应国家之所需的时代新人。

本研究还可以进行更多的延伸和完善，例如，进一步扩大调研的样本范围以增强问卷调研信度和效度，对典型个人访谈对象进行跟踪回访，开展更为深入的对比研究；进一步细化差异分析维度，在此基础上进行大学生就业观结构方程模型的构建，以更为深入、透彻地研究就业观影响因素间的关系；立足就业观教育工作实践，检验和发展本研究成果，为进一步深化研究奠定基础。

新时代是伟大的时代，是需要伟大思想理论也能够产生伟大思想理论的时代。马克思提出，"哲学家们只是用不同的方式解释世界，问题在于改变世界"[1]，同理，新时代大学生就业观研究不仅要把脉时代问题，而且要引导大学生树立科学理性就业观，在就业实践中实现自我发展与服务社会相统一，担当时代使命、争做时代新人。

---

[1] 《马克思恩格斯选集》第 1 卷，人民出版社 2012 年版，第 136 页。

参考文献

（一）经典著作

[1]《马克思恩格斯全集》第 1、3、21、40 卷，人民出版社 1995、1995、2003、1982 年版。

[2]《马克思恩格斯文集》第 1、3、4、10 卷，人民出版社 2009 年版。

[3]《马克思恩格斯选集》第 1、2、3、4 卷，人民出版社 2012 年版。

[4]《毛泽东选集》第一、三、四卷，人民出版社 1991 年版。

[5]《邓小平文选》第二、三卷，人民出版社 1994、1993 年版。

[6]《江泽民文选》第一、三卷，人民出版社 2006 年版。

[7]《胡锦涛文选》第一、三卷，人民出版社 2016 年版。

[8]《习近平谈治国理政》第一、二、三、四卷，外文出版社 2018、2017、2020、2022 年版。

（二）中文著作

[1] 中共中央党史研究室：《毛泽东早期文稿（1912—1920）》，湖南人民出版社 1990 年版。

[2] 中共中央文献研究室：《邓小平论教育（第三版）》，人民出版社 2004 年版。

[3] 中共中央文献研究室：《毛泽东、邓小平、江泽民论世界观、人生观、价值观》，人民出版社 1997 年版。

[4] 江泽民：《论"三个代表"》，中央文献出版社 2001 年版。

[5] 中共中央文献研究室：《江泽民论有中国特色社会主义（专题摘编）》，中央文献出版社 2002 年版。

[6] 中央文献研究室：《十六大以来重要文献选编》中，中央文献出版社 2006 年版。

[7] 胡锦涛：《在纪念中国共产主义青年团成立 90 周年大会上的讲话》，人民出版社 2012 年版。

[8] 胡锦涛：《在庆祝清华大学建校 100 周年大会上的讲话》，人民出版社 2011 年版。

[9] 共青团中央办公厅：《中国共产主义青年团第十六次全国代表大会主要文件》，中国青年出版社 2008 年版。

[10] 中共中央文献研究室：《习近平关于青少年和共青团工作论述摘编》，中央文献出版社 2017 年版。

[11] 中共中央文献研究室编：《习近平关于科技创新论述摘编》，中央文献出版社 2016 年版。

[12] 中共中央文献研究室：《十八大以来重要文献选编》上，中央文献出版社 2014 年版。

[13] 山东社会科学院课题组：《马克思主义人才理论与实践》，山东人民出版社 2005 年版。

[14] 吴潜涛：《思想政治教育教学与研究》，中国人民大学出版社 2018 年版。

[15] 艾四林：《新时代如何办好思想政治理论课》，人民出版社 2019 年版。

[16] 王炳林、张泰城：《高校红色文化资源育人发展报告》，人民出版社 2020 年版。

[17] 卢黎歌：《当代大学生思想特点、成长规律与马克思主义大众化研究》，西安交通大学出版社 2012 年版。

[18] 骆郁廷：《当代大学生思想政治教育》，中国人民大学出版社 2010 年版。

[19] 沈壮海：《思想政治教育有效性研究》，武汉大学出版社 2016 年版。

[20] 杨晓慧：《当代大学生成长规律研究》，人民出版社 2010 年版。

[21] 刘同舫：《马克思的哲学立场》，人民出版社 2017 年版。

[22] 孙熙国：《传统文化与文化软实力——以中国传统价值观中的新"六德"为例》，湖南大学出版社 2016 年版。

[23] 陈锡喜：《意识形态：当代中国的理论和实践》，中国人民大学出版社 2018 年版。

[24] 金树人：《生涯咨询与辅导》，高等教育出版社 2007 年版。

[25] 徐延浪：《当代大学生创造与创业》，西北工业大学出版社 2009 年版。

[26] 马振清：《思想政治教育前沿问题研究》，国家行政学院出版社 2013 年版。

[27] 陈向明：《质的研究方法与社会科学研究》，教育科学出版社 2000 年版。

[28] 陈秉公：《思想政治教育学》，吉林大学出版社 1992 年版。

[29] 徐颂陶：《马克思主义人才思想史》，中国人事出版社 2006 年版。

[30] 田海舰：《培育和践行社会主义核心价值观多维研究》，人民出版社 2015 年版。

[31] 吴潜涛、徐艳国：《党建 90 年来高校德育发展的历史轨迹》，高等教育出版社 2012 年版。

[32] 何凤娣：《好家风就有好家教》，北京理工大学出版社 2015 年版。

[33] 郝登峰：《大学生就业创业理论与方法》，人民出版社 2010 年版。

[34] 甘萍：《大学生职业发展与就业指导》，人民邮电出版社 2019 年版。

[35] 罗洪铁：《大学生成才理论与实践》，人民出版社 2010 年版。

[36] 强卫、姚望、邱进：《中国共产主义青年团工作大辞典》，北京燕山出版社 1991 年版。

[37] 王占仁：《职业生涯规划和就业指导十三讲》，高等教育出版社 2000 年版。

[38] 王永贵：《经济全球化与我国社会主流意识形态建设研究》，人民出版社 2000 年版。

[39] 肖贵清：《十八大以来中国特色社会主义理论创新研究》，中国人民大学出版社 2019 年版。

[40] 冯秀军：《社会变革时期中国大学生道德价值》，教育科学出版社 2013 年版。

[41] 李德平：《大学生创业教育理念与实践研究》，人民出版社 2013 年版。

[42] 陈章龙、周莉：《价值观研究》，南京师范大学出版社 2004 年版。

（三）英文译著

[1] [德] 卡尔·雅斯贝尔：《时代精神的状况》，上海译文出版社 2003 年版。

[2] [美] L.J.宾客莱：《理想的冲突》，商务印书馆 1996 年版。

[3] [英] 凯恩斯：《就业、利息和货币通论》，商务印书馆 1997 年版。

[4] [美] 劳伦斯·科尔伯格：《道德教育的哲学》，浙江教育出版社 2000 年版。

[5] [美] 塞缪尔·亨廷顿：《文化的重要作用：价值观如何影响人类进步》，新华出版社 2010 年版。

[6] [美] 塞缪尔书·H.奥西普、路易斯·F.菲茨杰拉德：《生涯发展理论（第四版）》，上海教育出版社 2010 年版。

[7] [美] 里尔登：《职业生涯发展与规划》，高等教育出版社 2005 年版。

[8] [美] 埃德加·施恩：《职业锚》，中国财政经济出版社 2004 年版。

[9] [英] 亚当·斯密：《道德情操论》，商务印书馆 2020 年版。

[10] [古希腊] 亚里士多德：《尼各马可伦理学》，商务印书馆 2010 年版。

[11] [美] D.博普诺：《社会学》，辽宁人民出版社 1987 年版。

[12] [美] L.布鲁姆等：《社会学》，四川人民出版社 1999 年版。

[13] [美] 马斯洛：《动机与人格》，中国人民大学出版社 2012 年版。

[14] [美] 乔舒亚·弗里曼：《巨兽：工厂与现代世界的形成》，社会科学文献出版社 2020 年版。

[15] [丹麦] 斯丹纳·苟费尔、斯文·布林克曼：《质性研究访谈》，世界图书出版公司 2013 年版。

[16] [苏] 苏霍姆林斯基：《关于全面发展教育的问题》，湖南教育出版社 1984 年版。

[17] [德] 卡尔·雅斯贝尔斯：《大学之理念》，上海人民出版社 2007 年版。

（四）期刊论文

[1] 张耀灿：《新时代高校思想政治教育中的几个基本问题》，《西北工业大学报》2019 年第 1 期。

[2] 张耀灿：《构建社会主义核心价值观养成教育长效机制的思考》，《社会主义核心价值观研究》2015 年第 1 期。

[3] 张耀灿:《以社会主义核心价值体系引领和谐校园文化建设》,《高校理论战线》2012 年第 3 期。

[4] 骆郁廷等:《时代新人与家国情怀》,《马克思主义与现实》2020 年第 2 期。

[5] 骆郁廷:《"小我"与"大我":价值引领的根本问题》,《马克思主义研究》2019 年第 12 期。

[6] 林汐璐:《大思政格局下高校实践育人运行机制的新路向》,《青年与社会》2020 年第 22 期。

[7] 刘和忠:《当前大学生就业价值观教育问题及对策》,《思想政治教育》2012 年第 1 期。

[8] 孔铮:《教育对人力资本积累及就业的影响》,《教育与经济》2008 年第 1 期。

[9] 乌尔里希·泰西勒:《高等教育和毕业生就业:变化的条件与挑战》,《高等教育》2019 年第 3 期。

[10] 潘屹:《学用结合的困境:社会工作教育与就业问题》,《社会工作》2013 年第 11 期。

[11] 赖德胜:《关注双创背景下的人才培养与就业:教育与劳动力市场笔谈——教育要更多聆听劳动力市场的声音》,《高等教育》2017 年第 8 期。

[12] 岳昌君:《关注双创背景下的人才培养与就业:教育与劳动力市场笔谈——关于创新创业的必要条件》,《高等教育》2017 年第 8 期。

[13] 姚先国:《关注双创背景下的人才培养与就业:教育与劳动力市场笔谈——人才战略与创新发展》,《高等教育》2017 年第 8 期。

[14] 郭欣、王清亚:《大学生就业价值观的生成机理与引导策略》,《思想政治教育研究》2021 年第 4 期。

[15] 曾湘泉:《变革中的就业环境与中国大学生就业》,《经济研究》2004 年第 6 期。

[16] 胡维芳:《后危机下"90 后"大学生就业观的特点、成因与对策研究》,《青海社会科学》2010 年第 6 期。

[17] 游敏惠、袁晓凤:《"微文化"传播对当代大学生价值观的影响及对策》,《青年探索》2013 年第 4 期。

[18] 迟成勇:《论当代大学生就业观之构建》,《中国石油大学学报》2012 年第 2 期。

[19] 彭薇:《"大就业观":自主多元的成才观》,《中国青年研究》2005 年第 1 期。

[20] 常春圃:《当代大学生就业价值观的变化探析》,《中国教育技术装备》2016 年第 18 期。

[21] 吴烘富:《大学生职业价值取向的调查研究》,《教育研究与实验》2013 年第 5 期。

[22] 李佳敏:《社会转型期择业价值取向的现状、归因——基于对高校大学生的实证调查》,《江南大学学报(人文社会科学版)》2010 年第 6 期。

[23] 王沛、康廷巧:《大学生择业价值取向调查问卷的编制及初步研究》,《应用心理学》2005 年第 2 期。

[24] 文新华、李锐利、张洪华:《关于大学生就业心态的调查》,《教育发展研究》

2004 年第 9 期。

[25] 魏世梅：《培养大学生科学的就业观》，《北京理工大学学报（社会科学版）》2006 年第 6 期。

[26] 周驭宇、李元平：《二元经济背景下毕业生择业意愿的实证分析》，《高教探索》2010 年第 4 期。

[27] 于泳红：《大学生内隐职业偏见和内隐职业性别刻板印象研究》，《心理科学》2003 年第 4 期。

[28] 胡志海、梁宁建、徐维东：《职业刻板印象及其影响因素研究》，《心理科学》2004 年第 3 期。

[29] 高耀、刘志民：《人力资本、家庭资本与大学生就业认知——基于江苏省 20 所高校的经验研究》，《中国人民大学教育学刊》2012 年第 2 期。

[30] 邢立娜、白映释：《影响大学生就业观的环境分析》，《辽宁行政学院学报》2009 年第 10 期。

[31] 冀洋：《大学生就业影响因素分析》，《东北财经大学学报》2017 年第 1 期。

[32] 莫晓霏：《浅谈校园大学生创业大赛的不足与建议》，《时代教育》2014 年第 6 期。

[33] 王柏远：《当代大学生择业观嬗变的原因与特点及应对策略探析——基于教育经济学的分析视角》，《继续教育研究》2006 年第 3 期。

[34] 赖德胜、吉利：《大学生择业取向的制度分析》，《宏观经济研究》2003 年第 7 期。

[35] 余国宇：《浅析大学生就业期望值高的社会原因》，《学校党建与思想教育》2006 年第 5 期。

[36] 吴蔚：《大数据背景下大学生就业价值取向探究》，《思想理论教育（上半月综合版）》2014 年第 2 期。

[37] 刘结实：《论我国传统文化对大学生就业观念的影响》，《太原大学教育学院学报》2007 年第 1 期。

[38] 李俊伟：《思想政治工作人文关怀的理性审视》，《科学社会主义》2008 年第 4 期。

[39] 徐平：《大学生择业观相关因素分析》，《黑龙江高教研究》2006 年第 2 期。

[40] 刘海滨：《大学生创业价值观转变的影响因素研究》，《思想政治教育研究》2019 年第 1 期。

[41] 韩新路：《女大学生就业观研究》，《中华女子学院学报》2011 年第 3 期。

[42] 刘义：《社会主义核心价值观对当代青年就业观的影响》，《人民论坛》2013 年第 1（下）期。

[43] 迟成勇：《论当代大学生就业观之建构》，《中国石油大学学报（社会科学版）》2012 年第 2 期。

[44] 丁永刚：《现今大学生就业观存在的误区及引导政策》，《青海社会科学》2008 年第 5 期。

[45]刘成斌：《改革开放 30 年与青年就业观念的变迁》，《中国青年研究》2008 年第 1 期。

[46]游敏慧：《青年大学生就业观探析》，《重庆邮电学院学报（社科版）》2000 年第 4 期。

[47]陈成文、胡桂英：《择业观念对大学毕业生就业的影响——基于 2007 届大学毕业生的实证研究》，《高等教育研究》2008 年第 1 期。

[48]李荣华：《大学生择业观理论探讨》，《中国青年研究》2005 年第 6 期。

[49]谷国锋：《试论当代大学生择业观与就业观的形成及作用》，《吉林教育科学》2000 年第 5 期。

[50]韩新路：《女大学生就业观研究》，《中华女子学院学报》2011 年第 3 期。

[51]胡维芳：《后危机下"90 后"大学生就业观的特点、成因与对策研究》，《青海社会科学》2010 年第 11 期。

[52]骆剑琴：《高等教育大众化下的大学生就业观教育》，《理论与当代》2005 年第 3 期。

[53]李春玲：《疫情冲击下的大学生就业：就业压力、心理压力与就业选择变化》，《教育研究》2020 年第 7 期。

[54]于瑶、李红权：《社会转型期利益分化对政府治理的挑战及应对》，《东北师大学报（哲学社会科学版）》2018 年第 6 期。

[55]赵庆年：《高校类型分类标准的重构与定位》，《高等工程教育》2021 年第 6 期。

[56]黄晨：《自主意识是真实的吗？——兼评当前"认知革命"的贡献与局限》，《世界哲学》2015 年第 5 期。

[57]李俊伟：《理论的基本效能与理论武装群众的基本路径分析》，《中共中央党校学报》2013 年第 1 期。

[58]段若鹏：《党的十七大对思想政治工作的新启示——思想政治工作三谈》，《学习论坛》2008 年第 8 期。

[59]田海舰：《论社会主义核心价值观的三个维度》，《河北大学学报（哲学社会科学版）》2012 年第 4 期。

[60]吴倬：《关于价值观教育方法论的哲学思考》，《清华大学学报（哲学社会科学版）》2005 年第 2 期。

[61]李维意、赵英杰：《高校"滴灌式"思想政治教育的本质特征、核心理念和实现方略》，《河北大学学报（哲学社会科学版）》2018 年第 5 期。

[62]罗涛：《金字塔底层的创业机会与价值实现：以城市外来工创业的多案例为线索》，《江汉学术》2019 年第 4 期。

[63]刘鼎申：《后物质主义价值观对大学生就业观的影响与对策研究》，《青年与社会》2019 年第 13 期。

（五）报纸

[1]《习近平回信寄语广大高校毕业生　把个人的理想追求融入党和国家事业之中为

党为祖国为人民多作贡献》，《人民日报》2020 年 7 月 9 日。

[2] 习近平：《在哲学社会科学工作座谈会上的讲话》，《人民日报》2016 年 5 月 19 日。

[3]《坚持中国特色社会主义教育发展道路 培养德智体美劳全面发展的社会主义建设者和接班人》，《人民日报》2018 年 9 月 11 日。

[4] 习近平：《在中国科学院第十九次院士大会、中国工程院第十四次院士大会上的讲话》，《人民日报》2018 年 5 月 29 日。

[5] 习近平：《在全国劳动模范和先进工作者表彰大会上的讲话》，《人民日报》2020 年 11 月 24 日。

[6] 习近平：《在北京大学师生座谈会上的讲话》，《人民日报》2018 年 5 月 3 日。

[7] 习近平：《在第十三届全国人民代表大会第一次会议上的讲话》，《人民日报》2020 年 5 月 16 日。

[8] 习近平：《在知识分子、劳动模范、青年代表座谈会上的讲话》，《人民日报》2016 年 4 月 30 日。

[9] 习近平：《在纪念五四运动 100 周年大会上的讲话》，《人民日报》2019 年 5 月 12 日。

（六）报告

[1] 麦可思研究院：《2021 年中国本科生就业报告》，社会科学文献出版社 2021 年版。

[2] 麦可思研究院：《2021 年中国高职生就业报告》，社会科学文献出版社 2021 年版。

[3] 王伯庆：《2020 年中国本科生就业报告》，社会科学文献出版社 2020 年版。

[4] 王伯庆：《2020 年中国高职生就业报告》，社会科学文献出版社 2020 年版。

[5] 王伯庆、陈永红：《2019 年中国本科生就业报告》，社会科学文献出版社 2019 年版。

[6] 王伯庆、马妍：《2019 年中国高职生就业报告》，社会科学文献出版社 2019 年版。

[7] 莫荣：《2019 年中国就业发展报告》，社会科学文献出版社 2019 年版。

[8] 麦可思研究院：《2018 年中国本科生就业报告》，社会科学文献出版社 2018 年版。

（七）学位论文

[1] 欧阳润：《大思政格局下大学生就业教育研究》，南昌大学博士学位论文，2020 年。

[2] 孙墨瞳：《经济新常态下高校大学生就业观问题研究》，大连理工大学硕士学位论文，2018 年。

[3] 陈彦合：《大学生就业指导中思想政治教育研究》，内蒙古科技大学硕士学位论文，2015 年。

[4] 单丹丹：《高校毕业生不就业现象分析及教育引导》，哈尔滨理工大学硕士学位论文，2015 年。

[5] 闫岚：《大学生就业指导中加强思想政治教育的研究》，西安电子科技大学硕士学位论文，2014 年。

[6] 咸春珍:《高校思想政治教育视野下的就业教育研究》,苏州大学硕士学位论文,2014年。

[7] 孙永建:《高校毕业生非理性就业观研究》,中共中央党校博士学位论文,2014年。

[8] 薛利锋:《我国大学生职业价值观教育研究》,东北师范大学博士学位论文,2011年。

[9] 吕世军:《当前我国大学生择业观教育问题研究》,东北师范大学硕士学位论文,2006年。

(八) 英文文献

[1] Jean M.Twenge, "A Review of the Empirical Evidence on Generational Difference in Work Attitudes", *Journal of Business and Psychology*, 2010, (25).

[2] Hitlin S、Piliavin J A, "Values: Reviving a Dormant Concept", *Annual Review of Sociology*, 2004, (30).

[3] Stefano Scarpetta、Anne Sonnet, "Challenges Facing European Labour Markets: Is a skill Upgrade the Appropriate Instrument", *Intereconomics*, 2012, (01).

[4] Sara De Hauw、Ans De Vos, "Millennials' Career Perspective and Psychological Contract Expectations: Does the Recession Lead to Lowered Expectations", *Journal of Business and Psychology*, 2010, (25).

[5] Judith Wagner De Cew, *Personal Autonomy in Society Social Theory and Practice*, Florida : Tallahassee, 2009.

附录1　新时代大学生就业观问卷调查表

亲爱的大学生朋友：

　　您好！本人正在做博士毕业论文《新时代大学生就业观研究》的调研，感谢您能积极参与本次调查。为客观准确地了解大学生的就业观和思想动态，请您根据自己的真实情况如实填写。本问卷匿名进行，调查数据仅供博士毕业论文撰写使用，绝不会以任何形式向他人泄露，请放心填答。问卷共有三个部分，大约占用您20分钟时间，再次感谢您的参与和合作！

第一部分　个人基本信息

　　填答说明：请您就每一问题所列之选项中，选取最适合您的一个项目。

1. 您的学历（　　　）

A. 本科　　　　　　　B. 专科

2. 您的性别（　　　）

A. 男　　　　　　　　B. 女

3. 您所在年级（　　　）

A. 一年级　　　　　　B. 中间年级　　　　　　C. 即将毕业

4. 您的政治面貌（　　　）

A. 中共党员（含预备党员）　　　　　　B. 共青团员

C. 群众   D. 其他

5. 您所就读的大学属于 （   ）

A. "双一流" 建设高校

B. 非 "双一流" 建设本科高校

C. 民办高校（本科）

D. 高职（高专）院校

6. 您所就读的学校类别是 （   ）

A. 综合类   B. 理工类   C. 财经类

D. 师范类   E. 医药类   F. 农林类

G. 政法类   H. 民族类   I. 艺术类

J. 体育类   K. 语言类

7. 您所在学校的位置 （   ）

A. 直辖市   B. 省会城市   C. 地级市

D. 县城

8. 您现在就读的学科门类是 （   ）

A. 哲学   B. 经济学   C. 法学

D. 教育学   E. 文学   F. 历史学

G. 理学   H. 工学   I. 农学

J. 医学   K. 艺术学   L. 管理学

M. 军事学   N. 其他

9. 您对自己所读专业的满意程度 （   ）

A. 非常满意   B. 比较满意   C. 一般

D. 不大满意   E. 非常不满意

10. 您是否担任学生干部（含党团干部、学生会干部）? （   ）（可多选）

A. 校级学生组织干部   B. 院 / 系学生组织干部

C. 班级学生干部   D. 没有当过学生干部

11. 大学期间，您是否有实习 / 见习（如，应聘企业或事业单位实习岗位、

去学校合作单位岗位锻炼等）经历（　　　）

　　A. 没有　　　　　　B. 有

　　● 选择 B 的回答：您的实习（见习）经历共有 ＿＿＿＿＿ 次

12. 您目前有几个职业资格证书（如会计证、教师证等)？（　　　）

　　A. 没有　　　　　　B.1 个　　　　　　　C.2 个

　　D.3 个　　　　　　E.4 个　　　　　　　F.5 个及以上

13. 您的家庭所在地（　　　）

　　A. 大城市（直辖市或省会城市）

　　B. 中等城市（设区市或地级市）

　　C. 小城市（县城或县级市）

　　D. 乡镇　　　　　　E. 农村

14. 您是否是独生子女（　　　）

　　A. 是　　　　　　B. 否

15. 您父母从事的职业（　　　）（可多选，最多不超过 2 个）

　　A. 机关事业单位工作人员　　　　　　B. 国企职工

　　C. 个体从业人员　　　　　　　　　　D. 农民

　　E. 工人　　　　　　　　　　　　　　F. 军人或警察

　　G. 自由职业者

　　H. 其他，请注明 ＿＿＿＿＿＿＿＿＿＿

第二部分　大学生就业观的基本现状

16. 您对当前就业形势的总体感觉是（　　）

A. 很乐观　　　　　B. 比较乐观　　　　　　　C. 一般

D. 比较严峻　　　　E. 非常严峻

● 选择 ABC 答案的同学直接跳到 18 题

17. 面对严峻的就业形势，哪种描述最符合您（　　）

A. 根本不知道如何面对就业，内心很焦虑

B. 暂时还没有做好准备，会有一定的焦虑

C. 没多考虑，反正最后总会有工作

D. 自信能找到满意的工作，并积极准备

18. 如果马上就毕业，您持什么就业态度（　　）

A. 先就业，从基层做起，逐步向目标奋进

B. 想办法找到满意的工作，否则暂时不工作

C. 自主创业

D. 想继续升学深造，不想直接就业

E. 生活开支有父母支持，不着急找工作

F. 无所谓，能找到合适的工作就干

G. 争取嫁个 / 娶个富二代，根本不用就业

H. 不确定

19. 您了解哪些基层 / 西部就业项目、就业服务和就业政策：（　　）（可多选）

A. 三支一扶

B. 大学生志愿服务西部计划

C. 农村义务教育阶段学校教师特设岗位计划

D. 大学生村官计划

E. 农业技术推广服务特设岗位计划

F. 应征入伍服兵役

G. 到基层或中西部就业的专项政策措施

H. 到中小企业就业

I. 困难家庭毕业生就业援助

J. 灵活就业、自主创业的相关政策

K. 参与国家和地方科研项目（科研助理）

L. 以上都不了解

20. 下面您能看到个人在选择工作时可能会考虑到的因素，请仔细阅读，确定您对以下因素的关注程度（对每一个选项的重视程度由最高到最低分别用 5—1 这五个数字表示，例如，非常关注的为 5，很不关注的为 1）（矩阵单选题），请在对应数字上画圈。

考虑因素描述	非常关注	比较关注	一般	不太关注	很不关注
工资福利	5	4	3	2	1
工作地点	5	4	3	2	1
单位性质	5	4	3	2	1
社会地位	5	4	3	2	1
工作创造的社会效益	5	4	3	2	1
工作单位规模和品牌	5	4	3	2	1
专业对口	5	4	3	2	1
个人兴趣和爱好	5	4	3	2	1
从事职业的发展前景	5	4	3	2	1
个人发展空间	5	4	3	2	1
发展机会是否均等	5	4	3	2	1
职业稳定性	5	4	3	2	1
职业挑战性	5	4	3	2	1

续表

考虑因素描述	非常关注	比较关注	一般	不太关注	很不关注
工作自由度	5	4	3	2	1
工作新鲜感	5	4	3	2	1
休闲时间	5	4	3	2	1

(量表参考：金秀明：《当代大学生就业观结构及差异性分析》，2011.5)

21. 您理想中的工作包含哪些因素（　　）（可多选）

A. 收入高　　　　　　　　　　B. 时间自由

C. 有晋升空间　　　　　　　　D. 有完善的培训体系

E. 有成就感和荣誉感　　　　　F. 福利保障全面

G. 满足个人兴趣　　　　　　　H. 满足社会需要

22. 您准备前往哪个地方就业（　　）

A. 竞争激烈、经济发达的大城市

B. 竞争较为激烈的省会城市

C. 竞争压力小但有一定发展潜力的内地中小城市

D. 急需人才的边远或农村地区

E. 无所谓，只要能找到比较合适的工作就行

23. 毕业后您最想去的工作单位是：（　　）

A. 党政机关　　　B. 群团组织（如工会/共青团/妇联/科协等）

C. 事业单位（如学校/研究机构/医院等）　D. 国有企业

E. 集体企业　　　F. 私营企业　　　　G. 外资企业

H. 自主创业　　　I. 部队　　　　　　J. 自由职业者

K. 哪里都行　　　L. 其他，请注明 _____

24. 您对创业的看法？（　　）

A. 不想创业，打工比创业容易

B. 边打工，边做副业进行创业实践

C. 为了能实现自我价值，想创业

D. 如果工作难找，会考虑创业

E. 暂时没有考虑过

● 选择 BCD 答案的同学请跳答 26 题

● 选择 E 答案的同学请直接跳答 27 题

25. 如果不想创业，影响您创业热情的因素有（　　）（可多选）

A. 不了解国家相关政策

B. 不掌握创业知识和方法

C. 害怕创业失败

D. 创业对个人挑战性太大，一时难以胜任

E. 家人反对

F. 没有好的创意

G. 缺乏创业启动资金

H. 缺乏技术支持

26. 如果想创业，您会选择哪种类型的创业？（　　）（可多选）

A. 与所学专业相关的创业　　　　　　B. 在个人感兴趣的领域创业

C. 在个人拥有相关资源的领域创业　　D. 热门领域创业

E. 在风险较低的领域创业　　　　　　F. 在成本较少的领域创业

G. 在目前收益较大的领域创业

27. 就业过程中，若您的个人权益受到侵犯（例如遇到就业歧视），您会选择怎么办？（　　）

A. 无奈接受　　　　　　　　　　　　B. 与应聘单位据理力争

C. 向相关部门投诉并寻求帮助　　　　D. 其他

28. 下面您能看到关于个人就业思想观念的陈述，请仔细阅读，确定您根据实际情况在所列五个选项中，选择最符合您的一个项目打上"✓"。（矩阵单选题）

就业观点描述	非常赞同	比较赞同	中立	不太赞同	不赞同
要想找到好的工作就必须改变传统的就业观念	5	4	3	2	1
就业过程中，我会越挫越勇	5	4	3	2	1
大学生应该先就业，后择业，再创业	5	4	3	2	1
疫情加剧了大学生就业的不确定性和难度	5	4	3	2	1
当前新业态、新职业为就业提供了新机遇和新平台	5	4	3	2	1
国家出台的大学生就业创业政策能有效缓解就业难	5	4	3	2	1
"有业不就"现象是可以理解的	5	4	3	2	1
"慢就业"现象是可以理解的	5	4	3	2	1
大学生创业比找工作更容易	5	4	3	2	1
创业能够更好实现个人价值	5	4	3	2	1
创业能够更快积累财富	5	4	3	2	1
创业能够为社会创造更多价值	5	4	3	2	1
就业是民生之本，发展之基	5	4	3	2	1
就业是谋生的手段	5	4	3	2	1
就业是为了更好地服务社会	5	4	3	2	1
就业是为了更好地实现个人价值	5	4	3	2	1
就业是出于个人兴趣与爱好	5	4	3	2	1
就业是出于个人情怀与担当	5	4	3	2	1
尽管就业起点低，只要努力也会有美好的未来	5	4	3	2	1
工作岗位只有分工不同，没有高低贵贱之分	5	4	3	2	1
大学生毕业卖菜、当保安是可以理解的	5	4	3	2	1
愿意在就业形势火爆的行业找工作	5	4	3	2	1
我愿意去西部、农村、基层工作	5	4	3	2	1
相比实现自身价值的工作，我更愿选择能多为社会发展做贡献的工作	5	4	3	2	1
求职过程中对个人简历可以适当"掺水"	5	4	3	2	1

续表

就业观点描述	非常赞同	比较赞同	中立	不太赞同	不赞同
求职过程中找关系走后门是有必要的	5	4	3	2	1
求职过程中个人可以脚踩"多只船"	5	4	3	2	1
违反就业协议不是什么大不了的事情	5	4	3	2	1
对"996"工作制的看法	5	4	3	2	1
"啃老族"现象是可以理解的	5	4	3	2	1
成功是有捷径的	5	4	3	2	1
大学阶段就应该明确个人就业目标和职业发展	5	4	3	2	1
找工作就是"骑驴找马",计划赶不上变化	5	4	3	2	1
找工作更多时候就是随大流	5	4	3	2	1

(量表参考：金秀明：《当代大学生就业观结构及差异性分析》，2011；共青团中央《中国青年发展报告》课题组：2018；郑凤银，《"90"后大学生劳动观教育研究》，2016)

第三部分　大学生就业观的形成因素

29. 您认为大学生是否有必要接受就业观教育引导？（主要是就业目的、就业价值、就业衡量标准、职业道德等方面教育）（　　）

　　A. 非常有必要　　　　　B. 有必要　　　　　　　　C. 没有必要

30. 以下各种因素对您的就业观念影响如何。（对每一个选项的影响程度由最高到最低分别用 5—1 这五个数字表示，例如，影响非常大的为 5，基本没有影响的为 1）（矩阵单选题）

影响因素描述	影响非常大	有一定影响	有中等影响	影响较小	基本没影响
长辈的言传身教	5	4	3	2	1
同学朋友的影响	5	4	3	2	1
国家就业政策与就业形势	5	4	3	2	1
大众传媒的宣传导向	5	4	3	2	1
社会风气	5	4	3	2	1
大学思政课教育	5	4	3	2	1
大学专业教育	5	4	3	2	1
大学就业指导教育	5	4	3	2	1
社会实践活动（如实习、见习等）	5	4	3	2	1

（量表参考：金秀明：《当代大学生就业观结构及差异性分析》，2011；共青团中央《中国青年发展报告》课题组；2018；郑凤银，《"90"后大学生劳动观教育研究》）

31. 遇到就业困惑时，您会向谁求助（　　）（可多选）

　　A. 班主任　　　　　　B. 专职辅导员　　　　　C. 思政课教师

　　D. 专业课教师　　　　E. 心理教师　　　　　　　F. 长辈

　　G. 同学 / 朋友　　　　H. 优秀学长

I. 网友　　　　　　　　J. 自我消化

32. 您更愿意接受的就业观教育形式是？（　　）（可多选）

A. 将思想政治教育融入到专业课程、就业教育之中

B. 利用报刊、网络、广播等大众媒体获得

C. 通过抖音、微信公众号、微博、视频号等新媒体渠道获得

D. 杰出校友分享会

E. 主题班会

F. 辩论赛，碰撞出思想的火花

G. 大学生就业实践活动

H. 情景剧模拟

I. 父母交流

J. 其他（请注明）

阅卷结束，非常感谢您的配合！

附录 2 访谈对象基本信息

编号	性别	年级	政治面貌	学历	就读高校	所学专业	家乡	就业方向
01	男	大三	中共党员	本科	"双一流"建设高校	国际关系	云南	升学
02	男	大二	共青团员	本科	"双一流"建设高校	工程管理专业	河北保定	研究所
03	男	大三	中共党员	本科	"双一流"建设高校	课程与教学论	安徽	应征入伍
04	男	大四	共青团员	本科	"双一流"建设高校	车辆工程	安徽滁州	工作
05	男	大三	共青团员	本科	"双一流"建设高校	材料科学与工程	安徽	平台就业
06	女	大一	共青团员	本科	"双一流"建设高校	机械工程卓越计划	江苏无锡	模糊
07	女	大三	中共党员	本科	"双一流"建设高校	中国语言文学系	北京	三支一扶/西部支教
08	女	大二	共青团员	本科	"双一流"建设高校	国际金融	天津东丽	升学
09	女	大四	中共党员	本科	"双一流"建设高校	预防医学	河北省	考公务员
10	男	大四	中共党员	本科	"双一流"建设高校	预防医学	乌鲁木齐	医院
11	男	大四	共青团员	本科	非"双一流"建设本科高校	城市管理	天津滨海新区	西部支教
12	男	大三	中共党员	本科	非"双一流"建设本科高校	政治学与行政学	河北承德市	考公务员
13	男	大一	共青团员	本科	非"双一流"建设本科高校	电气工程及其自动化	内蒙古呼伦贝尔	工作
14	男	大三	共青团员	本科	非"双一流"建设本科高校	舞蹈表演	河北秦皇岛	创业
15	男	大二	共青团员	本科	非"双一流"建设本科高校	电气工程	河北廊坊	升学

续表

编号	性别	年级	政治面貌	学历	就读高校	所学专业	家乡	就业方向
16	女	大四	中共党员	本科	非"双一流"建设本科高校	思想政治教育	河北唐山	西部支教
17	男	大四	共青团员	本科	非"双一流"建设本科高校	针灸推拿	河北秦皇岛	教师
18	女	大一	共青团员	本科	非"双一流"建设本科高校	商务英语	山东聊城	平台就业
19	女	大三	中共党员	本科	非"双一流"建设本科高校	针灸推拿	河北邢台市柏乡县	模糊
20	男	大三	中共党员	本科	民办高校（本科）	材料科学与工程	江西高安	工作
21	男	大四	中共党员	本科	民办高校（本科）	社会工作	内蒙古赤峰	创业
22	女	大四	中共党员	本科	民办高校（本科）	通信工程	河北衡水	升学
23	女	大一	共青团员	本科	民办高校（本科）	商务英语	辽宁沈阳	升学
24	女	大三	中共党员	本科	民办高校（本科）	商务英语	浙江金华	升学
25	女	大四	中共党员	本科	民办高校（本科）	工商管理	河北石家庄	教师
26	男	大一	共青团员	专科	高职（高专）院校	数字媒体应用	河北石家庄无极县	应征入伍
27	男	大三	中共党员	专科	高职（高专）院校	云计算技术与应用	河北张家口市涿鹿县	平台就业
28	男	大三	中共党员	专科	高职（高专）院校	计算机网络	河北沧州	创业
29	女	大三	共青团员	专科	高职（高专）院校	数字媒体	河北张家口	升学
30	女	大三	中共党员	专科	高职（高专）院校	酒店管理	山西晋中	教师

附录3 新时代大学生就业观研究个人访谈提纲

1. 请分别谈谈家庭、学校、社会、朋辈群体在您的就业观形成过程中对您影响最大的人或事？为什么对您影响大？对您的就业观产生了什么样的影响？带来了什么样的转变？

2. 您的长辈对您就业／创业有什么具体的期望或要求？您的长辈进行过哪些方面的就业观教育和引导？对您产生了怎样的影响？

3. 在您就业观形成过程中，经济、政治、文化、社会因素占据什么地位？对您产生了怎样的影响？大众传媒在您就业观形成过程中起着什么作用？为什么？

4. 请回忆一下，您所在的大学对您进行过哪些方面的就业观教育（包括当前就业形势、就业目的、就业意义、就业指导、创新创业、职业生涯规划等）？您认为效果如何？为什么？

5. 请谈谈您对大学《职业生涯规划课》《创新创业基础课》的看法？这些课程对您的就业观的形成产生了什么样的影响？为引导大学生形成科学理性的就业观，您认为这些课程在哪些方面需要改进？

6. 请谈谈《思想道德修养与法律基础》《形势与政策》等思想政治理论课对您的就业观形成产生了什么样的影响？为引导大学生形成科学理性的就业观，您认为这些课程在哪些方面需要改进？

7. 您对"三支一扶"计划、农村教师特岗计划和志愿服务西部计划等基层服务项目有何看法？您对自主创业有何看法？您对毕业参军入伍有何看法？

8. 目前社会对"慢就业"褒贬不一，您对此有何看法？

9.就业是为了谋生，这是较为普遍的观念。然而，有人认为，就业不仅仅是为了谋生，也是为了人生价值的实现。请谈一谈您对这一观点的认识?

10.面对当前就业形势，您有何计划和打算？您为此正在做着/已经做了哪些努力？

后　记

　　五载河大拜师求学之路，人生不惑之年终成此文，掩卷之际，这段稍显漫长又稍显曲折的博士生涯让人感慨万千，往事历历在目。有太多的感动、感念、感恩唯有化为后记中的文字表达。每每遇到瓶颈、挑战之坎，这篇后记就是一篇学术战斗的"檄文"；每每遇到困惑、无力之时，这篇后记就是一篇励志奋斗的"宣言"；每每遇到突破、收获之季，这篇后记就是一篇饱含深情的"告白"。五年的求学之路是一段艰苦而充实的学术之旅，更是一场执着修行的信仰之旅，没有人能够完全独自一人行走科研这条路，感谢身边所有人的付出与支持……

忆师生情长

　　"经师易得，人师难求"，感恩求学路上遇到的老师柴素芳教授，她是我成长奋斗的指路明灯。从国际贸易到人口、资源与环境经济学，再到思想政治教育，我深知自己的专业功底，为此常常感到自卑，而每次当我怀着忐忑心情把所写材料提交给导师柴素芳教授时，老师都会肯定我微小的成长和进步，指出其中存在的不足之处，并用审阅模式逐句逐段圈出修改意见，以便我前后比对、更快提升。论文的顺利完成得益于老师的悉心指导和倾心栽培，从日常学习到论文选题、从资料检索到开题撰写、从逻辑展开到谋篇构思、从调研设计到数据处理、从结构推敲到初稿完成，再到最后定稿，每一个环节都倾注了恩师柴素芳教授大量的心血。读博期间，我经历了挂职锻炼、职称评定、工作转岗、研修访学等一系列"人生大事",老师时时刻刻关注着我的个人成长与发展,清楚地记得老师在我北京大学挂职锻炼期间,特意给我发来消息,询问环境适应情况、有没有什么困难;为督促我职称评定,老师专门跟我面谈,帮我规划论文的写作方向和科研成果、科研项目的申报;得知我转岗到新的部门工作后,老师又提醒我要踏踏实实做科研,平衡好工作、学习与家庭的关系;听说我申报访学进修的想法时,老师当即鼓励我抓住机会,站到更高更大的学术平台上接受磨炼……人生三大幸事之首就是遇良师,我无疑是幸运且幸福的,导师柴素芳教授是心中有爱、眼中有光、宽严相济、严慈同体的好老师,遇见她是我的福气,生命里从此又多了一位挚爱亲人!

对我而言,还很幸运的是在河北大学马克思主义学院遇到了最具学术内涵和修养的导师团队。感谢田海舰教授对论文选题、写作和修改提出诸多宝贵意见,他理论联系实际的学术品格、深邃独特的批判思维为我树立了标杆;感谢李维意教授在我遇到困境感到苦闷时的点拨,论文修改的关键环节遇到众多具体难点问题,每次聆听他的教诲都感觉豁然开朗;感谢吕红平教授不仅从专业上给予悉心的指导,还在实践中提升了我实证分析的业务能力,论文调研从逻辑框架到问题设计,到数据分析,再到论证行文,我亲身感受着他治学的严谨和工作的勤勉;感谢张秋山教授给予我热情的帮助和耐心的指导,围绕论文修改提出真知灼见,为我把理论研究与现实密切结合指点迷津;感谢黄云明教授审阅论文提纲,花费大量时间细致审改论文框架,他的博雅气质让人如沐春风;感谢导师组的孟庆瑜教授、冯军教授、苏永生教授,五年来,他们严谨的学术作风和和蔼的指导态度不仅教给了我治学为人的方法和态度,同时也为我提供了严谨、认真、投入、热情的工作榜样。

思同窗往事

"一辈子同学三辈子亲",感谢一直朝夕相处的师门同窗,人生际遇里因为有他们而显得格外精彩！对一个跨专业学生来说，攻读博士学位并不是一件轻松的事，在我论文写作迷茫焦灼的时刻，韦宇婷博士一直耐心地提供建议和帮助，使我克服一个个困难和疑惑，顺利完成论文写作。贾志科博士审阅了论文全稿，他对实证设计和数据分析提出了较多建设性意见和建议。杨江澜博士为论文的实证调研和变量操作提出了诸多宝贵意见。师门辛熙恒博士、姜旭博士等所有的兄弟姐妹，他们的支持让我看到自己身上存在的差距和不足，给予了我继续前进的动力和勇气。论文构思写作过程中，辛欣博士、李慧娟博士、高雅楠博士、梁红燚博士、杜鹃博士等各位同窗不时给予鼓励、启发和帮助。

惜家人亲情

家是温暖幸福的港湾和风雨同舟的航船，感谢家人成为我奋斗前行的不竭动力。本该含饴弄孙、颐养天年的老父亲系上围裙，成为厨房里忙里忙外的家庭"煮男"，日常家务、辅导孩子样样不用我操心。本已工作繁重、博士在读的丈夫董志充分理解与全力支持我，他以无私的宽容、包容和理解承载着我发泄在他身上的不良情绪，同时，还帮助我搜集资料，其心可鉴，其情堪珍。我还要感谢我尚未成年的儿子董佳洋，我的读博之路与儿子接受小学教育同期而行，儿子的独立、担当、豁达和自信着实令我欣慰，虽然没有让他亲耳听到我的溢美之词，但心中早已为他点赞无数。

论文修改之际，收到北京大学马克思主义学院访学的通知书，我深知博士期间的学术研究只是一个起点，不断地学习和思考只有进行时，没有完成时。虽然我已不再年轻，但奋斗仍将继续，感谢自己年已不惑但没有选择安逸、没有被时代的洪流所甩下。机会总是留给有准备的人，人只有越努力才会越幸运，我笃信：世界上没有任何一条路是绝对好走的，在平坦的大路上，人虽然可以顺利地走过去，但只有在泥泞的大路上，才能留下人的脚印！

责任编辑：郭彦辰

封面设计：石笑梦

图书在版编目（CIP）数据

新时代大学生就业观研究 / 李颖 著 . —北京：

　人民出版社，2024.10

ISBN 978 - 7 - 01 - 026451 - 6

I.①新…　II.①李…　III.①大学生－就业－研究－中国　IV.① G647.38

中国国家版本馆 CIP 数据核字（2024）第 068007 号

新时代大学生就业观研究

XINSHIDAI DAXUESHENG JIUYEGUAN YANJIU

李　颖　著

人民出版社 出版发行

（100706　北京市东城区隆福寺街 99 号）

北京中科印刷有限公司印刷　新华书店经销

2024 年 10 月第 1 版　2024 年 10 月北京第 1 次印刷

开本：710 毫米 ×1000 毫米 1/16　印张：18.5

字数：288 千字

ISBN 978 - 7 - 01 - 026451 - 6　定价：89.00 元

邮购地址 100706　北京市东城区隆福寺街 99 号

人民东方图书销售中心　电话（010）65250042　65289539